江苏档案精品选编纂委员会

江苏省明清以来

档案精品选

镇江卷

江苏人民出版社

总　目

序

谢 波

　　档案馆作为永久保管档案的基地,是人类文化传承的重要载体和思想文化创新的重要源泉。

　　编纂《江苏省明清以来档案精品选》,是全省档案系统共同开展的一项档案文化建设重点工程,是我省档案部门履行"为党管档、为国守史、为民服务"使命要求,围绕中心、服务大局的一项重要举措,根本目的是整合全省档案精品资源,集中公布江苏档案资源建设的丰硕成果,展示江苏历史、人文的丰厚底蕴,服务社会主义文化大发展大繁荣。

　　江苏物华天宝,人杰地灵,养育了一代又一代勤劳智慧、心灵手巧的人民,创造出了辉煌灿烂的物质文明和精神文明。自明清以来,江苏的综合实力在中国的省级政区中就一直居于前列。新中国成立后特别是改革开放以来,江苏各项事业高速发展,在经济、政治、社会、文化等各方面均处于全国领先位置,积累了雄厚的经济文化实力。这一领先的进程,真实地定格于档案中,保存于全省各级各类档案馆里。

　　这些档案,浩如烟海。丰富翔实的档案史料,客观记载了江苏各项事业发展演化的脉络,反映了历史发展变化的内在规律,是我们今天多角度深入了解和研究明清以来江苏政治、经济、军事、文化以及社会情况的第一手珍贵资料。特别是中国共产党成立以来形成和保存下来的大量珍贵档案,再现了江苏人民在党的领导下开展革命斗争、社会主义建设和改革开放,全面建设小康社会、建设美丽江苏的光辉历程,这是国家珍贵的文化财富、民族的宝贵遗产,是我们今天开展党史研究的宝贵资源和党史教育的重要素材。

　　前事不忘,后事之师。记载着历史真实面貌的档案资料,是续写江苏更加辉煌灿烂历史新篇章的重要参考和借鉴。编纂档案文献资料,留存社会发展的足迹,服务今天的经济社会各项事业,是我国档案界、史学界的优秀传统,是中华文明生生不息、不断进步的重要源泉。也正是这一优秀传统,使得中华文明能够随着历史的发展、社会的进步而不断充实新的内容。通过档案工作者有选择地编纂加工，使海量的档案资源更加有序化，为党和政府重大决策提供参考，为人民群众接触档案、了解档案、利用档案提供便利，是档案工作者的职责所在。正是基于这一要求，全省档案部门集中力量，对各级档案馆中的档案进行梳理，编辑出版了《江苏省明清以来档案精品选》。通过本书的编纂出版，整合全省档案精品资源，发挥规模效应，使江苏历史、人文的丰厚底蕴得到集中展示，使档案存史、资政、育人功能得到更好的发挥，同时为我们大力开展爱党、爱国、爱家乡教育提供丰富的第一手教材。这是我省档案部门围绕中心、服务大局的一项重要工作创新，也是档案部门贯彻落实党的十八大精神、服务文化强省建设的具体举措。同时，《江苏省明清以来档案精品选》的编纂出版，定能为学术界开发利用档案创造便利的条件。通过对明清以来历史档案的开发利用，探寻我省近代以来各项事业发展演化的脉络，把握历史发展变化的内在规律，为当代经济社会各项事业发展服务，为建设美丽江苏书写更加辉煌灿烂的新篇章。

2013年7月

前言

　　"智者乐水、仁者乐山"，镇江是中国山水俱佳的江南古城。北面大江浩浩西来，千帆竞发；南面群山环立，草木葱翠；古老的运河穿城而过汇入大江。山雄水秀的美景、江河交汇的黄金水道，吸引了无数的英雄豪杰、文人骚客，他们或中流击水，或慷慨报国，或诗文唱和……著就了中华民族历史上的精彩篇章。刘裕北伐中原，气吞万里如虎；刘勰在这里完成了中国第一部体系完整的文学理论巨著——《文心雕龙》；沈括在这里铸就了中国科学史上的丰碑——《梦溪笔谈》；米芾在这里创立了米家山水；李白、张祜、许浑、杜牧、苏轼、陆游在这里诗兴大发，许多独步文坛的佳作和天下第一江山的美誉相得益彰。辛弃疾在这里发出了"试问天下谁敌手?曹、刘，生子当如孙仲谋。"的慨叹。到了明清两代，海禁政策的实施使漕运发展到巅峰，镇江进入了前所未有的发展时期。清查慎行"舳舻传粟三千里，灯火沿流一万家"的诗句，就是当时的真实写照。由此，镇江恢复了漕运咽喉地位，清康熙帝、乾隆帝分别六次南巡，每次都到镇江。近现代时期，英雄的镇江人民更是在历史的长河中掀起一次次的巨澜。1842年7月英国侵略者溯江西上，面对侵略者的坚船利炮，镇江军民毫不退缩，打退了敌人的一次次进攻，城破之时守城将领自杀殉国。辛亥革命武昌首义后，镇江在革命中得风气之先，在江苏率先光复。此后，镇江革命军挥师北上光复扬州，又会同浙、沪革命军进攻南京，并首先攻入太平门。镇江革命军在光复南京改变革命形势中发挥了重大作用。1929年民国江苏省政府由南京迁入镇江。1938年陈毅、粟裕率领新四军挺进江南，创立了以茅山为中心的苏南抗日根据地，如利刃刺入敌人的腹背。

　　抚今追昔，不胜感慨。3000年前周康王在镇江改封虞侯夨为宜侯，这"宜"字可谓道尽镇江的精髓，如今的镇江正在为建设宜居的山水花园城市、率先基本实现现代化而奋斗。这些都离不开优秀历史文化的传承和借鉴。镇江悠久的人文历史、丰厚的历史文化积淀让镇江成为国务院1986年公布的第二批历史文化名城，这是镇江在现代化征途中不可多得的宝贵资源。如今，这些历史文化资源正以故纸、实物等形式静静散落在全市各级档案馆、博物馆、纪念馆当中，如何整合利用好这些资源是全市各级档案和相关部门迫在眉睫的工作。我们积极响应江苏省档案局号召，编纂《江苏省明清以来档案精品选·镇江卷》（以下简称《镇江卷》），既是整合全市珍贵档案资源、保护城市记忆，也有对历史文明传承借鉴的意思。

　　《镇江卷》选录了全市各级综合档案馆、镇江市博物馆、镇江市图书馆、茅山新四军纪念馆、句容市博物馆57件（组）档案资料。这些档案资料有的是国家一级文物，有的入选江苏省珍贵档案目录，有的入选国家珍贵古籍。最早的档案是镇江市档案馆馆藏清嘉庆十六年（1811）的地契，是研究清中期经济活动的重要史料。最早的资料是明嘉靖年间的刻本《古今合璧事类备要》共100卷，书中有"御赐天祚堂"、"南海康氏万木草堂"印，是清末思想家康有为万木草堂藏品。《京口兵事通纪卷》是近代镇江籍史学家陈庆年记录太平军在镇江的主要军事活动的手稿，是研究太平军活动的重要史料；《光复镇江始末记》手稿是辛亥革命亲历者李竞成光复镇江和浦口之战这两个重要历史事件的回忆录，是研究辛亥革命史的重要史料；收回镇江英国领事馆房地产档案真实记录了镇江英租界房地产收回的过程，是镇江人民反抗英殖民统治收回英租界的历史见证；《驻镇日本宪兵队第十五次会议纪录》、《镇江沦陷记》手稿、汪伪镇江特别区警察局侦缉队、特高组搜集的新四军情报记录了日军占领镇江后对镇江人民犯下的滔天罪行以及新四军挺进江南、发展壮大的过程；镇江恒顺酱醋厂档案见证了百年名企的发展史，是研究镇江民族工商业史的第一手资料；民国敏成小学档案，让我们反思教育的根本宗旨是一味培养所谓的精英人士还是拥有独立人格和谐发展的人才？江泽民题词、李岚清题词体现了前国家领导人对镇江的关爱；纪念吕凤子先生诞辰一百周年书画作品、顾莲邨书画作品集等无不体现了艺术大师的深厚功底……这一件件档案资料展现了镇江社会的发展脉络，见证了镇江历史上的重大事件，折射出镇江深厚的人文底蕴，是研究镇江明清以来历史人文的重要资料。

编　者

2013年7月

凡例

一、本书定名为《江苏省明清以来档案精品选·镇江卷》。

二、本书坚持用辩证唯物主义和历史唯物主义的观点，实事求是对入选档案进行了评价和说明，力求集中公布并展示镇江档案资源建设的丰硕成果，彰显镇江档案精品的价值和镇江历史文化的深厚底蕴。

三、本书分清代档案、民国档案、革命历史档案、中华人民共和国成立后档案、书画作品、书报典籍、地情资料七个大类，每个类别按照时间先后顺序排列，时间跨度比较长的档案精品按档案资料的最后形成时间排列。

四、本书所载档案资料来自镇江市各级综合档案馆、镇江市博物馆、镇江市图书馆、茅山新四军纪念馆、句容市博物馆馆藏，使用图片均为档案资料原件的扫描件或实物拍摄照片。

五、本书所载档案基本展示方式包括：档案精品名称、保管单位、内容及评价、档案精品原件扫描件或部分原件照片、部分档案原文。

六、本书采用历史纪年，民国成立前的先写朝代纪年，后括注公元纪年；民国成立后的纪年一律使用公元纪年。

七、本书中的数字标注，按照国家《关于出版物上数字用法的试行规定》执行；字体一律使用简化字。

八、本书对历史上的机构、职官名称一般均沿用当时的规范称谓。

目录
Contents

革命历史档案
Archives of the Revolutionary History

中华人民共和国成立后档案
Archives after the Founding of PRC

书画作品
Calligraphy and Painting

书报典籍
Newspapers and Ancient Books

清代档案

旨依議欽此又光緒三十年五月初二日本部具奏公司

奏商律公司一門一摺同日奉

旨依議欽此先後欽遵刊刻頒行在案查律載現已設立

註冊章程一摺同日奉

與嗣後設立之公司局廠行號鋪店等均可向商部

註冊以享保護之利益等語茲據　江蘇省

鎮江府丹徒縣西門外荷花塘地方大照電燈公司

呈請註冊前票與奏定公司註冊章程所列各款

均屬相符應准其註冊為此特給執照以資信守

須至執照者

光緒叁拾壹年捌月　初玖　日

右給大照電燈有限公司收執

清嘉庆卖地官契

保管单位：镇江市档案馆

内容及评价：

清嘉庆十六年（1811）农历七月，丹徒县人管升富将祖传茅厕一座并连地基卖与杨某名下，立下变卖文契。文契通篇楷书竖排，有各方印鉴为证，格式规范，更为难得的是这份文契附有当时官府的税票，是一份具有法律效应的"红契"。古时的地契，分为"白契"和"红契"。买卖双方未经官府验证而订立的契据，叫做草契或白契。立契后，向官府交税的叫税契。官府办理过户过税手续后，在白契上粘贴由官方统一印刷的契尾，加盖州县官印就成了官契或红契。"红契"具有较高的法律效力。这份官契对研究清中期镇江地区的民间商业活动、社会民情等具有重要的历史价值。

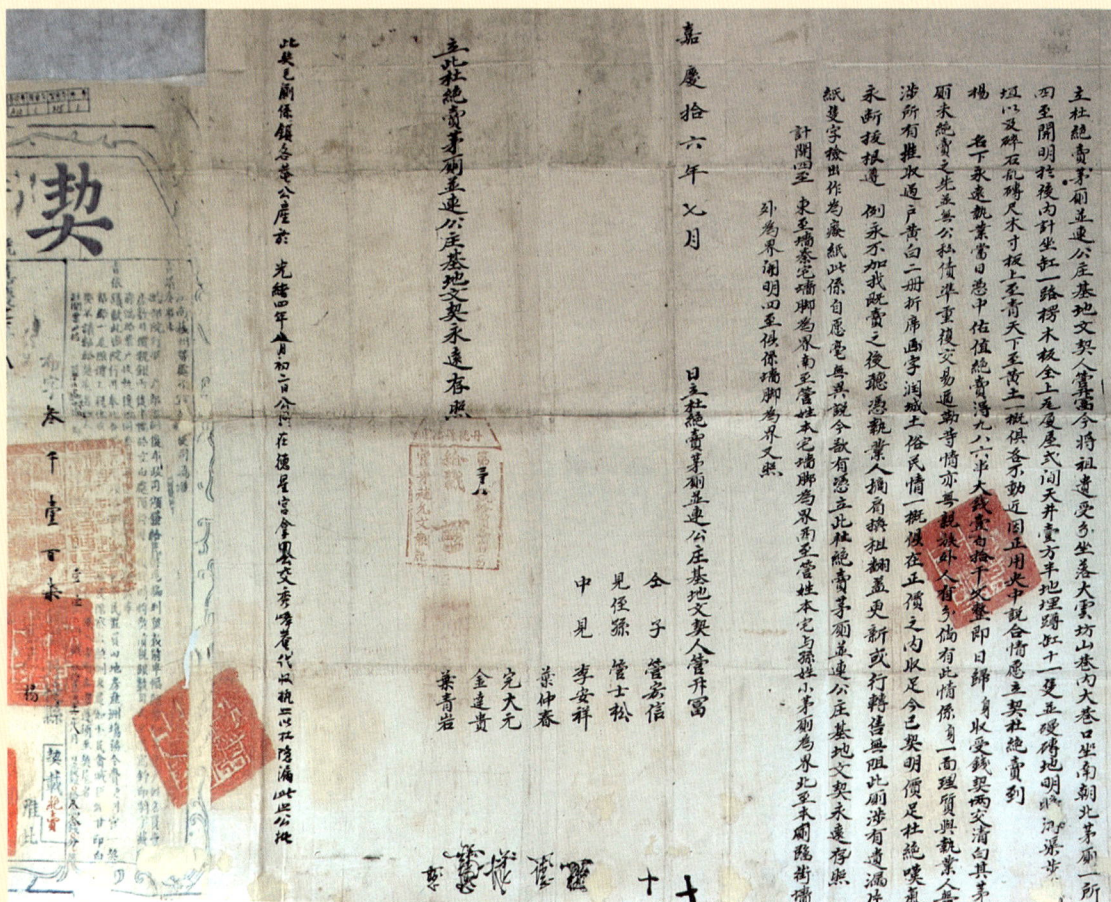

嘉庆十六年（1811）地契

全文：

立杜绝卖茅厕并连公庄基地文契人管升富今将祖遗受分坐落大云坊山巷内大巷口坐南朝北茅厕一所，四至开明于后。内计坐缸一路，楞木板全上瓦厦屋二间，天井一方，半地埋蹲缸十一只，并□砖地明□□渠步垣以及碎石乱砖尺木寸板，上至青天下至黄土，一概俱各不动。近因正用央中说合，情愿立契杜绝卖到杨名下永远执业，当日凭中估值绝卖得九八六串大钱一百十千文整，即日归身，收受钱契两交清白。其茅厕未绝卖之先并无公私债、准重复交易逼勒等情，亦无亲族外人有分，倘有此情系身一面理质，与执业人无涉，所有推收过户、黄白二册、折席画字、润城土俗民情，一概俱在正价之内收足，今已契明价足，杜绝叹气，永断□根遵。例永不加，我既卖之，后听凭执业人摘肩换租、翻盖更新或行转售无阻。此厕涉有遗漏片纸只字，检出作为废纸，此系自愿，毫无异说。今欲有凭，立此杜绝卖茅厕并连公庄基地文契永远存照。

计开四至：东至墙，秦宅墙脚为界；南至管姓本宅墙角为界；西至管姓本宅与孙姓小茅厕为界；北至本厕临街墙外为界。开明四至俱系墙脚为界，又照。

嘉庆十六年七月 日立杜绝卖茅厕并连公庄基地文契人：管升富

仝子：管宏信

见侄孙：管士松

中见：李安祥、叶仲春、完大元、金达贵、叶青岩

清江宁府劝农总局颁发给句容县的田产执照

保管单位：句容市档案馆

内容及评价：

　　该档案是清代江宁府劝农总局发给句容县凤乡六图巫墅村众姓田和望乡十一图张家甸村高顺遄的田产执照，执照上注明田地的位置、四边方位与使用权。据清《光绪句容县志》记载，太平天国战争（1853~1864）时期，清政府与太平军的战争给句容人民造成了巨大伤害，人员流离失所、农田大量荒废，农业生产停滞，人口从原有的30万人锐减到5、6万人。当时的清政府为鼓励和发展农业生产、安置外来移民，就将无人耕种的农田和荒地无偿分配给原住民和外来移民耕种，许诺三年不收租，并颁发田产执照，这在一定程度上提高了百姓种田的积极性，推动了社会经济的发展。该档案形成于1866年至1867年，为研究清同治年间句容的社会生活提供了重要依据。

全文：

执　照

　　江宁府劝农总局为给照事。据 省 直隶州 府 县、州人众姓田呈领得句容县凤乡六图（保）巫墅村、岩田地一坵贰亩正，坐落村北食水岩田坝，东至坝，西至冯姓田，南至仝，北至仝，经分局委 勘明，按照后开款目分别由该户自行填写，合行给照，准其管业，为此照给。收执俟开征时，遵照旧则完纳丁漕。如另有业主出认，呈有确据，将该户并扶同之邻佑等，一并按律从重治罪，须至执照者，一存有断卖、活典契者呈明买典自。一买产无契者呈有该户不敢冒认，强佔并邻佑图、保长。不敢扶同狗隐受贿，控饰各切结存卷。一典产无契者呈明原业主　系凭中 用银、钱 向典取有该户不敢冒认强佔并邻佑 图、保长 不敢扶同狗隐受贿控饰各切结存卷。

　　同治五年　月　日给业户　收执。

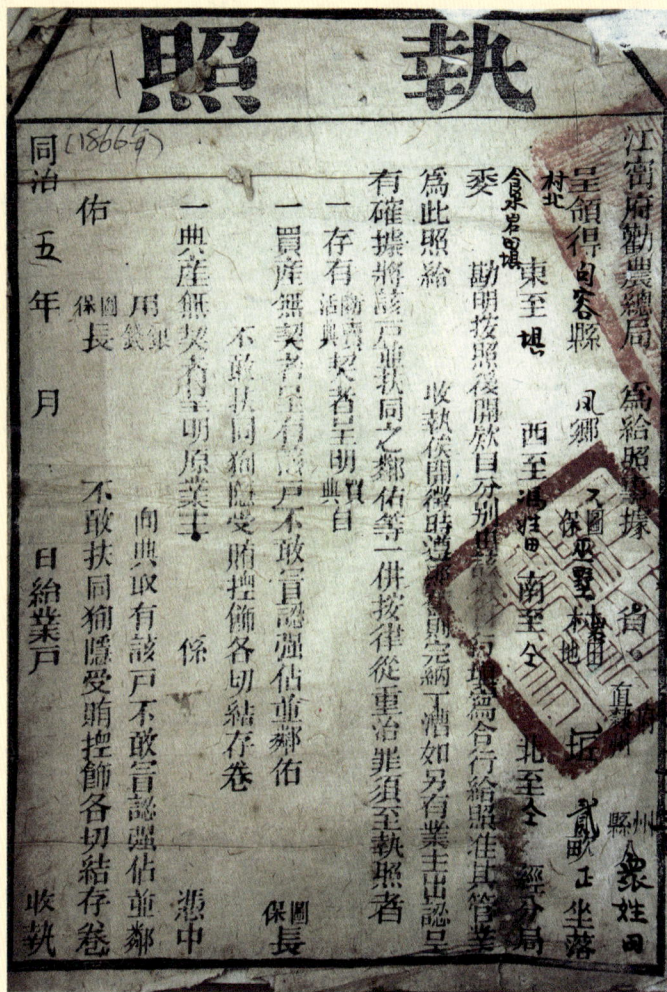

同治五年（1866）句容县凤乡田产执照

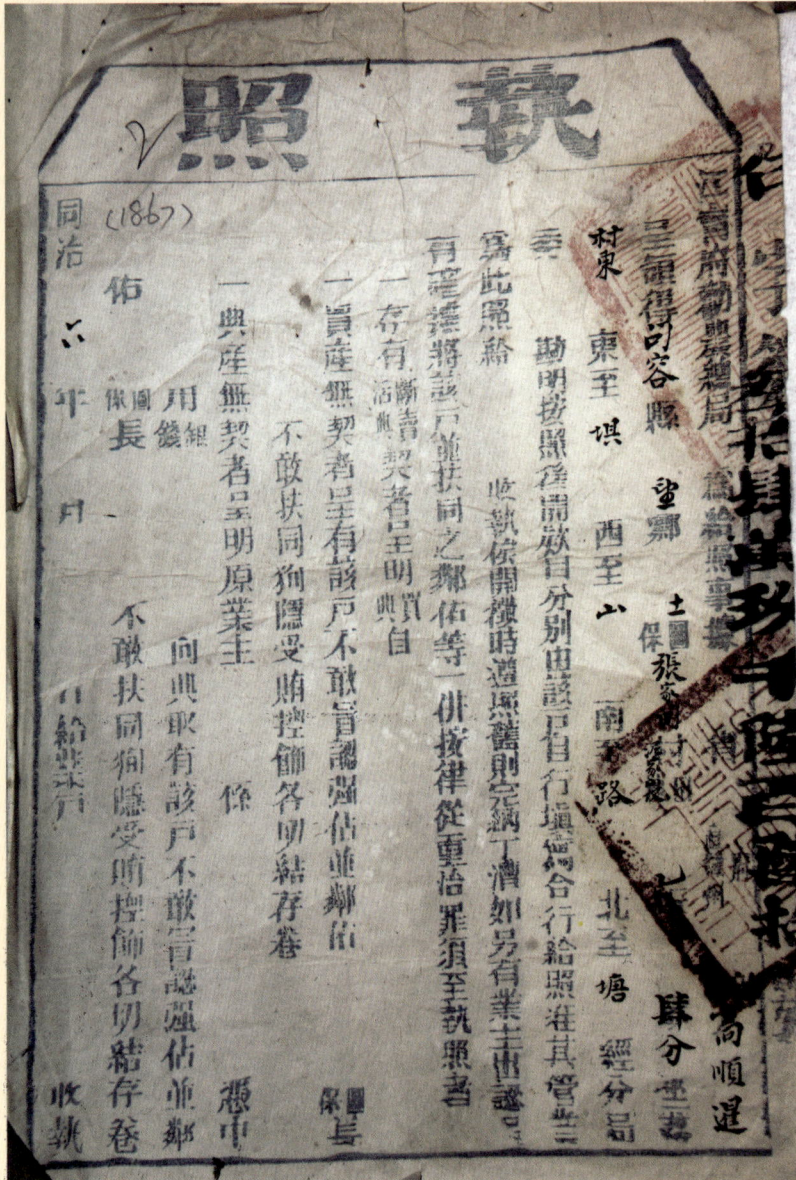

同治六年（1867）句容县望乡田产执照

全文：

执 照

　　江宁府劝农总局为给照事。据 省 直隶州府 县、州人高顺暹呈领得句容县望乡十一图（保）张家甸泥家山坟乙坵肆分坐落村东，东至坝，西至山，南至路，北至塘，经分局委 勘明，按照后开款目分别由该户自行填写，合行给照，准其管业，为此照给 收执，侯开征时，遵照旧则完纳丁漕，如另有业主出认，呈有确据，将该户并扶同之邻佑等，一并按律从重治罪，须至执照者，一存有断卖、活典契者呈明典、买自。一买产无契者呈有该户不敢冒认，强佔并邻佑 团、保长不敢扶同狗隐受贿，控饰各切结存卷。一典产无契者呈明原业主 系 凭中 用银、钱 向典取有该户不敢冒认强佔并邻佑 图、保长 不敢扶同狗隐受贿控饰各切结存卷。

　　同治六年 月 日给业户 收执。

清同治房地买卖文契

保管单位： 句容市档案馆

内容及评价：

　　该档案形成于1870年至1911年，共1卷，是民间房地买卖所立的契约，此中有买卖房屋、田地内容及买方、卖方、中人的签字。这批档案出现的社会背景是因为太平天国运动结束后，句容大力发展农业，吸引了大量外来移民在句容开荒种地，并在句容生活、定居。由于当时清政府许诺三年不收税，使得他们积累了一定的资金，开始在句容买房、置地，成为句容常住居民并世代生活下来。这也是句容清代晚期成为"移民城市"、语系众多的证据。这些档案为研究清中晚期句容历史与风土人情提供了珍贵史料。

同治九年（1870）让地文契

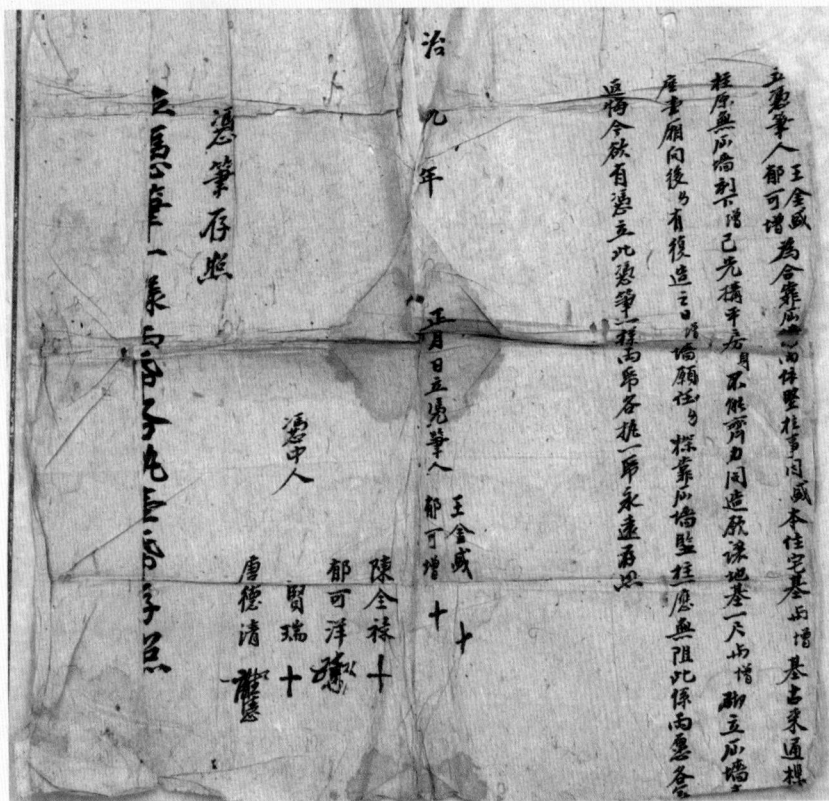

全文：

　　立凭笔人王金盛、郁可增，为合靠山墙两依竖柱事，因盛本住宅基与增基古来通梁合柱，原无山墙□下，增已先构平房，身不能齐力同造，愿让地基一尺与增，砌立山墙壹座壹厢，向后另有复造之日，增墙愿任□架靠山墙监柱，一应无阻。此系两愿，各无返悔。今欲有凭，立此凭笔，一样两纸，各执一纸，永远存照。

同治九年正月　日立。凭笔人：王金盛、郁可增

凭中人：陈全禄、郁可洋、贤瑞、唐德清

凭笔存照

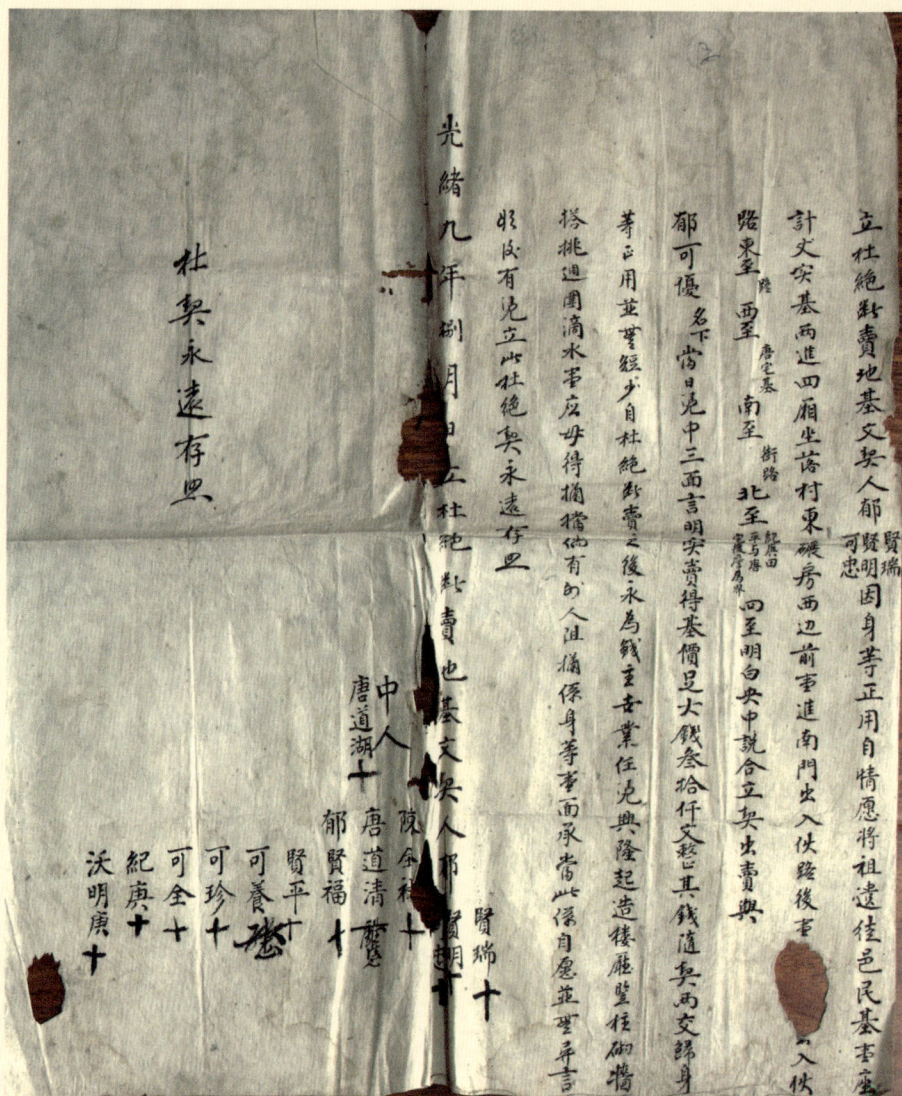

光绪九年（1883）卖地基文契

全文：

　　立杜绝断卖地基文契人郁贤瑞、郁贤明、郁可忠，因身等正用，自情愿将祖遗徒邑民基壹座，计丈实基两进四厢，坐落村东碾房西边，前壹进南门出入伙路，后壹进□出入伙路，东至路，西至唐宅基，南至街路，北至纪庚田、平与唐、宅后詹为界，四至明白。央中人说合，立契出卖与郁可优名下。当日凭中三面言明，实卖得基价足大钱叁拾仟文整，其钱随契两交归身等，正用并无短少。自杜绝断卖之后，永为钱主世业，任凭兴隆起造楼厅、竖柱、砌墙、搭挑，周围滴水壹应毋得拦挡。倘有外人阻拦，系身等壹面承当，此系自愿，并无异言，嗣后有凭，立此杜绝契，永远存照。

　　　　　　　　光绪九年捌月□日立。杜绝断卖地基文契人：郁贤瑞、贤明、可忠

　　中人：唐道湖、陈全福、唐道清、郁贤福、郁贤平、郁可善、郁可珍、郁可全、郁纪庚、沃明庚

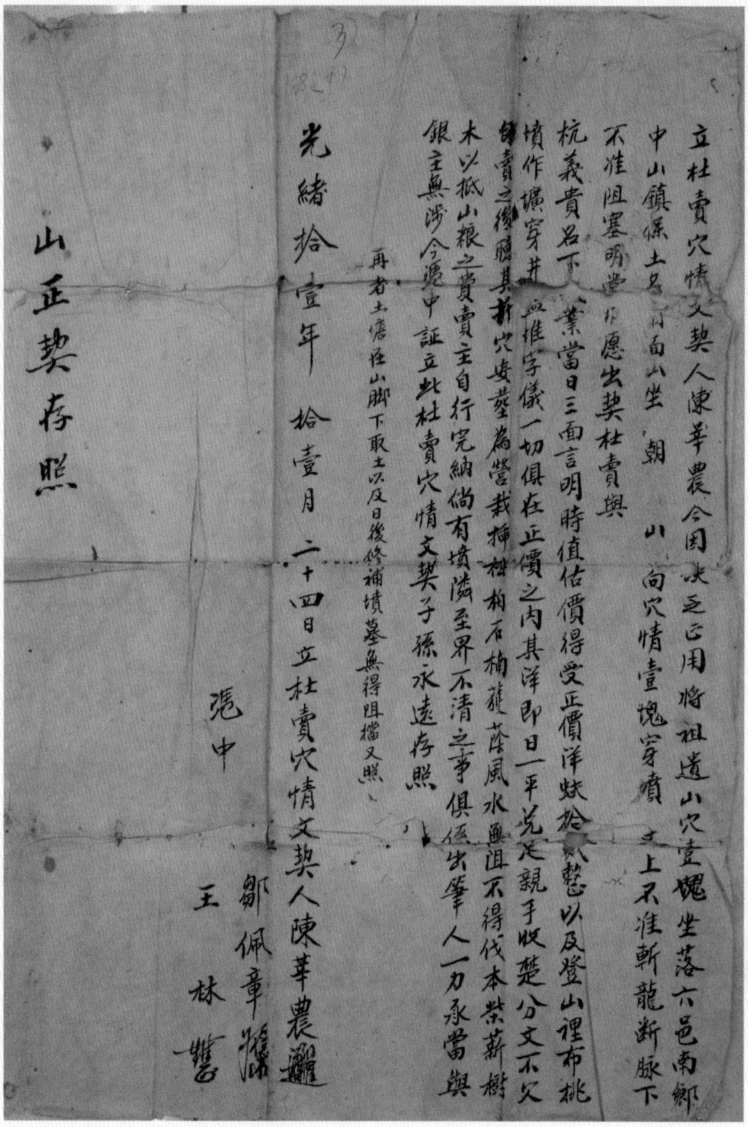

光绪十一年（1885）卖穴文契

全文

立杜卖穴情文契人陈莘农，今因缺乏正用，将祖遗山穴壹块，坐落六邑南乡中山镇保土□面山坐 朝山 向 穴情壹块穿坟，□上不准斩龙断脉，下不准阻塞明堂，□愿出契杜卖与杭义贵名下□业，当日三面言明，时值估价得受正价洋蚨拾□整，以及登山里布挑坟作矿穿井□惟字仪一切俱在正价之内，其洋即日一平兑足，亲手收楚分文不欠，自卖之后听其折穴、安葬为营，栽插松柏、石楠，获阴风水无阻，不得伐本柴薪树木，以抵山粮之费，卖主自行完纳，倘有坟邻至界不清之事，俱系出笔人一力承当，与银主无涉。今凭中证立此杜卖穴情文契，子孙永远存照。

再者土塘在山脚下取土，以及日后修补坟墓无得阻挡又照。

光绪拾壹年拾壹月二十四日立杜卖穴情文契人：陈莘农

凭中：邹佩章、王林

山正契存照

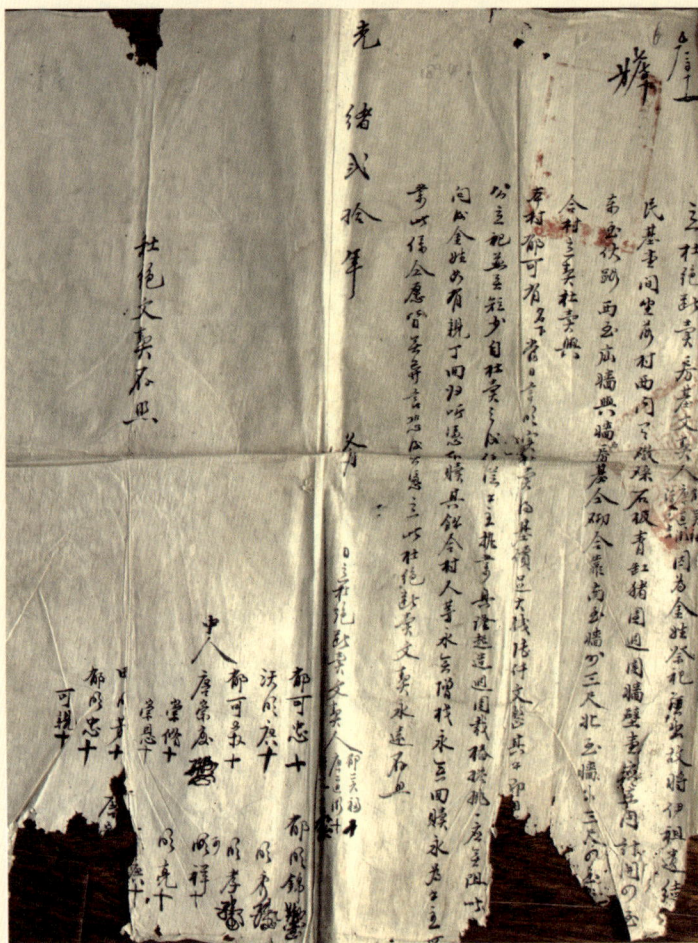

光绪二十年（1894）卖房基文契

全文：

立杜绝断卖房基文契人郁吴福、唐道湖、陈元吉。因为金姓祭祀□出，故将伊祖遗徒□民基壹间，坐落村西，内有礅□、石板、青缸、猪圈、周围墙壁壹应在内。计开四至：东至伙路，西至□墙，与墙西房基仝砌合靠，南至墙外三尺，北至墙外三尺，四□□合村，立契杜卖与本村郁可有名下。当日言明，□□卖得基价足大钱陆仟文整，其中即日□□，公立祀并无短少，自杜卖之后，任从□主执业，兴隆起造、周围栽椿搭挑，一应无阻。此□□问后金姓如有亲丁回归，听凭取赎，其□合村人等，永无增找，永无回赎，永为□主世业。此系全愿，皆无异言。恐后无凭，立此杜绝断卖文契，永远存照。

光绪贰拾年冬月 日立杜绝断卖文契人：郁吴福、唐道湖、陈元吉

中人：郁可忠、沃明庚、郁可□、唐崇□、唐崇修、唐崇恩、田明芳、郁明忠、郁可亲、郁明锦、郁明秀、郁明孝、郁明祥、郁明亮、□□庚

清商务部颁发的大照电灯公司执照

保管单位： 镇江市博物馆

内容及评价：

清政府在19世纪末至20世纪初实行"新政"，建立商务部，发展工商业。商务部成立后颁发了第一批公司执照，镇江大照公司执照就是其中之一。新成立的大照电灯公司是江苏省华商第一家公用发电厂，开全国民营电力先河，所以大照电灯公司执照具有较高的文史价值。

镇江大照电灯公司创办人郭礼征，安徽省亳县人。1895年春就读南京文正书院，深受其师南通著名实业家张謇"实业救国"思想的影响，走上了创办实业的道路。清光绪二十九年（1903）年郭礼征听说镇江英租界拟扩建沿江马路，"将有洋商乘机拟以设电灯，操持吾人照之权，独虑所存，意欲以固吾圉也"。为维护民族权益，他决定筹建大照电灯公司，得到张謇的大力支持，张謇称此为"江南要事之一"，参与投资。不久，张謇亲自陪同郭礼征去京城疏通，在京城张謇带领郭礼征去见慈禧，恭请慈禧手谕江苏巡抚协助办理，但慈禧却说："电这玩意不是好玩的，昨儿个皇宫里用电走火，差点烧起来，我看就算了吧"。一句话，给郭礼征泼了一盆冷水。但他并未就此作罢，在张謇的鼎力支持下，通过常镇道道台郭道直向江苏抚院呈递了禀摺，禀摺上说："电气灯简便灵捷，保无火险，上海等处行之已久。镇江为商务繁盛之区，若不捷足创办，瞬将为洋所占。与其听利权年溢，不若筹抵制于事先。"江苏抚院获准立案，拨给江边东荷花塘官地九亩，光绪三十年（1904）厂房建成。光绪三十一年（1905）正式发电，并成立了董事会，张謇任董事长，郭礼征任总经理。同年领取清政府商务部发给的执照，成为江苏省华商第一家公用发电厂，是全国民营电业的先驱。

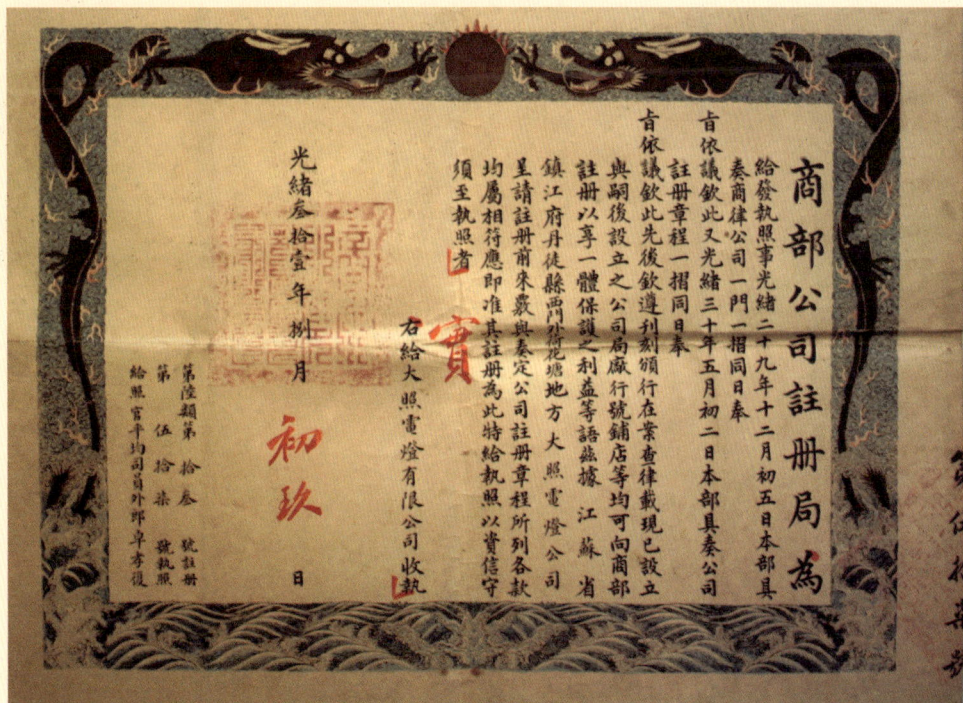

光绪三十一年（1905）
清商务部颁发的大照电
灯公司执照

清举孝廉方正捷报

保管单位：镇江市博物馆

内容及评价：

清举孝廉方正捷报为清宣统年间江苏镇江府丹阳县举孝廉方正的捷报，共五件，分别是：清光绪三十四年（1908）举孝廉方正奏章原稿、清宣统三年（1911）保举孝廉方正丹阳县优附生陈康陶咨文、清宣统抚院报举孝廉方正捷报、清宣统京发举孝廉方正捷报、清宣统省发举孝廉方正捷报。举孝廉方正为清代特诏举行的制科之一，是科举制度的重要补充，自雍正时起，新帝嗣位，诏直省府、州、县、卫各举"孝廉方正"，赐六品章服，备召用。乾隆以后，定荐举后送吏部考察，授以知县等官及教职。这批清代档案是研究清代举孝廉方正的第一手史料，具有极高的文史价值。

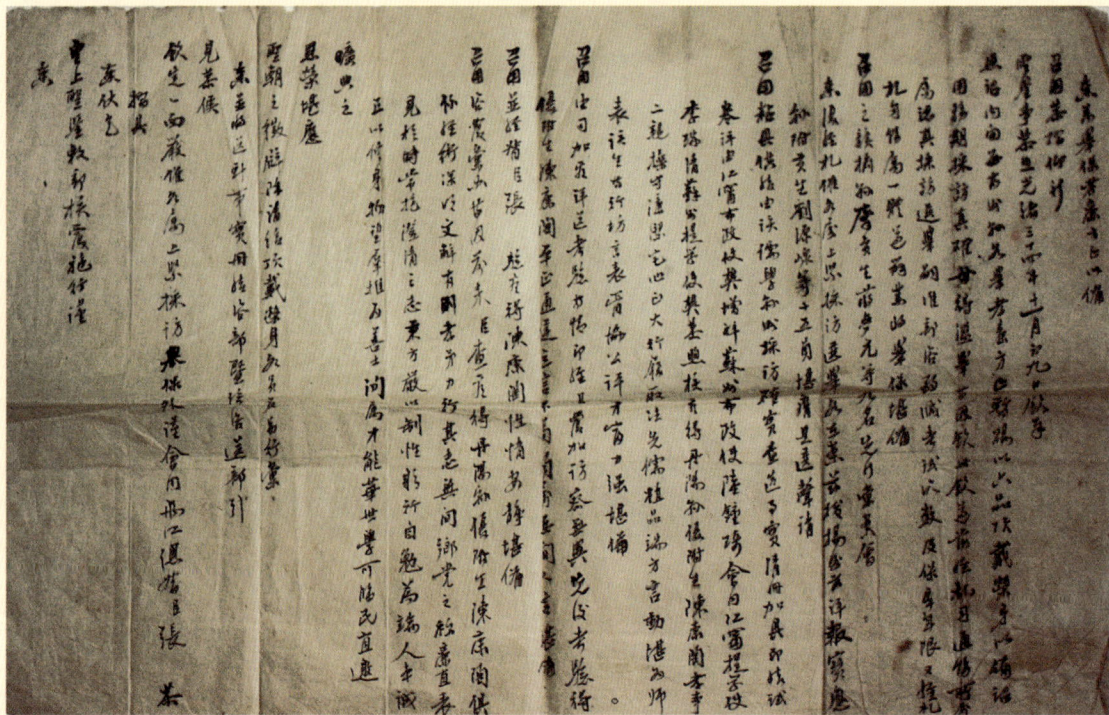

清光绪三十四年（1908）举孝廉方正奏章原稿

全文：

奉为举保孝廉方正以备召用恭摺仰祈圣鉴事恭照光绪三十四年十一月初九日钦奉恩诏内开每府、州、县各举孝廉方正，暂赐以六品顶戴荣身以备诏用，务期采访真确，毋得滥举等因钦此钦遵，当经札习通饬所属，属认真采访选举，嗣准部咨酌减考试次数及保举年限，又经札勿饬，属一体遵办，业将举保堪备召用之。赣榆县廪贡生蒋梦元等九名先行汇案会。

奉复经札催各属上紧采访选举各在案，兹拨扬州府祥，报宝应县附贡生刘源泉等十五员堪膺是选，声请召用。粘具供结，由该儒学县州采访确实，查造事实清册，加具印结试卷，评由江宁布政使樊增祥，苏州布政使陆钟琦，会同江宁提学使李瑞清，苏州提学使樊恭煦，核看得丹阳县优附生陈康陶，孝事二亲、操守廉洁、宅心正大，行履取法先儒，植品端方，言动堪为师表，该生等行坊言表、肯协公评、才富力强，堪备召用。由司加看，详送考验等情，即经臣覆加访察无异，先后考验得优附生陈康陶，平正通达，立言不苟，均属无间人言，堪备召用。并经督臣张　验看得陈康陶性情安静，堪备召用。咨覆汇办等因前来，臣查看得丹阳县优附生陈康陶，俱系经术深明、文辞有则、孝弟力行，其志无间乡党之称，廉直表见于时常，抱澄清之志，秉方严以制性，躬行自勉，为端人本，诚正以修身，物望群推为善士，询属才能华世，学可临民，宜邀旷典之恩荣，堪应圣朝之征，辟降请给顶戴荣身，各员名另行汇奉并将送到事实册结咨部暨给各送部引见恭候。

　　钦定一面，严催各属，上紧采访，举保外谨，会同两江总督臣张恭摺具奉伏乞皇上圣鉴敕部核覆施行谨。

　　奉

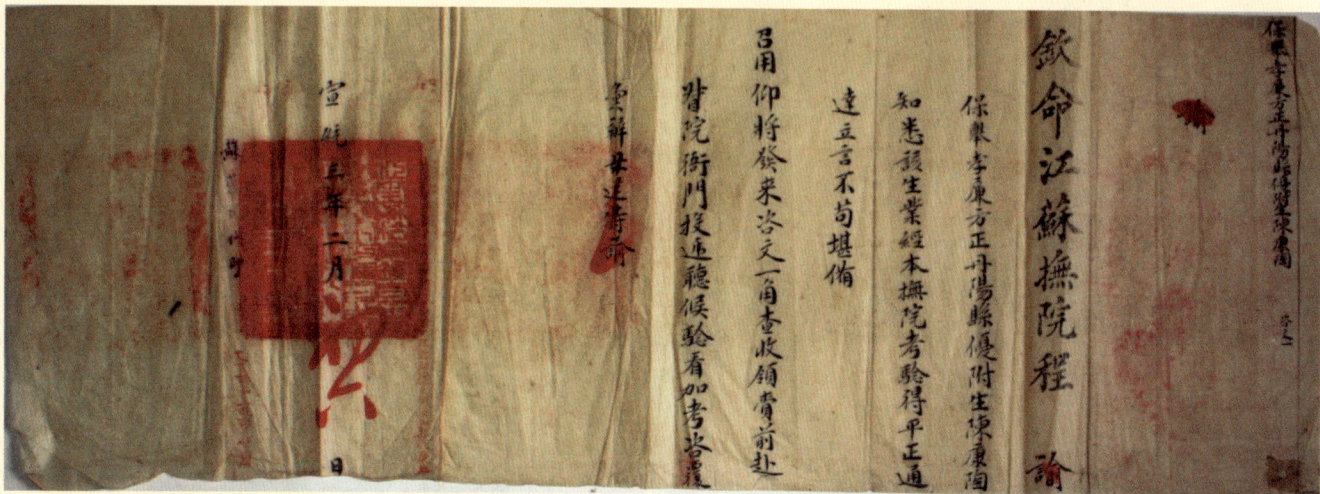

清宣统三年（1911）保举孝廉方正丹阳县优附生陈康陶咨文

全文：

保举孝廉方正丹阳县优附生陈康陶　咨文一

谕

钦命江苏抚院程谕，保举孝廉方正、丹阳县优附生陈康陶，知悉该生业经本抚院考验，得平正通达，立言不苟，堪备。召用仰将发来咨文一角，查收领赍，前赴督院衙门投递，听候验看，加考咨覆，汇办毋违特谕。

宣统三年二月初六日

［说明］

纸本，墨笔。"初六"为朱笔书写，谕字上用朱笔勾点。"三年二月"上印有一方阳文朱方印。文末有蓝笔书"苏藩武代印"，其下有红笔小字"文书课第三股课员丁尚"。

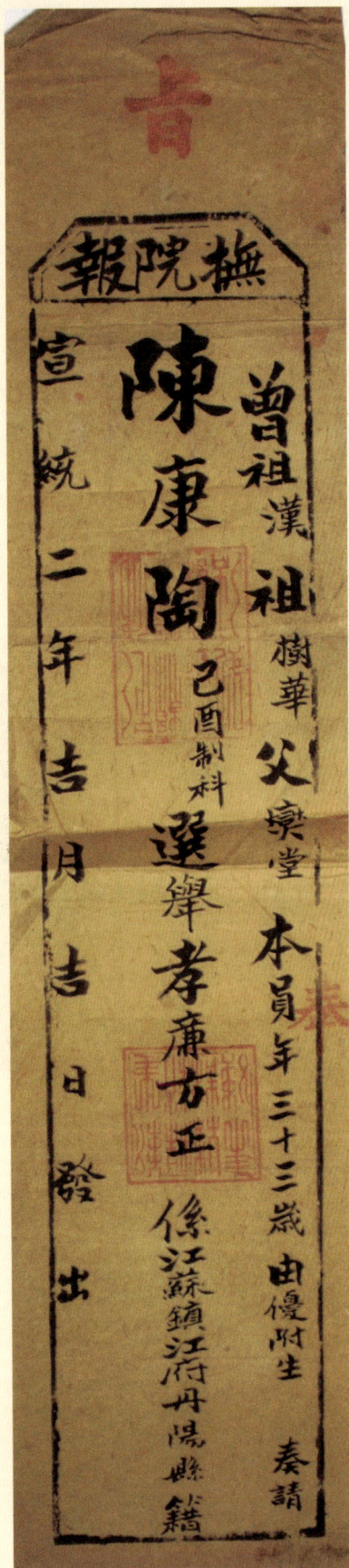

全文：

曾祖汉，祖树华，父燹堂，本员年三十三岁，由优附生，奏请陈康陶己酉制科选举孝廉方正，系江苏镇江府丹阳县籍，宣统二年吉月吉日发出。

[说明]

纸本，黄色，行文上方正中为一朱文"旨"，行文右侧正中为朱文"奉"字，"陶己酉"及"方正"上各印有一方阳文朱方印。文抬头由右向左直读"抚院报"，行文由右向左竖读。

清宣统抚院报举孝廉方正捷报

全文：

由优附生陈康陶已酉制科选举孝廉方正，钦此。系江苏镇江府丹阳县人，曾祖汉，祖树华，父爔堂，本员年三十三岁。

[说明]

纸本，黄色。"已酉制科"及"方正"上印有阳文朱方印，行文周边为一圈纹饰，其右侧下角为一朱文"奉"。行文上方正中为一朱文"旨"。文抬头由右向左直读"京发"，行文由右向左竖读。

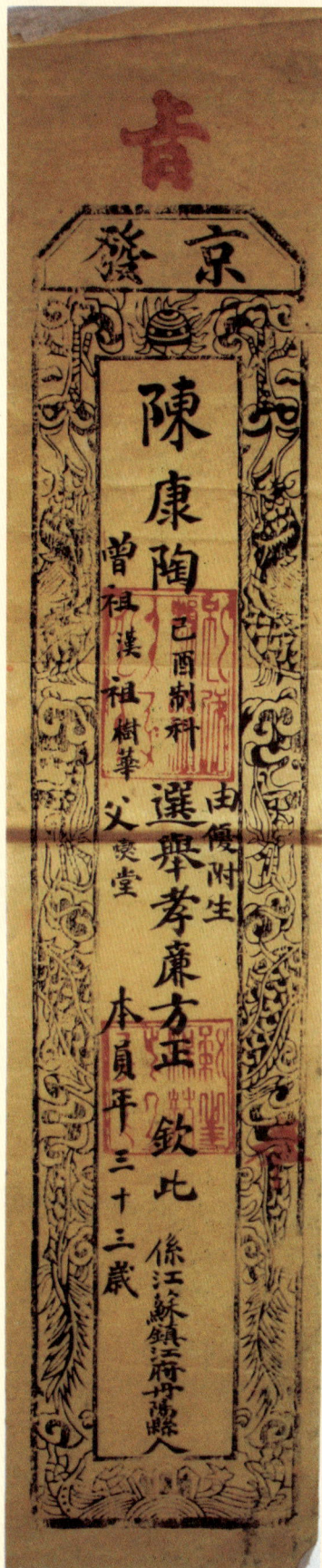

清宣统京发举孝廉方正捷报

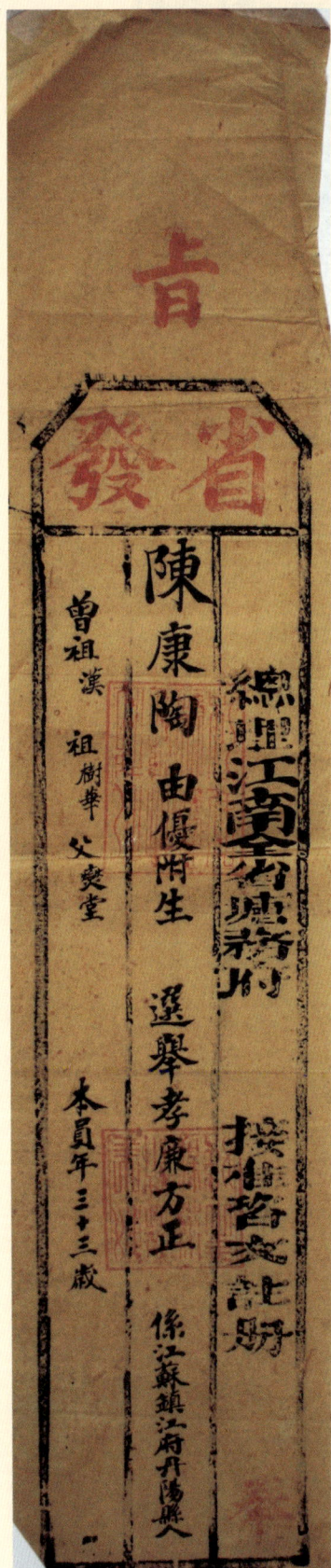

全文:

总理江南全省塘务府,接准咨文注册,陈康陶由优附生,选举孝廉方正,系江苏镇江府丹阳县人,曾祖汉,祖树华,父爕堂,本员年三十三岁。

[说明]

纸本,黄色。"陶"及"孝廉方正"上印有阳文朱方印,右起第一行下印有朱文"奉",行文上方正中为一朱文"旨"。文抬头朱笔,由右向左直读省发,行文由右向左竖读。

清宣统省发举孝廉方正捷报

清宣统房契

保管单位：镇江新区档案馆

内容及评价：

这是一张清宣统元年（1909）的官契。官契系官方认定的房地产契约，相当于现在的房地产权证。该契约遣词简约准确，契约上加盖官方印章，所盖官印采用篆体，显得精美庄重。官契完好无损，用隽秀整洁的小楷字体书写。契约盖有多处红印，右边印有藩号、业户姓名、卖房契价及纳税银。全文大致分为三部分：第一部分是介绍房子座落位置、走向、丈量的整个房屋的面积；第二部分指出了房屋市价及卖方责任；第三部分见证人签名。该房契真实反映了清末镇江地区百姓的商业活动，对研究清末镇江地区的社会经济民情有一定的历史价值。

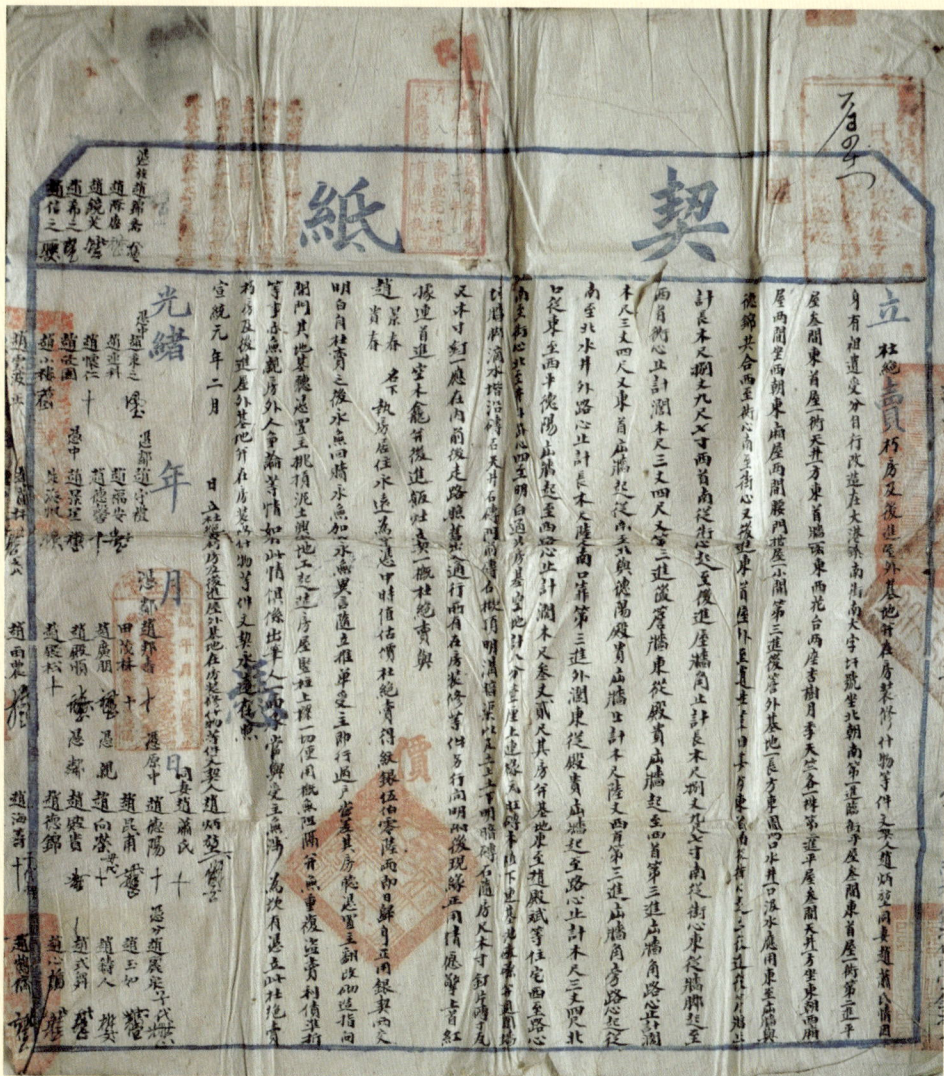

清宣统房契

全文：

立杜绝卖朽房及后进屋外基地，并在房装修什物等件。文契人赵炳堃同妻赵萧氏。情因身有祖遗受分自行改造在大港镇南街南大字圩号坐北朝南，第一进临街平屋叁间，东首屋口第二进平屋叁间，东首屋口天井一方，东首墙一堵，东西花台两座，杏树月季天竺各一株；第二进平屋叁间，天井一方，坐东朝西厢屋两间，坐西朝东厢屋两间，腰门口屋一小间；第三进后簷［檐］外基地一长方，东围两口水井，一口汲水应用，东至山墙与德锦共合，西至街心，南至街心，又后进东首屋外至赵生业田土，东首南后街心起至后簷墙止计长木尺捌丈九尺七寸，西首南后街心东从墙脚起至西首街心止计阔木尺三丈四尺，又第三进后簷墙东从殿贵山墙起至西首，第三进山墙角路心止计阔木尺三丈四尺，又东首山墙起从南至北与德阳殿贵山墙止计木尺陆丈，西首第三进山墙角旁路起从南至北水井外路心止计长木尺陆丈，南口靠第三进外阔东从殿贵山墙起至路心止计木尺三丈四尺，北口从东至西平德阳山墙起至西路心止计阔木尺叁丈贰尺。其房并基地东至赵殿斌等住宅，西至路心，南至街心，北至井外路心。四至明白，通房基地空地计八分一厘。上连椽瓦砖木植，下连基地礤礤并周围墙脚，涌水泾砖石开井石砖石门砖石，掀顶明沟暗渠以及土上土下明暗砖石，随房尺木寸钉片砖寸瓦尺木钉一应在内，前后走路照旧，通行所有在房装修等件另行开明附从现缘正用情愿擘上首红椽连首空木龛并后原进饭灶卖一概杜绝卖与赵贵春 赵景春名下执房屋住永远为凭中时值估价杜绝卖得纹银伍佰零陆两。即日归身正银契两交明白自杜绝卖。之后永无回赎，永无加，永无异言，随立推单受主即行户当差其房听凭买主翻改砌造，指问开门其地基听凭买主挑损泥土与地工造房至柱上梁一切使用，概无阻隔并无重复盗卖，利债准析等事，亦无亲房外人争论等情，如有此情俱出笔人一面承当，与受主无涉，为口有凭，立此杜绝卖。

朽房及后进屋外基地并在房装修物等件文契永远存照。

宣统元年二月立杜绝卖朽房及后进屋外基地在房装修什物等件文契人：赵炳堃同妻赵萧氏

凭族人：赵锦斋、赵际唐、赵镜业、赵希之、赵信之

凭中：赵秉之、赵连科、赵怀仁、赵欣园、赵小楼、赵云波、赵景星

凭邻：赵守礼、赵福安、赵德馨、赵殿贵、赵德锦

凭亲：赵向荣

凭原中：赵德阳、赵昆甫

凭分：赵丽泉、赵玉如、赵铸人、赵式舞

四

憲兵隊及總所外仍須分所長親往檢驗並員責蒐集致死之詳細原因以便緝兇

警察于退勤後最少須留三分之二人數在所預備所長各課長各分所長外出須留地點以便有案件洽商於通知又嗣後報告憲兵隊長文件交由本人轉交

憲兵隊長可也

乙 討論事項、

一、主席交議部現在鎮江埠每日乘車馬往來絡繹不絕為預防意外災害起見應規定八民行走特通一律須由左側通行案

「議决」印刷傳單布告並刊登薪聞暨組織宣傳隊向民眾宣傳一律遵守

見由二月一日起實行

二、主席交議關于取締抗日書籍案「議决」應於本月二十六日正

李竟成《光复镇江始末记》手稿

保管单位：镇江市博物馆

内容及评价：

李竟成，原名良波，镇江丹徒人，其父李裕柏，曾参加过太平天国运动。1906年，南洋第九镇新军在宁镇征兵，李竟成应征入伍，辛亥革命时期曾追随赵声从事革命活动，在策动光复镇江和浦口之战中发挥重要作用。武昌起义后，他协助林述庆策动镇江新军三十五、三十六标武装起义，又派人联络炮台和兵舰官兵，并设法筹集军费；同时和地方人士联系，争取他们去做清方官吏的工作，迫使镇江副都统载穆投降。镇江军政府成立，他任参谋总长，接着又改任军务部长。镇江光复后，他与徐宝山分兵渡江，经仪征进攻浦口，完成对南京张勋部队的夹击。民国初年，曾任镇军江北支队司令、十六师参谋长和镇江卫戍司令等职。1915年袁世凯称帝，他通电反对，遭到袁的通缉。袁世凯垮台后，他回到故里耕田烧窑，诵经念佛。

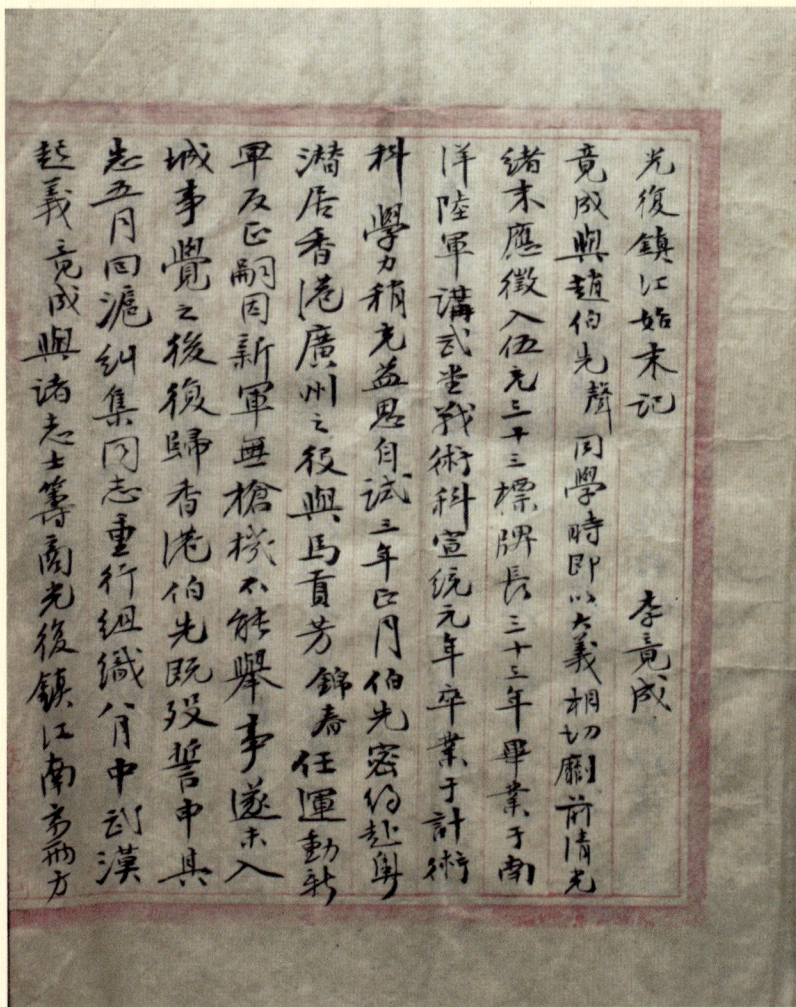

李竟成《光复镇江始末记》首页

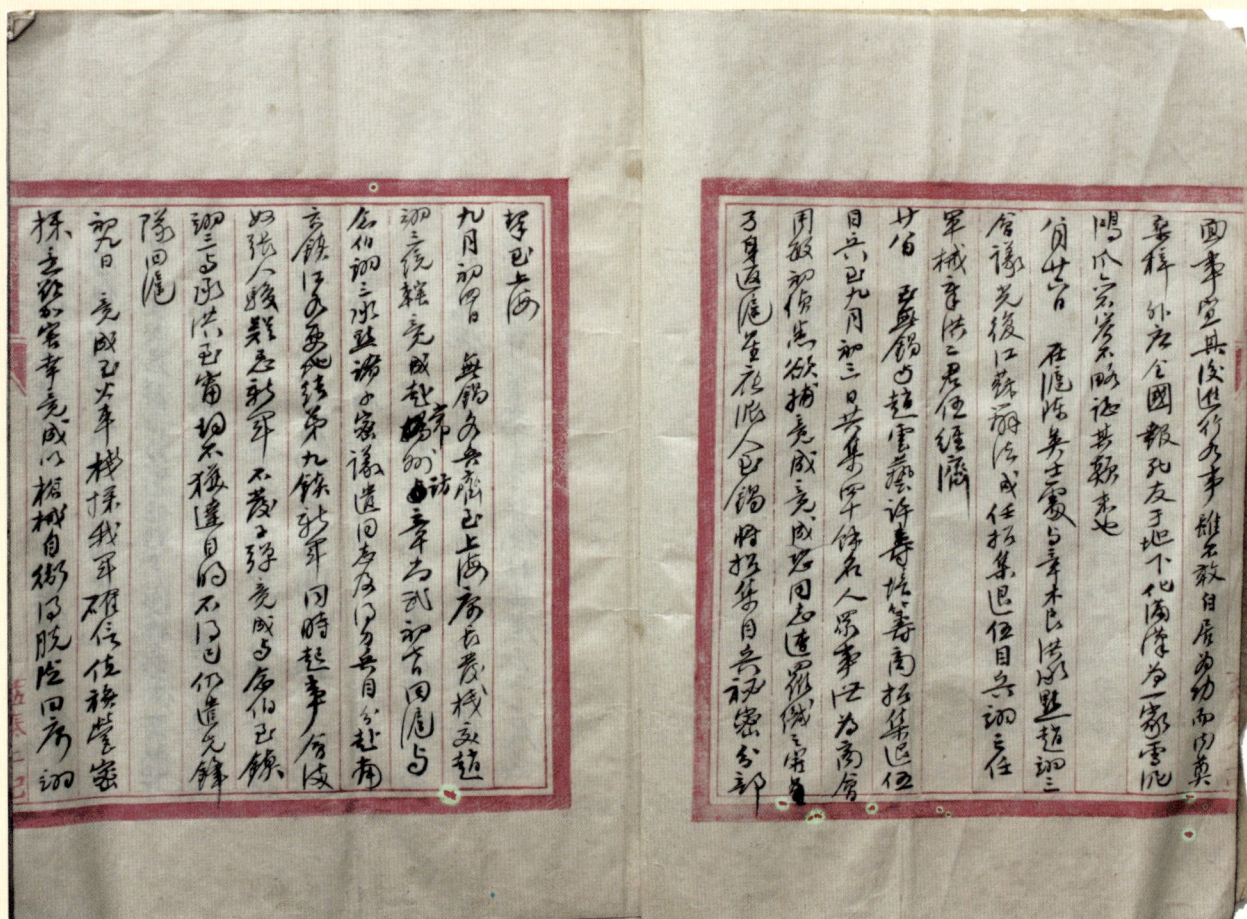

李竟成《光复镇江始末记》内页

全文（节选）：

光复镇江始末记

李竟成

　　竟成与赵伯先（声）同学时即以大义相切劘，清光绪末应征入伍，充三十三标牌长。三十三年，毕业于南洋陆军讲武堂战术科，宣统元年，卒业于计术科，学力稍充，益思自试。三年正月，伯先密约赴粤潜居香港。广州之役，与马贡芳（锦春）任运动新军反正，嗣因新军无枪械，不能举事，遂未入城，事觉之后，复归香港。伯先既殁，誓申其志。五月回沪，纠集同志，重行组织。八月中，武汉起义，竟成与诸志士筹商，光复镇江、南京两方面事宜，其后进行乃事。虽不敢自居为功，而内奠桑梓，外应全国，报死友于地下，化满汉为一家，雪泥鸿爪，亦不容不略志，其颠末也……

陈庆年《京口兵事通纪卷》手稿

保管单位：镇江市博物馆

内容及评价：

《京口兵事通纪卷》为丹徒陈庆年撰，分《咸同勘平粤匪记上》、《咸同勘平粤匪记下》两部分。陈庆年（1862~1929），字善余，江苏镇江丹徒县人，自号石城乡人，晚年又号横山，祖籍皖南徽州，宋室南渡后远祖肇昌始迁镇江丹徒西石城村，是近代史学家、教育改革家和国家图书馆事业创建者。

《京口兵事通纪卷》记录了太平军在镇江的主要军事活动。毛笔双面手写，卷首朱笔眉批：拙箸殊无是观，刘军绍成欲采入张忠武事，实以克镇江及守镇江皆忠武军也，抄出净本，嘱为校阅，并允抄净本一份贻余，其雅怀不可及也，眉上所批皆须列入小注，抄时宜细心。此本共38页，是研究太平天国运动和镇江地方史的重要史料。

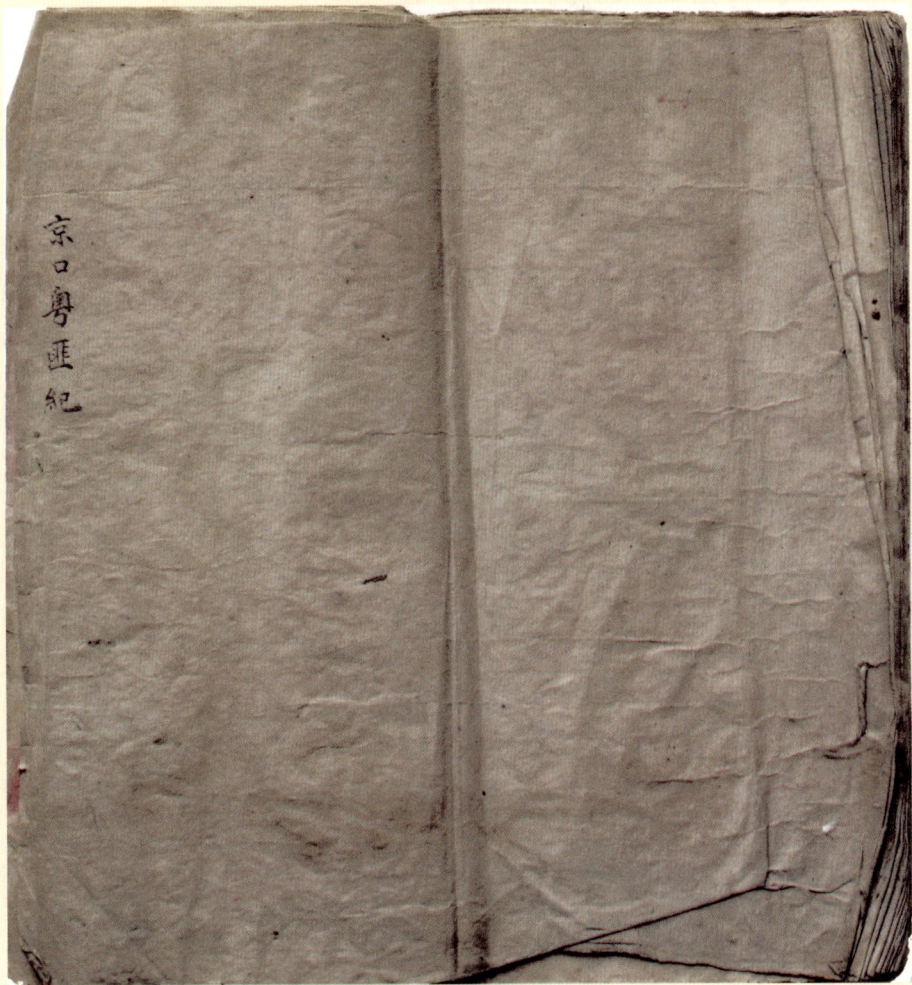

《京口兵事通纪卷》封面

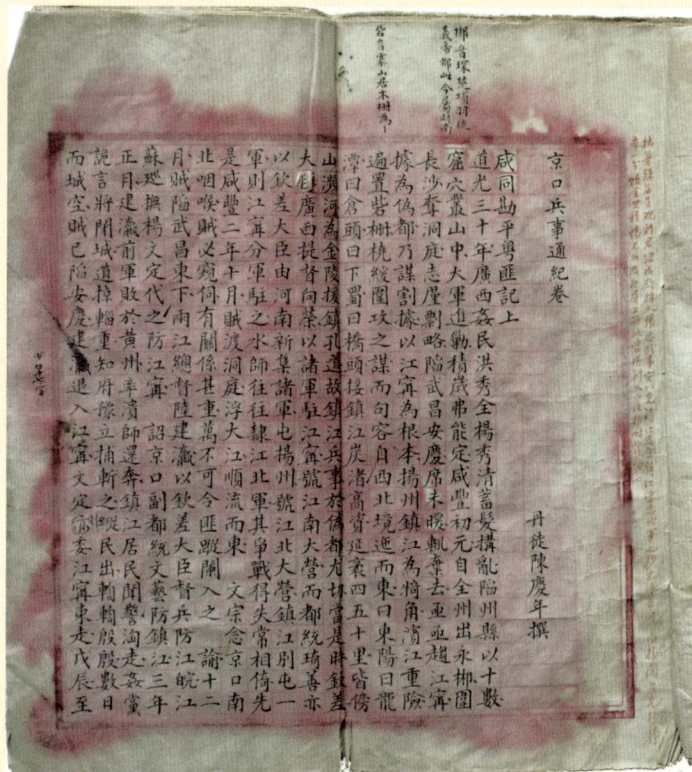

《京口兵事通纪卷》首页

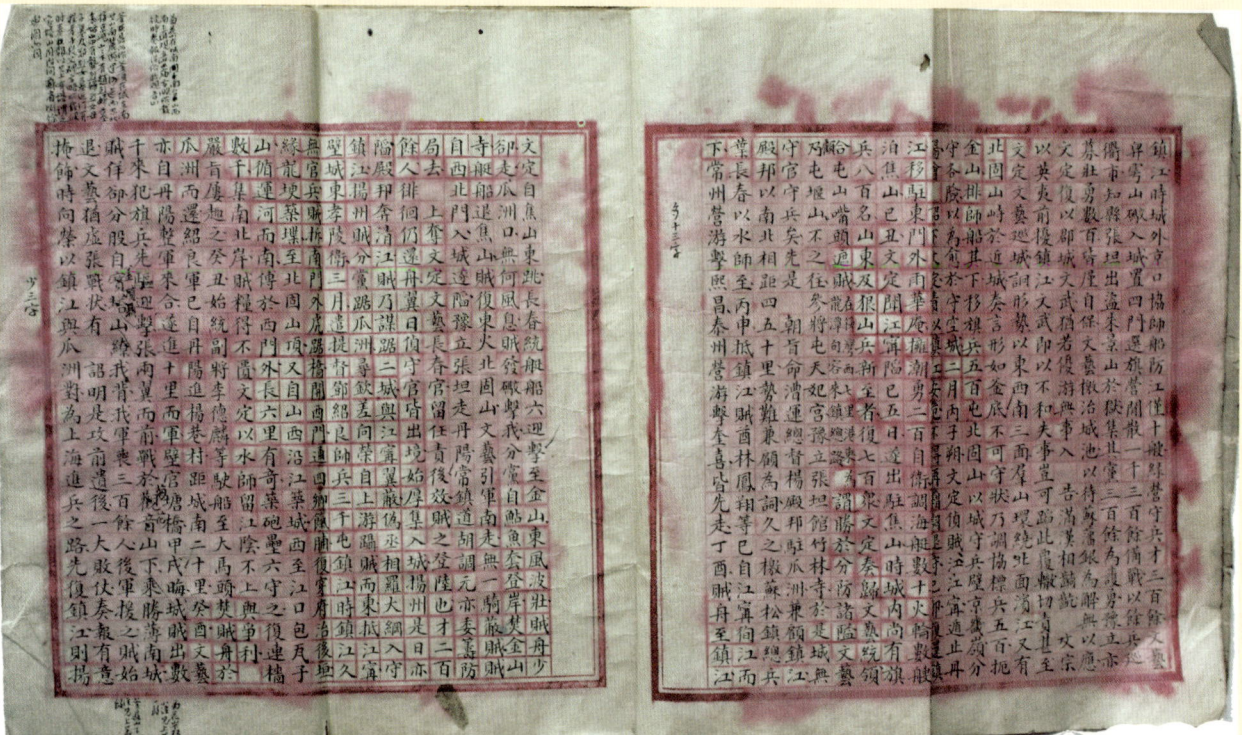

《京口兵事通纪卷》内页

全文（节选）：

京口兵事通纪卷

丹徒陈庆年撰

咸同勘平粤匪记上

道光三十年，广西奸民洪秀全、杨秀清蓄发拘乱，陷州县以十数窟穴从山中，大军进剿，积岁弗能定。咸丰初元，自全州出永郴、围长沙、夺洞庭，志厪［廑］剽略，陷武昌、安庆，席未暖，辄弃去，亟亟趋江宁，据为伪都，乃谋割据。以江宁为根本，扬州、镇江为犄角，滨江重险，遍置砦栅，桡缓围攻之谋。而句容自西北境迤而东，曰东阳、曰龙潭、曰苍头、曰下蜀、曰桥头，接镇江，炭渚高资，延袤四五十里，皆傍山濒河，为金陵缓镇孔道，故镇江兵事，于伪都尤切。当是时，钦差大臣、广西提督向荣，以诸军驻江宁，号江南大营，而都统琦善亦以钦差大臣由河南新集诸军，屯扬州，号江北大营，镇江别屯一军，则江宁分军驻之，水师往往隶江北军，其争战得失常相倚。先是咸丰二年十月，贼渡洞庭，浮大江，顺流而东。

文宗念京口南北咽喉，贼必窥伺，有关系甚重，万不可令匪踪阑入之。谕，十二月，贼陷武昌东下，两江总督陆建瀛，以钦差大臣督兵防江皖，江苏巡抚杨文定代之防江宁，诏京口副都统文艺防镇江。三年正月，建瀛前军败于黄州，率溃师还奔，镇江居民闻警汹走，奸党诡言将闭城，道掠辎重，知府豫立捕斩之，纵民出，辐辏殷殷，数日而城空。贼已陷安庆，建瀛退入江宁，文定则委江宁东走，戊辰至镇江，时城外京口协师船防江仅十艘，绿营守兵才三百余。文艺牟雳山炮入城，置四门，选骑营闲散一千三百余备战，以余兵巡衢市。知县张坦出盗朱景山于狱，集其党三百余为护勇，豫立亦募壮勇数百，皆厪［廑］自保。文艺檄治城池，以待苏藩银为解，无以应。文定复以郡城文武，犹若优游无事入……

大港甸上村王氏家族文契

保管单位：镇江市档案馆

内容及评价：

大港甸上村王氏家族文契，是镇江新区大港甸上村村民王洪根收藏祖上购买土地、房屋的文契。因家中房屋拆迁，担心保管不善，于2011年捐赠给镇江市档案馆。据王洪根介绍，文契中涉及到王世福就是他的曾祖父。其祖父王裕保是大港苦竹村（1958年后改名为新竹村）人，所有文契都是王裕保留传下来，是文契的所有人。王裕保喜欢购买土地和房产。根据契文推断，王裕保父亲王世福有兄弟几人，其中有王世选（长房）、王世祯、王世魁。因王世选儿子王长寿病故，王世福将儿子王裕保过继给王世选为后。王裕保可能继承了两份遗产，因而有能力购买大量地产和房产。

该部分文契共有46件，时间跨度从1886年至1955年，其中光绪年间7件、民国年间36件、解放初3件，文契品种有地契、房契、山契等。这部分文契比较系统完整，对研究清末至解放初经济、文化及宗族制度等方面都有较高的史料价值。

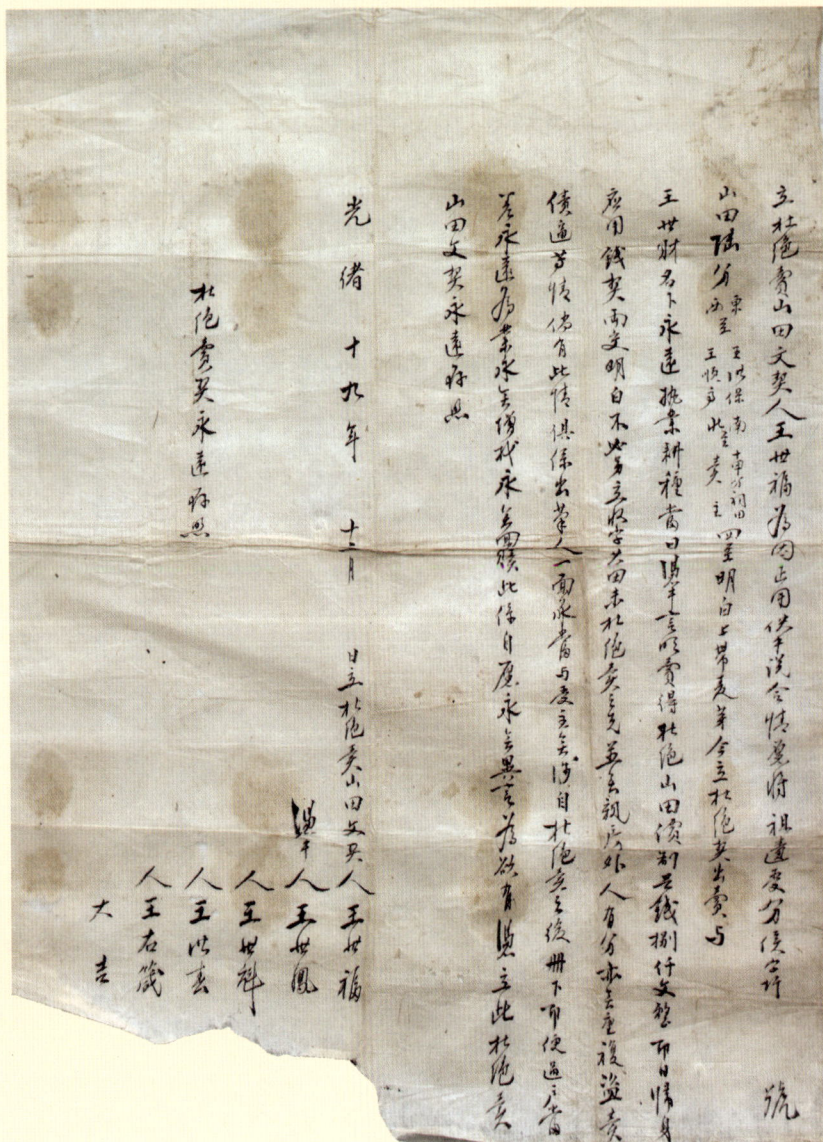

立杜绝卖山田文契

全文：

立杜绝卖山田文契人王世福为因正用央中说合，情愿将祖遗受分□字圩 号山田陆分，东至王世保，西至王顺高，南至十甲分祠田，北至卖主，四至明白，上带麦芽。今立杜绝契出卖与王世财名下，永远执业耕种，当日凭中言明，卖得杜绝山田价制足钱捌千文整，即日归身应用，钱契两交明白，不必另立收字。此田未杜绝卖之先，并无亲房外人有份，亦无重复盗卖债逼等情。倘有此情，俱系出笔人一面承当，与卖主无涉。自杜绝卖立后，册下即便过户当差永远为业，永无□□，永无回赎，此系自愿，永无异言。为欲有凭，立杜绝卖山田文契，永远存照。

光绪十九年十月 日
立杜绝山田文契人：王世福
凭中人：王世凤、王世魁、王世春、王右箴，大吉

全文：

立承领文帖人王世福，今承领到房兄世凤名下，承领得凭族议提凤□日契买村字圩 号山田一亩□价拾千文又出洋陆元，提归□子祭扫之资，经身凭中一并收讫，嗣后遇时过节祭祀，不得断缺，以□□凭立此承领文帖存照。

光绪贰拾贰年十二月 日
立承领文帖人：王世福
凭中人：王锦文、王镜蓉、王右箴

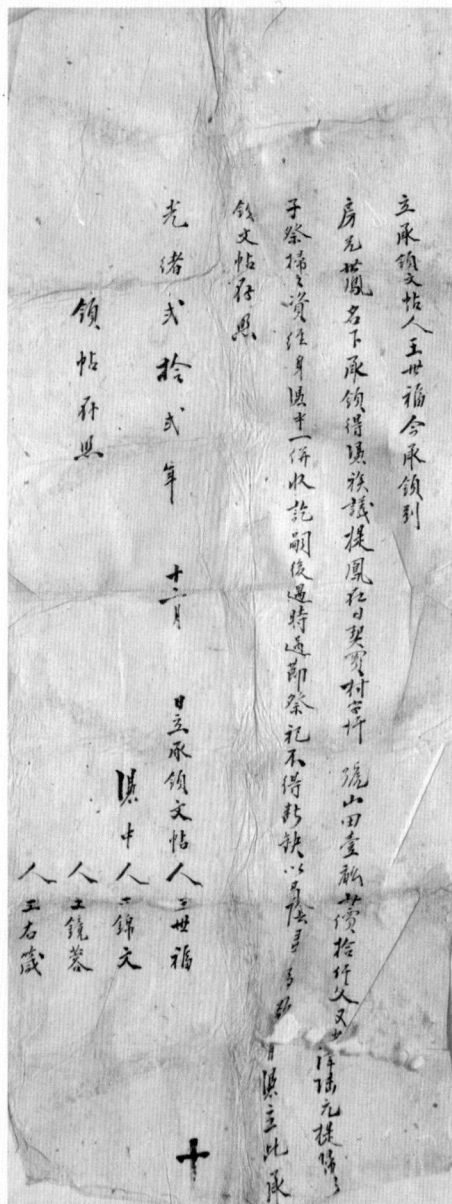

祭扫资文契

王裕保过继给王世选为后、王连福过继给王世祯为后及王裕保继承财产文契

王世魁、王世福从王罗扣子赎回房屋文契

全文：

立赎回房文契人王世魁、王世福，同祖所分五房，今因长房无子，世魁、世福公议，情愿将长房侄长寿自己受分东边平房一间，并连东井一口，光绪十三年出抵与王罗扣子名下执业，抵得足大钱十千文正，今于光绪二十八年世魁将东边平房一间并连东井□□□请凭中人□□此房赎回当日，凭中人交足大钱十千文正，钱契两交明白，不必另立收字。此房未赎回之先，并无外人争论，尚有此情，俱系出笔人一面承当，与赎回房人无涉。自系自愿，并无异言，为欲有凭立此赎回房文契。

永远兴隆存照。

光绪二十八年十月日立交出房文契人：王罗扣子

赎回房人：王世魁

凭中人：王洪林、王云卿、王兴保

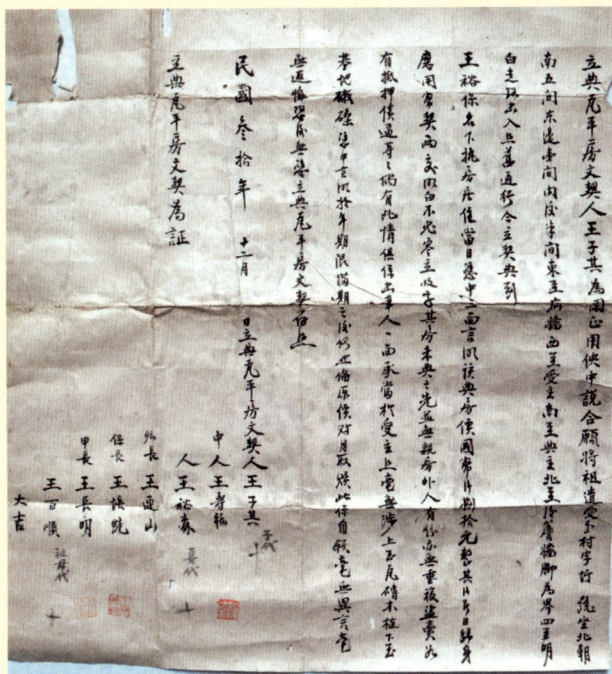

王子其典当瓦房给王裕保文契

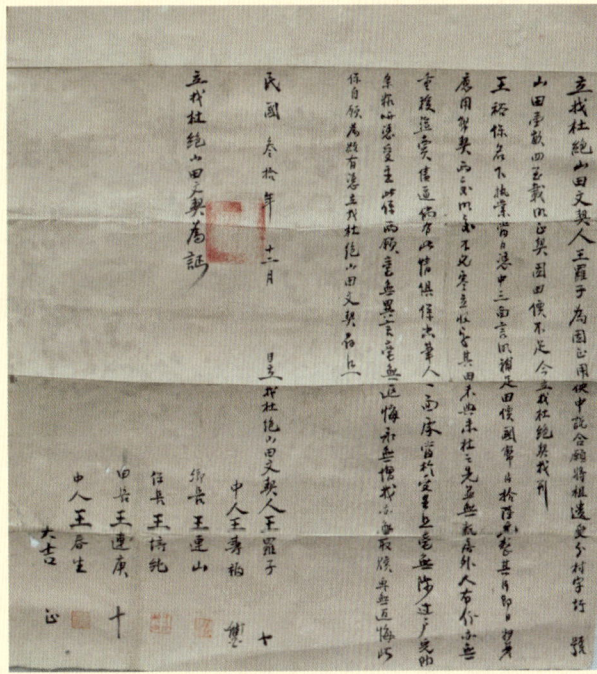

王裕保购买王罗子山田文契

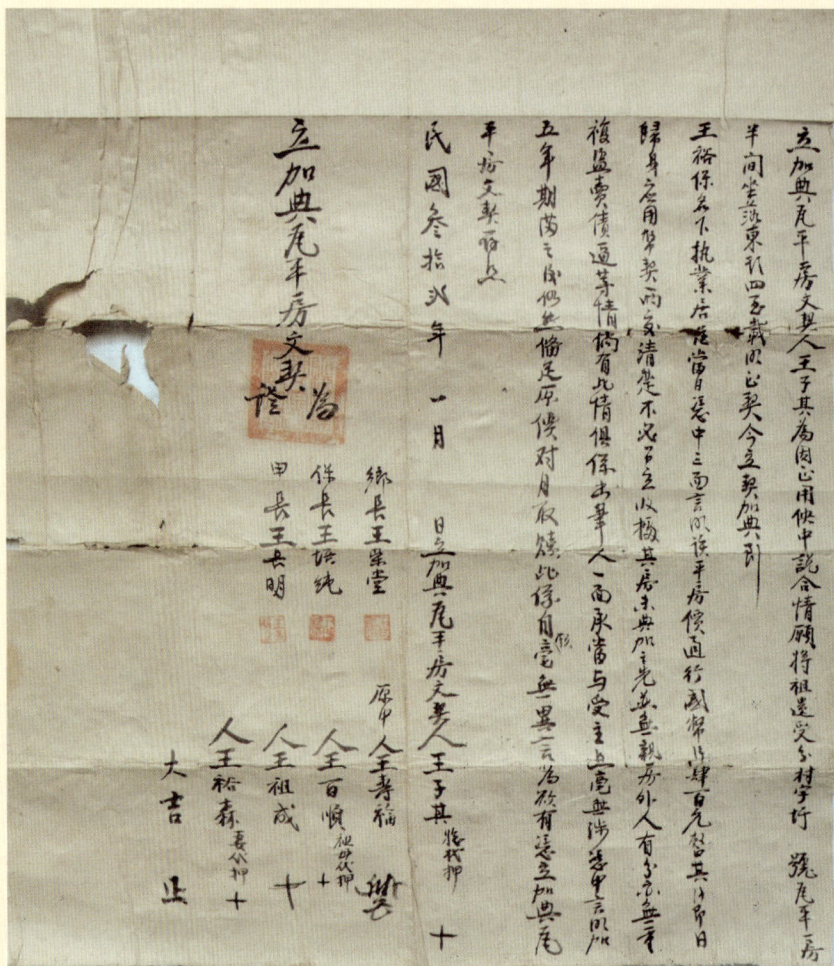

王子其典卖瓦房给王裕保文契

[说明]

这三份文契的受益人都是王裕保，大量交易土地和房屋，反映出购买人的富有及家族走向兴旺和出卖方衰败的过程。这三份文契的凭中人不仅有家族相关人，还有乡长、保长、甲长。

收回英国领事馆房产档案

保管单位：镇江市博物馆

内容及评价：

1858年6月26日，英国强迫清政府签订了《中英天津条约》。根据条约规定，镇江被辟为通商口岸，允许列强建立租界。1861年，英国在镇江五十三坡至江边一带建立了镇江英租界，在云台山麓建立了镇江英国领事馆。1889年农历正月初六，饱受凌辱的镇江民众，愤怒地追打殴打小贩的租界巡捕，冲砸租界工部局巡捕房，火烧了英国领事馆。1890年，清政府赔款重修了部分被烧毁的镇江英国领事馆。1927年春，随着北伐军进军的隆隆炮声，汉口、九江英租界相继收回，镇江英领事逃到南京。临行前，致函镇江交涉署，请镇江警察局派警员会同镇江商团接岗，维持租界社会治安，保护侨民财产。3月24日中午12时，镇江民众组成的商团武装接管了租界，实质上结束了英帝国主义在镇江的殖民统治。1929年11月，国民政府外交代表与英国外交代表互换照会，正式收回了镇江英租界。1933年，英国政府驻南京总领事波朗特致函镇江商会会长陆小波，请陆小波做中介，将英国政府在镇江的原领事馆地产连同房屋售于华人怀德堂。收回镇江英国领事馆房产档案即为此历史事件的见证。

收回镇江英国领事馆房产档案一组共有8件，它们真实地记录了镇江英租界房地产收回的历史。档案包括：镇江英国领事馆属地地图、中华民国江苏镇江县政府地税契据、英总领事波朗特就出售前英领事馆属地事宜致陆小波信、陆小波给英领事的信、江苏省财政厅印发不动产卖契官纸、江苏镇江县土地局土地所有权状、镇江县土地局土地登记费收据等。该档案史料是镇江人民反抗英帝国主义殖民统治的历史见证，也是系统记录中国人民收回主权、财产的法律档案，具有重要的史料价值。

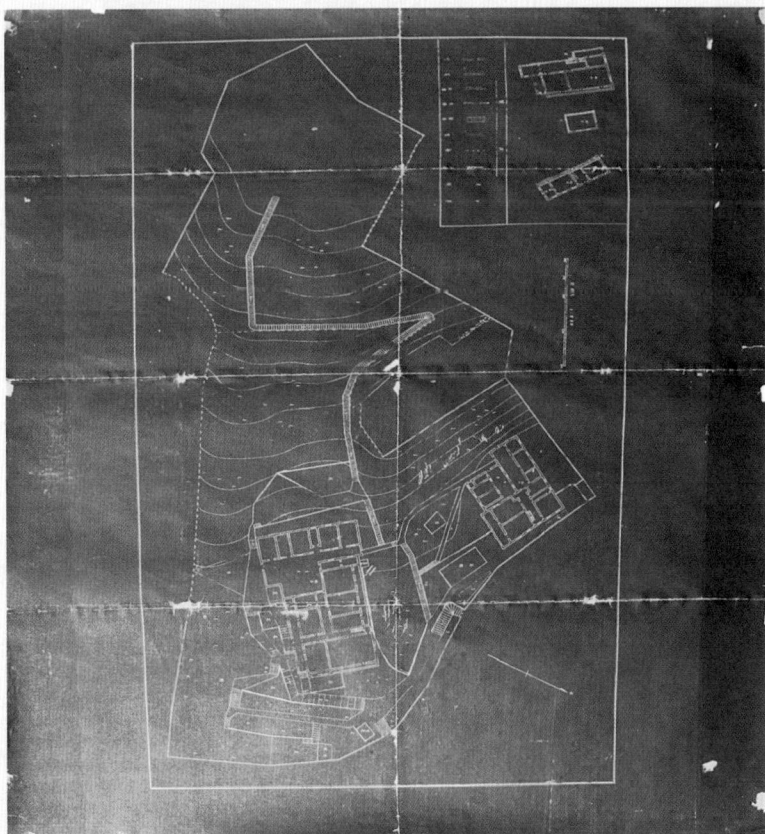

镇江英国领事馆属地地图

地图长92厘米、宽76厘米。深蓝色纸质，淡蓝色线条描绘，比例尺为1:250，以门、窗、石栏、木栅、阶梯、墙、篱、石崖、树、草等图例，详细描绘了英国领事馆属地及地产。

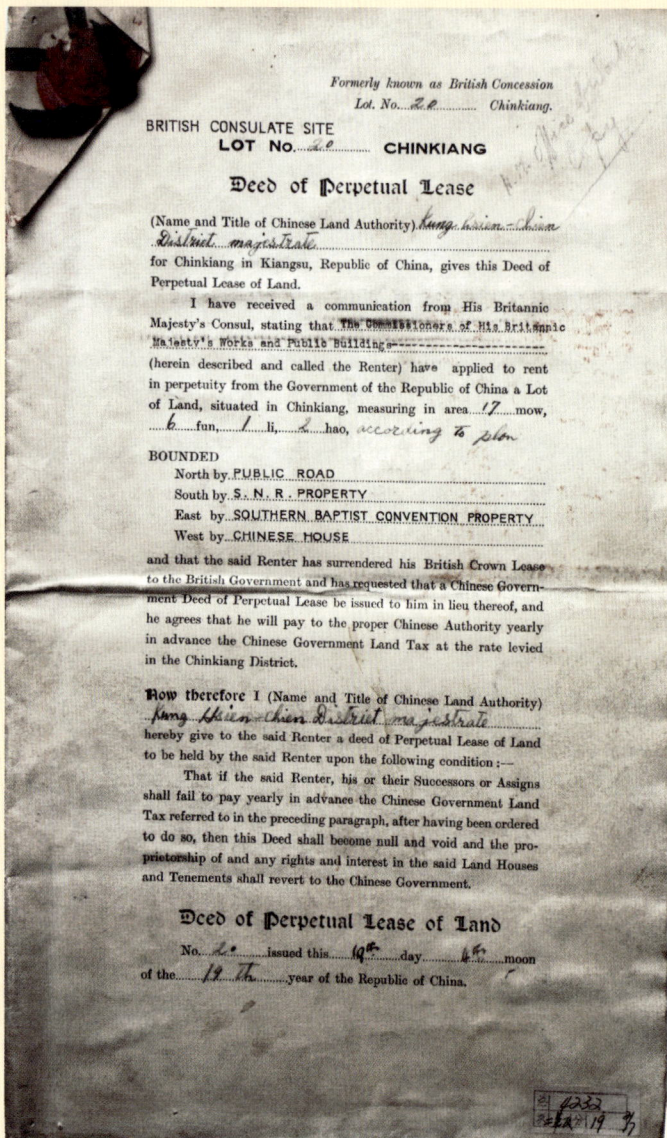

镇江县政府地税契据（英文本）

全文：

Formerly known as British Concession

Lot.No. 20

Chinkiang.

BRITISH CONSULATE SITE

LOT NO. 20 CHINKIANG

Deed Of Perpetual Lease

（Name and Title of Chinese Land Authority） Kung hsien－Chien Distriet majestrate For Chinkiang in Kiangsu,Republic of China,gives this Deed of Perpetual Lease of Land.

I have received a communication from His Britannic Majesty's Consul,stating that The commissioners of His Britannic Majesty's Works and Public Buildings （herein described and called the Renter）have applied to rent in perptuity from the Government of the Republic of China a Lot of Land,situated in Chinkiang,measuring in area 17 mow, 6 fun, 1 li, 2 hao,according to plon.

BOUNDED

North by PUBLIC ROAD

South by S.N.R.PROPERTY

East by SOUTHERN BAPTIST CONVENTION PROPERTY

West by CHINESE HOUSE

and that the said Renter has surrendered his British Crown Lease to the British Government and has requested that a Chinese Government Deed of Perpetual Lease be issued to him in lieu thereof,and he agrees that he will pay to the proper Chinese Authority yearly in advance the Chinese Government Land Tax at the rate levied in the Chinkiang District.

契据长35.5厘米、宽21.5厘米。对折式，一式两份。

正本附有英领事属地简图，左上角有绿色丝带穿系和红色火漆印。正面为英国文本，背面为中文文本，有"镇江县政府印"朱文官印和"中华民国二十年一月九日江苏镇江县财政局登证"朱文印戳。内附1933年英总领事波朗特与领事馆特派员在律师的陪同下将所属领地售于镇江怀德堂执业的声明，并确认所述土地注册副本正确有效。内附件为后裱，英文，有英总领事波朗特的英文签名和"怀德堂产"朱文印章，且每一处改动和签印处都有波朗特的英文签名。贴5枚领事馆公共事业标签和3枚戳印。

Now therefore I（Name and Title of Chinese Land Authority）Kung Hsien−Chien District majestrate hereby give to the said Renter a deed of Perpetual Lease of Land to be held by the said Renter upon the following condition:

That if the said Renter,his or their Successors or Assigns shall fail to pay yearly in advance the Chinese Government Land Tax referred to in the preceding paragraph,after having been ordered to do so,then this Deed shall become null and void and the proprietorship of and any rights and interest in the said Land Houses and Tenements shall revert to the Chinese Government.

Deed Of Perpetual Lease of Land

No. 20 issued this 19th day 4th moon 0f the 19th year of the Republic of China.

全文：

中华民国江苏镇江县政府

给永租地契事照得接准

大英领事官许照会内开今据英国经理人驻京总领事署H.B.M.0ffice of Works（以后称永租人）请在镇江通商口岸永租地一段，计拾柒亩陆分壹厘贰毫，北至公路，南至沪宁铁路产，东至侵信会堂产，西至中国民房等情，该永租人将旧有英国皇家永租地契缴回，英国政府请换给中国政府永租契据，并愿每年预向中国当局缴纳镇江地方官厅所征收之中国政府地税等因，前来本政府合行给与该永租人永租地契一纸，仰即按照下述规定执管该地，倘该永租人或其继承人或让受人每年不将上述之地税预付，并经严饬仍抗不遵缴等情事，则此契作为废纸，并将该地及其地上房屋等之所有权或一切权利及其他利益一并复归中国政府。须至契者。

中华民国十九年 月 日给永租地契第贰拾号

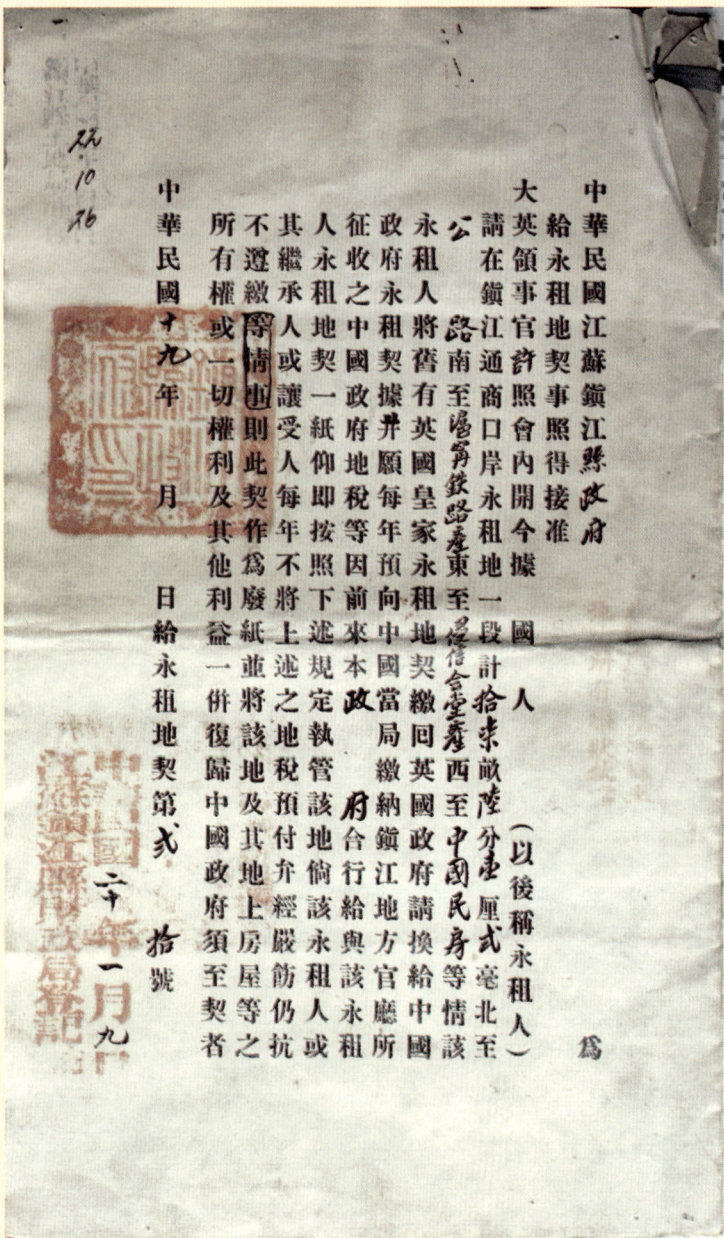

镇江县政府地税契据（中文本）

镇江县政府地税契据内附件

全文：

    On this twenty fourth day of October,1933,I Arthur Powlett Blunt,His Britannic Majeaty's Consul at Nanking for and on behalf of The Commissioners of H.B.M's Works and Public Buildings,hereby transfer the whole of the within Lot No.20 to Hwai Teh Tong（怀德堂）by their attorney Lu Hsiao p'o to rent and to hold subject to the conditions of the title deed granted for the said Lot of land,and we,Hwai Teh Tong（怀德堂）by our attorney Lu Hsiao p'o（power of Attorney produced and attached to this page of the Land Register）hereby accept the above transfer.Witness our hands and seals.

    Signed sealed and delivered

    Before me

      H.M.Consul.

    I,Arthur Powlett Blunt,H.B.M's Consul at Nanking hereby certify that the above is a true and correct copy of the entry in the Land Register of H.B.M.Consulate,Chinkiang transferring the said Lot No.20 from The Commissioners of H.B.M's Works and Public Buildings to a citizen of China,Hwai Teh Tong（怀德堂）

    Consul.

    October 24th.1933.

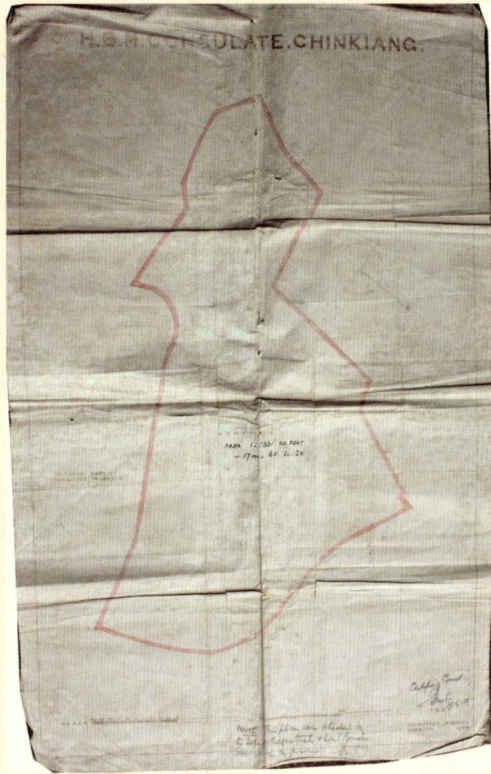

英领事属地简图

英总领事波朗特就出售前英领事馆属地事宜致陆小波信

逕啟者前准六月十九日
大函業經祗悉除對於通上中國官廳一節屬
時應函鎮江縣政府外所有
執事意見經即轉達本國
駐滬工部署查照去後茲准復稱應付房租可
以截至本年八月三十日為止此須查照下列情形
辦理(一)自九月一日起停付之房租如手續未照原議
辦法辦理該事仍應陸續給付至將來一取消租賃

為止之租金(二)關於停止租賃一節可由陸君逕
請求並將原函抄錄一份送達趙君則此後之租賃
問題完全係陸趙二君之關係與工部署無涉也
等因准此一俟本國
駐滬工部署出具之購買傢俱詳九百收據送
前來再行轉送
查收外相應函達即希
查照為荷再者按照普通慣例買主尚須付

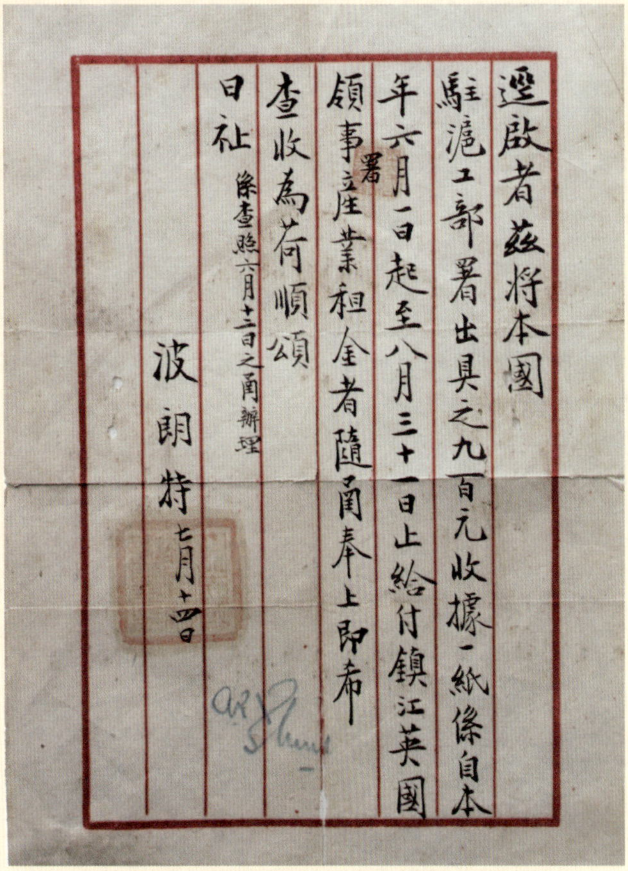

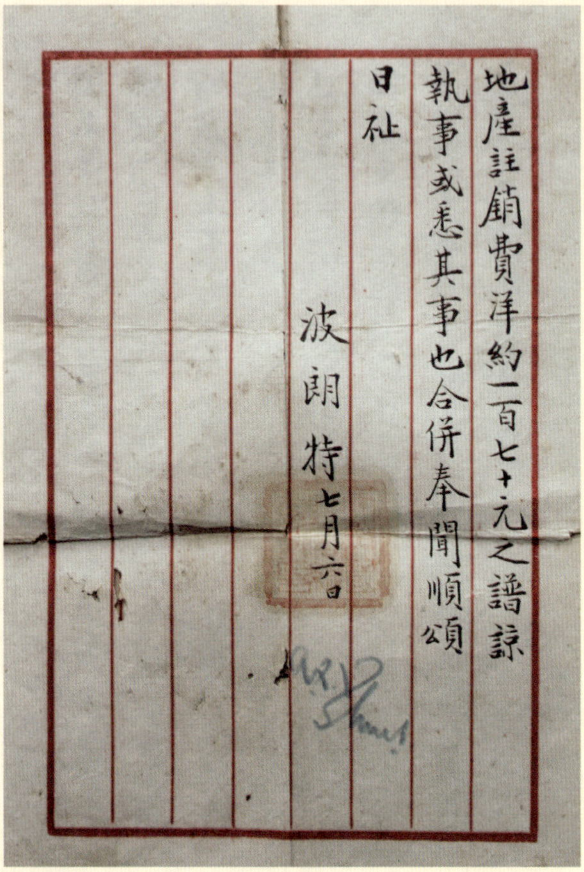

逕啟者茲將本國
駐滬工部署出具之九百元收據一紙係自本
年六月一日起至八月三十一日止給付鎮江英國
領事署產業租金者隨函奉上即希
查收為荷順頌
日祉　除查照六月十三日之函辦理
波朗特　七月十四日

地產註銷費洋約一百七十元之譜諒
執事或悉其事也合併奉聞順頌
日祉
波朗特　七月六日

英总领事波朗特就出售前英领事馆属地事宜致陆小波信

復大英國駐寧總領事波朗特（底稿）
逕復者前奉六月十三日
大函敬悉一是附來[illegible]五佰元正式收據一紙亦照收到[illegible]
飛注為荷承示
貴國駐滬工部署對於[illegible]售鎮江英領府房屋購買人[illegible]
法[illegible]為接受詳為研究尚有一點須待奉商
執事即第一條房租須繼續給付[illegible]買主在南京簽署
地產讓渡時為止之租金一節查我國民人買賣房產
習慣法業經付給正價不論全數或一部分房租即行
停止[illegible]所購鎮江英領府房屋八月三十一日繳付第一次
正價按照平時民間習慣法繼續房租祇能繼續付
至八月三十一日為止現在該房屋房租已付至九月三十日自六月
一日起至八月底止應再續付三個月即算[illegible]前承奉
上給價之玖百元支票一紙即移抵此三個月房租
至給價價目即還
大示閱奉十月三十一日玖佰元支票一紙茲特隨函檢奉
即乞查收為荷至其他各條均[illegible]惟地契之外
須附房契一紙[illegible]相符合至謂通知中國土地局一節
應請通知鎮江縣政府方為合法准[illegible]前因相應
函復即希
查照見復為荷此致
大英國駐寧總領事波
陸〇〇謹啟[illegible]
附玖佰元支票一紙

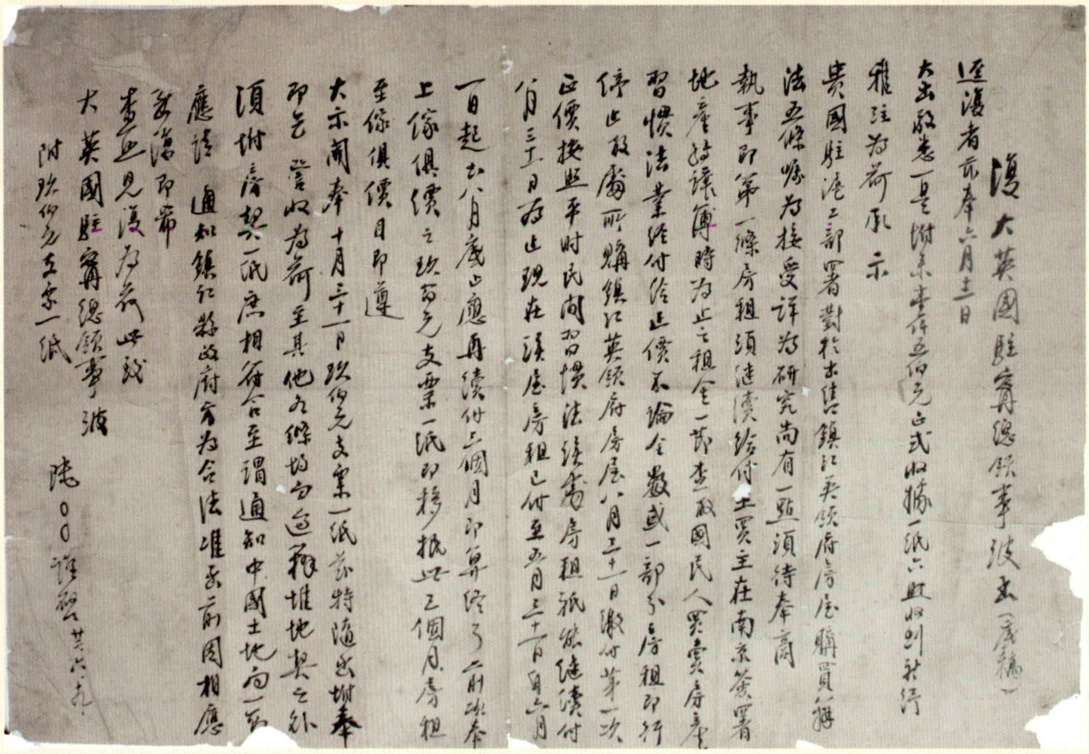

陆小波复英国驻宁总领事波朗特的函（底稿）

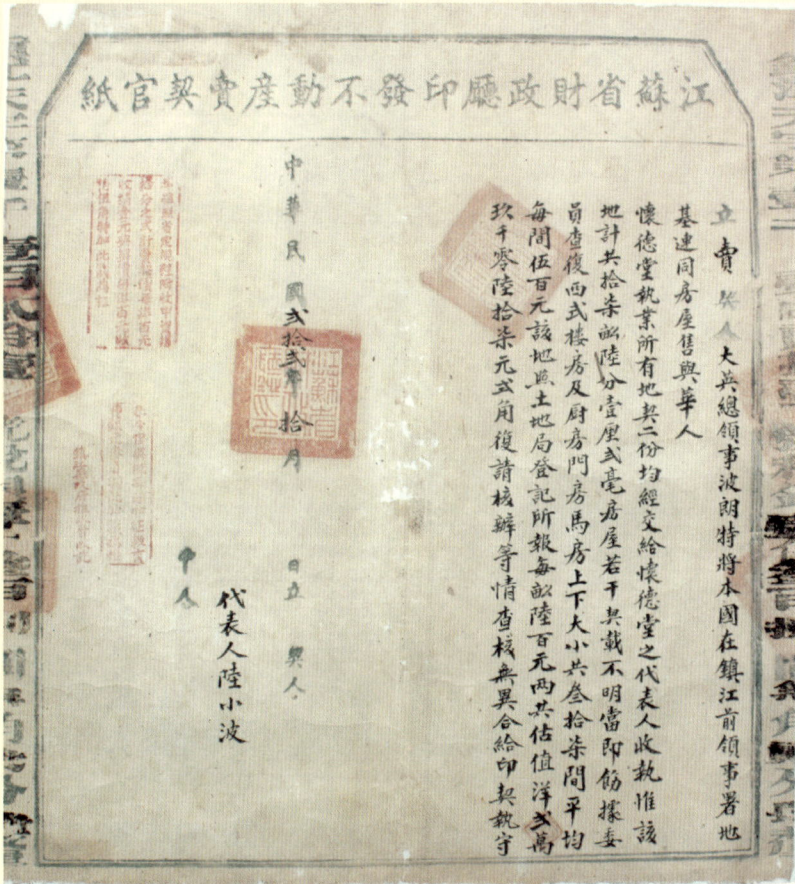

江苏省财政厅印发不动产卖契官纸

江蘇省財政廳發印不動產賣契官紙

立賣契人大英退領事波朗特將本國在鎮江前領事署地基連同房屋售與華人懷德堂執業所有地基二份均經交給懷德堂之代表人收執惟該地計共柒畝陸分壹厘弍毫房屋若干棟戴不明當即飭撩委員廬復西式樓房及廚房門房馬房上下大小共叁拾柒間平均每間伍百元該地與土地局登記所報每畝陸百元兩估值洋弍萬玖千零陸拾柒元弍角復請核辦等情查核無異合給印契執守

中華民國弍拾弍年拾月 　日立　契人

代表人陸小波

中人

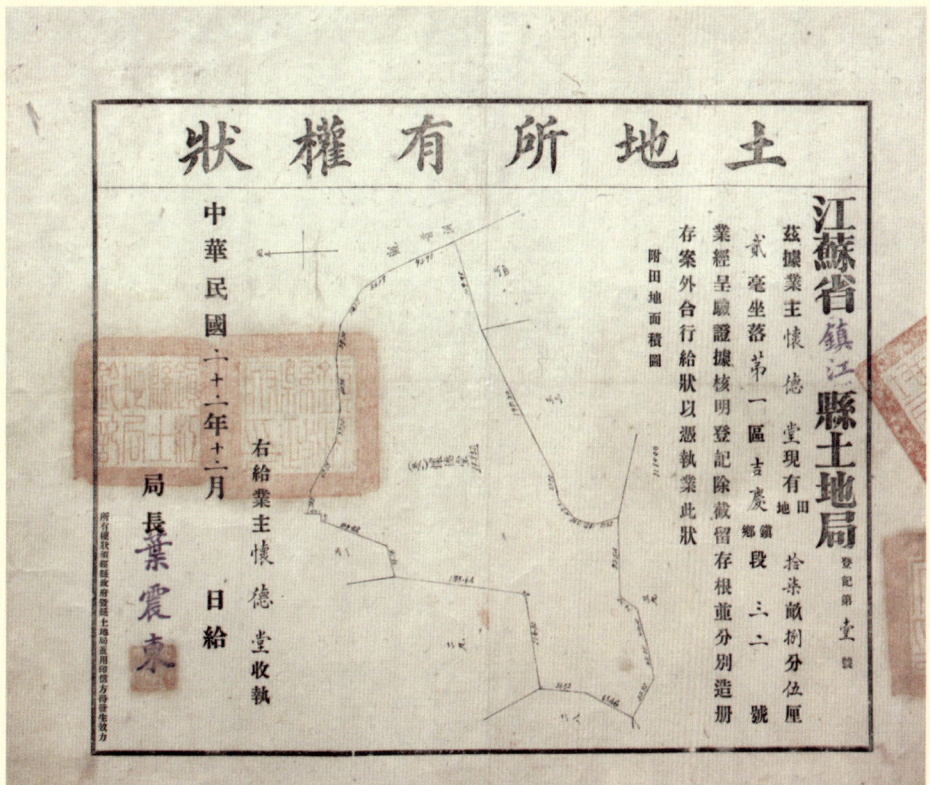

土地所有權狀

江蘇省鎮江縣土地局 登記第壹號

茲據業主懷德堂現有地拾柒畝捌分伍厘弍毫坐落第一區吉慶鄉段三二號業經呈驗證據核明登記除截留存根彙分別造冊存案外合行給狀以憑執業此狀

附田地面積圖

右給業主懷德堂收執

中華民國二十一年十二月 　日給

局長葉震東

土地所有权状

収單

鎮江縣政府為發給收單事案照本縣開第三次行政會議議決於賣契項下帶徵鄉鎮公所經費百分之一發戲地方自治一案業經
江蘇省民政廳財政廳核准在案兹據業戶懷法亭投稅實契契價洋
元應收百分之一捐銀壹百叁拾叁角叁分二厘
除如數核收外合填收單給執
中華民國二十二年十月　日

収單

鎮江縣政府為發給收單事案照契稅項下從前原有實業
經費賣契價每百元徵特捐現奉
建設實業廳遵令仍改業業經賣兹據業戶懷法亭投稅
賣契遵章繳納實收捐銀壹百叁拾元叁角叁分叁釐如
典契遵章繳納實收捐銀
數核收外合填收單給執
中華民國廿二年十月　日

収單

鎮江縣育嬰所為發給收單事案照查鎮江育嬰堂
前因經費不敷呈准於民間賣契田產項下每賣
契價百元抽提六角業戶投稅時連同正稅繳縣收
納作為慈善捐專充育嬰經費亦准由本堂發給
收單在案兹據業戶懷法亭按照契價附繳捐
銀拾柒元貳角柒分充慈善給收單為証
民國廿二年十月　日給

镇江县土地局土地登记费收据

驻镇日本宪兵队第十五次会议记录

保管单位： 镇江市档案馆

内容及评价：

1937年12月日军占领镇江后，为了拉拢当地士绅，加强统治，成立了日伪镇江县自治委员会。汪精卫叛变投敌后，该政权隶属南京汪伪政府，直至1945年8月日军投降。镇江市档案馆现馆藏各类镇江汪伪时期档案48卷。主要内容有汪伪县政府职员录、汪伪县警察局官警人员名册、侦辑、治安等事项的条例、办法、资料、会议记录，汪伪镇江地区清乡概况、清乡后援工作报告等等。驻镇日本宪兵队第十五次会议记录即为其中有代表性的一件，它是了解日本宪兵队和地方汉奸政权关系的宝贵资料，具有极高的历史价值。

宪兵队会议记录（一）

憲兵隊召開第十五次會議紀錄

時間　中華民國二十八年一月二十四日下午二時

地點　本所會議堂

出席者　岡山軍曹　胡春期越置忠代　趙廷忠　陳秉青　劉文森
　　兵隊　　許少卿　嚴竹昌　胡廷麟　郭肇溪　王保安　徐大鈞

主席　岡山軍曹

報告事項
　岡山軍曹訓示
一　中國警務各機關于左記事所發生之事件須予速報
　　憲兵及其指導下處理之
　　日本軍有關係之事件

二

見日本人反第三國人有關係事件
3　地方治安之防衛及警備有關係之事件
4　政治經濟思想所關重大之事件
5　交通通信施設之保護及水毒火災人等所關之事件
6　警衛反護衛所關之事件
以上六欵憲兵所應當處辦處理外關于玉臥案件亦不能自行處
理應從便釋放仍須報告
中國警務各機關對於左記事項須要損先將兵總括方針義
　憲兵場藏訊辭決
一對抗日之舉動開謀之舉以及其他有感習日本軍安全之不遑行為之取締
二對新設府叛逆行為之取締
三高等之保安警察所屬之事項

56

不　政治思想等會令結秋集合多眾運動其言論之取締

八、文書圖畫之刊發印刷所關之取締

嗣後各團體開會暨所方面須先報告

憲兵其由憲兵長親臨

藝視如其言論思想錯誤遵即制正視束龍微由監視官報告在場

憲兵取締之

印刷所為文書圖畫之刊發者其林本嗣件須飭令繕原稿或底稿

先送三份到總所審查許可後方能付印所奈攜底份一送

憲兵隊一份存所一份蓋印交印刷所帶回上繕辦法本月二

十七日下午三時由總所召集各印刷所經理或店東來所談話飭

即遵照

三　各分所嗣模對於吾民有「變亂」(即不自然而死者)除呈報

宪兵队会议记录（三）

乙　討論事項

一　主席交議現長鎮定常出未衛繁拳束馬佳奈各繹不託為撐

防意外災害赶見應即規定八民行走對道一條須由右側通行業

議決「印刷傳單佈告其列參共開藝粗藏堂傳隊向民眾

宣傳一律遵守

見由二月一日起實行

二　主席交議關于取締祝日書籍業議決「應奈本月二十六日止

四　警察于退勤後數少須留三分之二以數民所須備所長各課

長各分所長外出須留地照以便有案接治少易於適

宣兵隊長文件交由本人轉交　　　宣兵隊長可也

憲兵隊及總所外仍須分所長親往徵驗委員責寬集數死之詳細

原因以便研究

午十二時至六時由各分所員警全體動員各書畢書繕詳

細檢查如有上項書籍發現隨即送到由總所在二十七日下

午五時列表轉送

宪兵隊核辦

丙散會

57

宪兵队会议记录（四）

全文：
宪兵队召开第十五次会议记录

时间：中华民国二十八年一月二十四日下午二时

地点：本所会议室

出席者：岗山军曹　胡春潮（赵思忠代）赵思忠　吴啸泉　薛沐生　胡延龄　郭云溪　王保全　徐大钧　崔瀑岩　许少卿　严竹君　王东昇

主席：岗山军曹　记录人：沈体梧

甲　报告事项

岗山军曹训示：

一、中国警务各机关于左记[①]事件发生之之时，可速报宪兵在其指导下处理之。

1. 日本军有关系之事件。

2. 日本人及第三国人有关系事件。

3. 地方治安之防御及警备有关系之事件。

4. 政治经济思想所关重大之事件。

5. 交通通信施设之保护及水害大火等有关系之事件。

6. 警卫及护卫所关之事件。

以上六款警所应当遵守处理外，关于土匪案件亦不能自行处理，随便释放仍须报告。宪兵队核示后方能决定办法。

二、中国警务各机关于左记事项须要预先将其总括方针或标准通报。宪兵协议办法。

1. 对抗日之举动间谍之行为，其他有威胁日本军安全之不逞行为之取缔。

2. 对新政府叛逆行为之取缔。

3. 高等之保安警察所属之事项。

4. 共产党之取缔。

口、政治思想等会合结社集合多众运动并言论之取缔。

八②、文书图画之刊发印行所关之取缔。

嗣后各团体开会警所方面须先报告，宪兵并由课长亲临监视，如其言论思想错误随即纠正，设不听从由监视官报告，在场宪兵取缔之。

印刷所为文书图画之刊登者对于其稿件须饬令将原稿或底稿先送三份到总所审查许可后方能付印，所来稿底一份送宪兵队，一份存所，一份盖印交印刷所带回。上项办法于本月二十七日下午二时由总所召集各印刷所经理或店东来所谈话，饬即遵照。

三、各分所嗣后对于居民有"变死"（即不自然而死者）除呈报宪兵队及总所外，仍须分所长亲往检验并负责搜集致死之详细原因，以便缉凶。

四、警察于退勤后，最少须留三分之二人数在所，预备所长、各课长、各分所长外出须留地点，以便有事接洽易于通知。又嗣后报告宪兵队文件交由本人转交宪兵队长可也。

乙、讨论事项

一、主席交议现在镇江市□□□繁荣车马来往络绎不绝，为预防意外灾害起见，应即规定人民行走街道一律须由左例通行案。"议决"1. 印刷传单，布告并刊登新闻，暨组织宣传队向民众宣传，一律遵守。2. 由二月一日起实行。

二、主席交议关于取缔抗日书籍案"议决"应于本月二十六日正午十二时由各分所员警全体动员在各书肆书摊详细检查，如有上项书籍发现，随即送所，由总所在二十七日下午五时列表转送。

宪兵队核办

丙、散会

① 原文为竖排，故为"左记"。

② 原文序号如此。

汪伪镇江县警察局侦缉队、特高组搜集的新四军情报

保管单位： 镇江市档案馆

内容及评价：

1938年5月，日本侵略军攻占徐州后，举兵西犯武汉、南侵广州等地，因兵力不足，只能对江南沦陷区的城市和交通线实行点线占领，无法控制众多的中小城镇和广大农村。国民党第三战区指定新四军主力深入京沪、京芜铁路沿线，钳制、阻滞日军西犯。中共中央则指示新四军在配合友军正面作战的同时，抓紧有利时机，东进苏南，开展敌后游击战争。新四军一、二支队挺进苏南开展游击战直插日军内腹，让日军、汪伪政权寝食难安，汪伪情报组织随即加大了对新四军的情报搜集工作。这批汪伪镇江特别区警察局侦缉队、特高组等部门搜集的新四军情报既系统反映了日军及汪伪情报工作的状况，同时也反映了新四军发展壮大的过程，具有很高的史料价值。

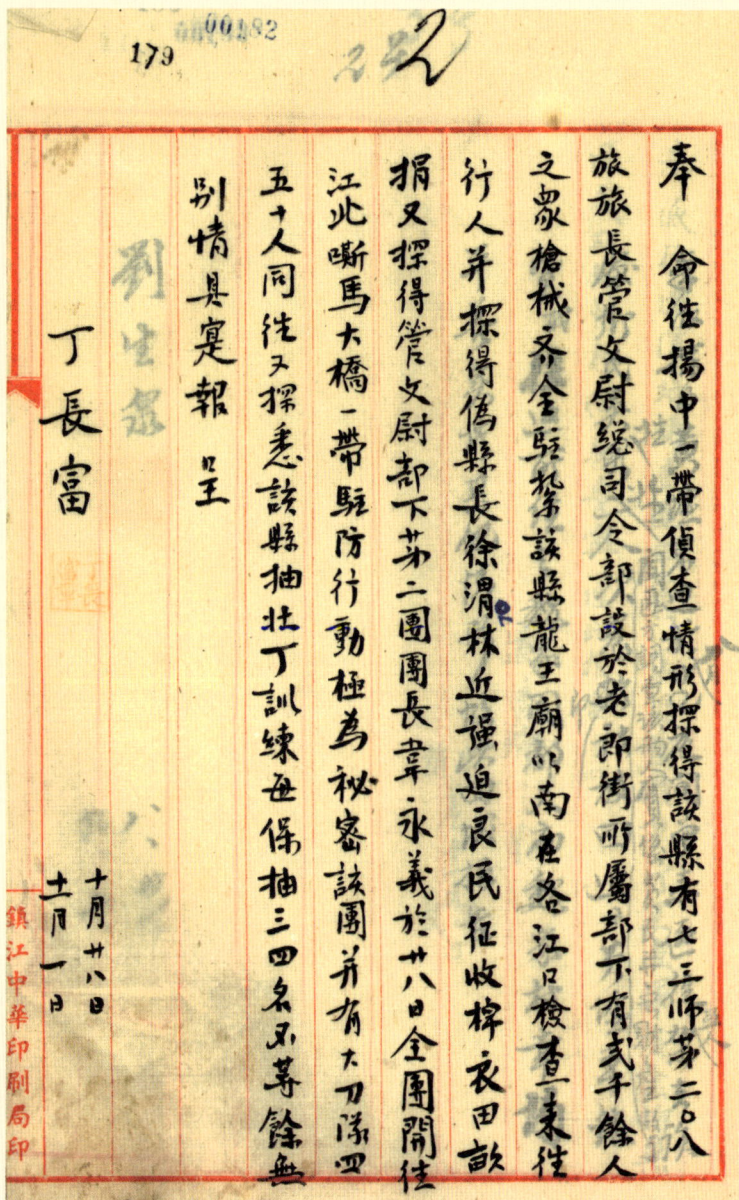

1940年10月28日至11月1日丁长富在扬中一带侦查到的新四军情报

1943年5月镇江特别区警察局搜集到的新四军情报

全文:

情报

字第六号民国三十二年五月七日

（镇江特别区警察局）

号数	
类别	军事
消息来源	侦缉队
事由	由伪江南保安司令樊裕林部窜入本县企图牵制清（乡）工作
	（二）江南保安司令樊裕林近奉第六师长谭振林之令，仍令该匪全部移驻镇江县境，并指令与四十六、四十七两团互相救应，竭力从事破坏工作，使清乡不能遂其目的，企图破坏延陵一带防御障碍线，同时并令四十七团扰乱三区上党及宝埝等处，以为牵制之计。

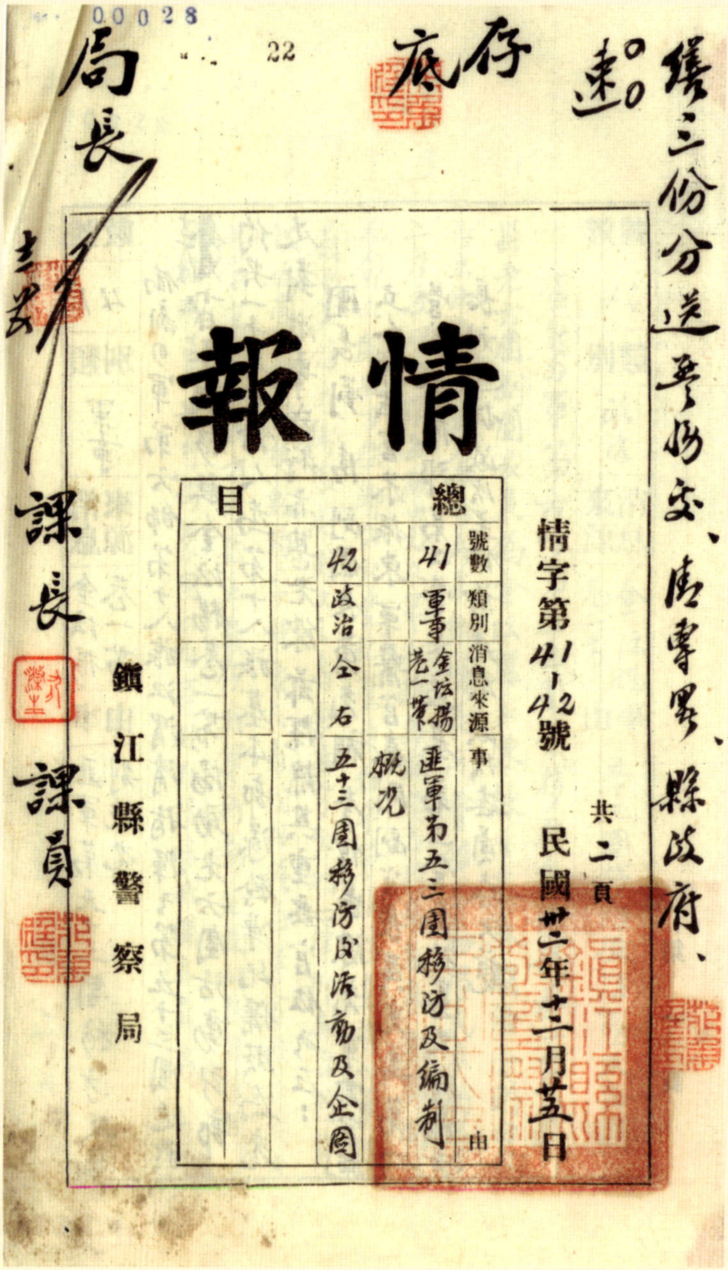

1943年12月25日镇江县警察局特高课搜集的新四军情报（一）

全文：

情字第41~42号 民国卅二年十二月二十五日

总目				
号数	41	42		
类别	军事	政治		
消息来源	金坛扬巷一带	金坛扬巷一带		
事由	匪军第五三团移防及编制概况	五十三团移防后活动及企图		

镇江县警察局

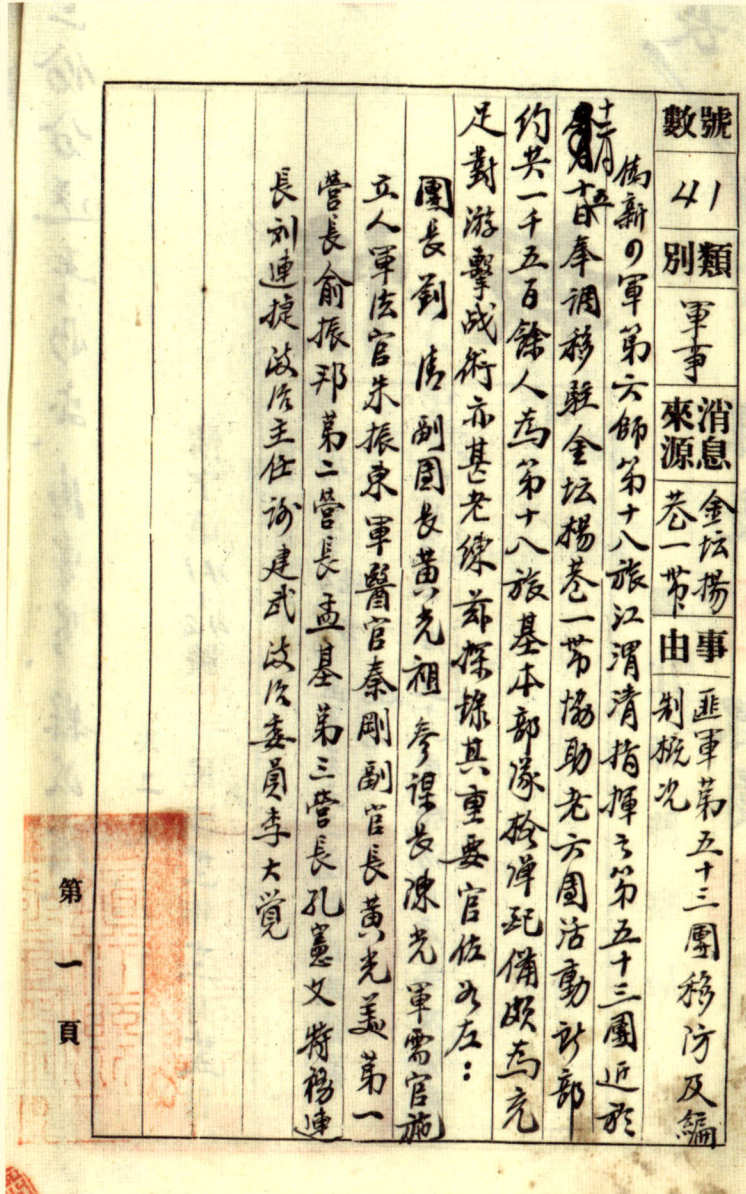

1943年12月25日镇江县警察局特高课搜集的新四军情报（二）

全文：

号数	41
类别	军事
消息来源	金坛扬巷一带
事由	匪军第五十三团移防及编制概况

　　伪新四军第六师第十八旅江渭清指挥之第五十三团近于十二月十五日奉调移驻金坛扬巷一带协助老六团活动，所部约共1500余人，为第十八旅基本部队，枪弹配备颇为充足，对游击战术亦甚老练，兹探录其重要官佐如左：团长刘清，副团长黄光祖，参谋长陈光，军需官施立人，军法官朱振东，军医官秦刚，副官长黄光美，第一营长俞振邦，第二营长孟基，第三营长孔宪文，特务连长刘连捷，政治主任谢建武，政治委员李大觉。

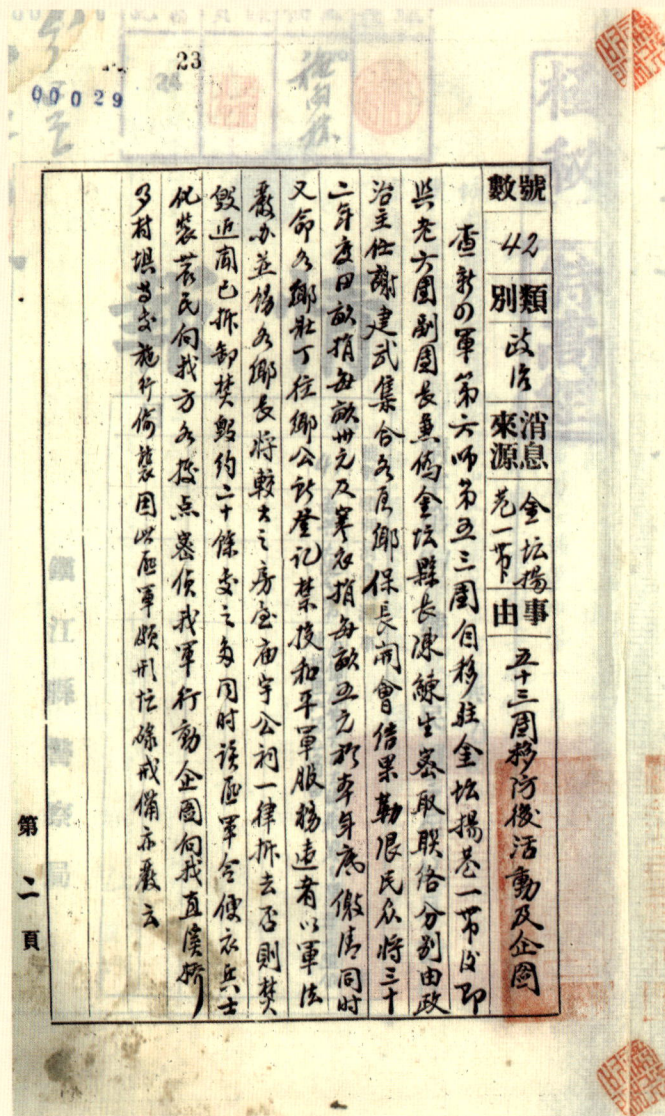

1943年12月25日镇江县警察局特高课搜集的新四军情报（三）

全文：

号数	42
类别	政治
消息来源	金坛扬巷一带
事由	五十三团移防后活动及企图

查新四军第六师第五十三团自移驻金坛扬巷一带后，即与老六团副团长兼伪金坛县长陈练生密取联络，分别由政治主任谢建武集合各区乡保长开会，结果勒□民众将三十二年度田亩捐每亩三十元及寒衣捐每亩五元，于本年底缴清。同时又命各乡壮丁往乡公所登记，禁投和平军服务，违者以军法严办，并饬各乡长将较大之房屋庙宇公祠一律拆去，否则焚毁。近闻已拆卸焚毁约二十余处之多，同时该匪军令便衣士兵化装农民向我方各据点密侦我军行动，企图向我直溪桥□村坝等处施行偷袭，因此匪军颇形忙碌，戒备亦严云。

《镇江沦陷记》手稿

保管单位：镇江市博物馆

内容及评价：

　　张怿伯（1884~1964），江苏镇江人，早年毕业于上海电报学堂。在清北洋海军海琛巡洋舰任正电官。辛亥革命时，参与策划海军起义。民国成立后离开海军，任赣皖电政管理局文牍员。1925年秋，与上海家庭工业社创办人陈栩园在新河街设无敌牌镇江分厂，生产无敌牌蛤油。1937年12月8日，镇江早于南京5天沦陷，张怿伯为守厂而留镇两个多月，亲眼目睹日寇在镇江的种种罪行。1938年初，他到樊川后，将"身之所历，足之所至，耳之所闻，目之所见"的悲惨场景一一记录，写下了《镇江沦陷记》。为了激发民众的抗战决心，作者在抗战期间自费出版。《镇江沦陷记》手稿是日寇在镇江沦陷期间所犯滔天罪行的实录，更是研究抗战史和日本军国主义侵华暴行的重要资料。

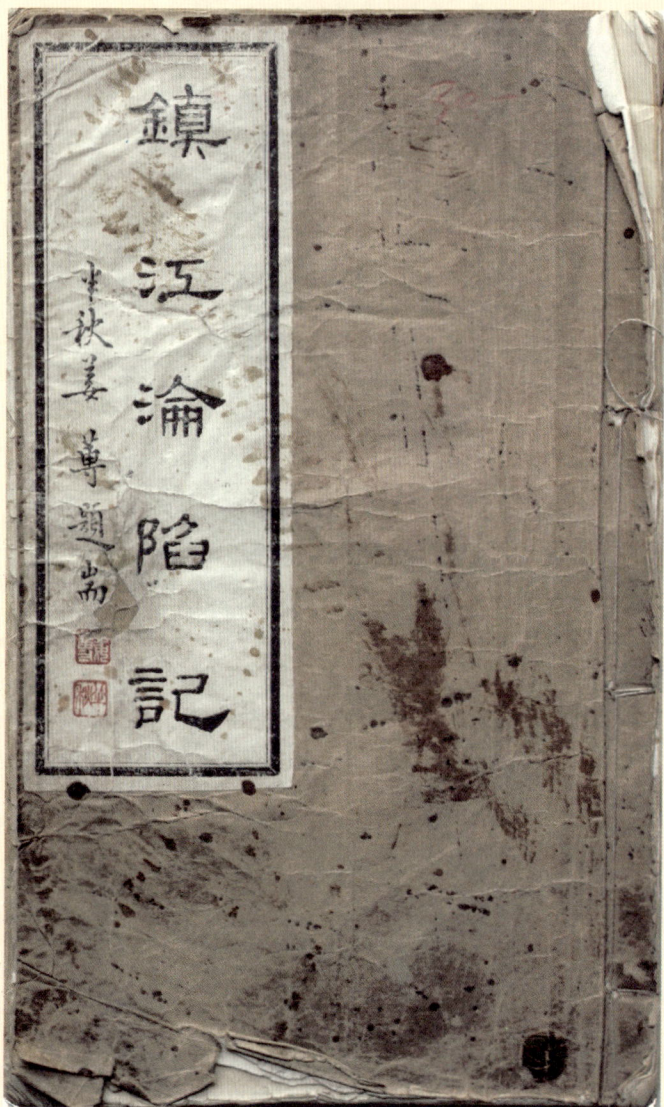

《镇江沦陷记》封面

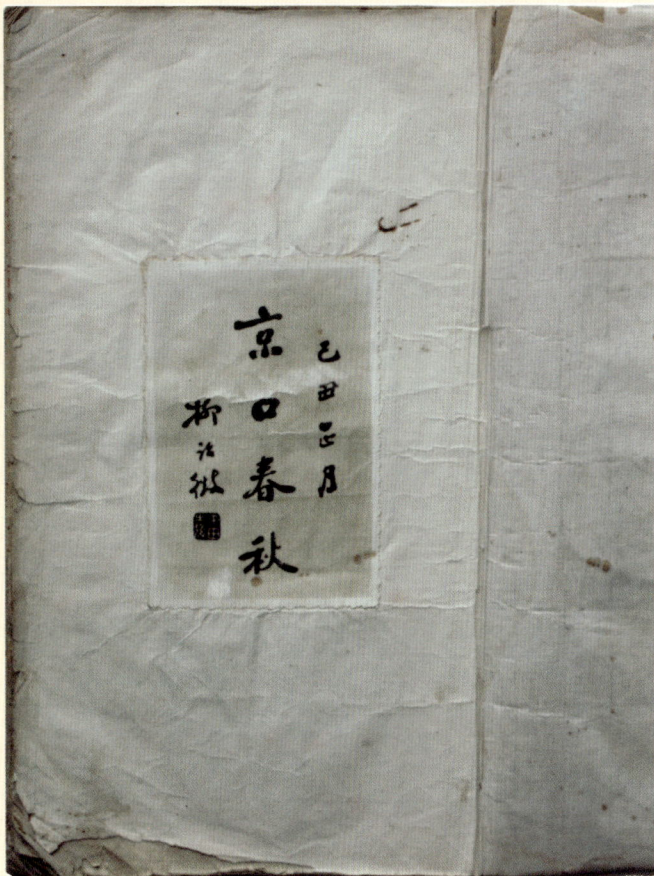

《镇江沦陷记》内页

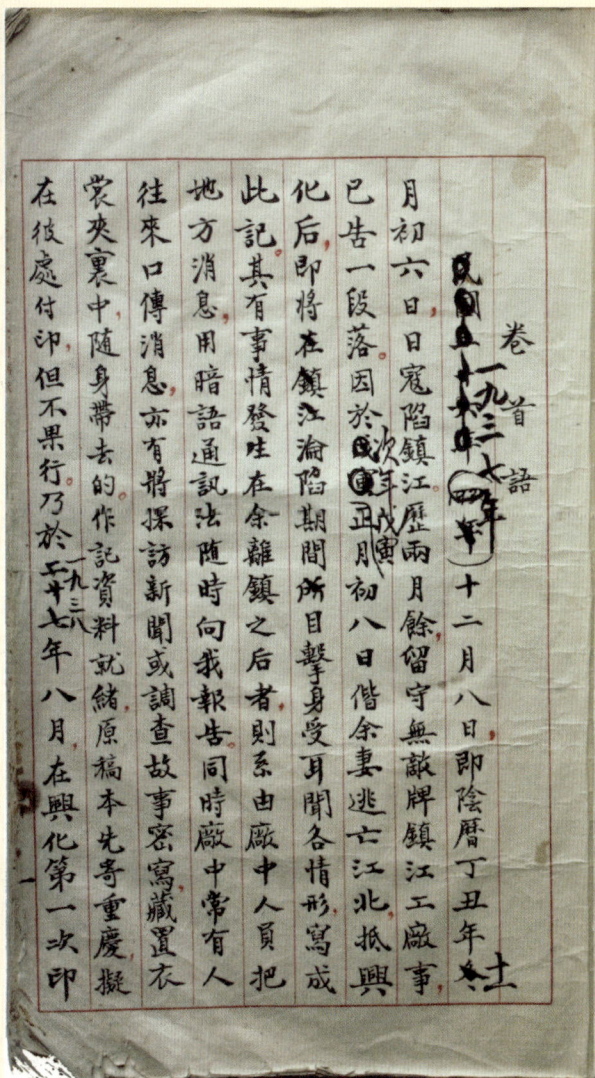

卷首语

民国廿六年（一九三七年）

十二月八日即阴历丁丑年十一

月初六日日寇陷镇江历两月余留守无锡牌镇江工厂厂事

已告一段落因于次年戊寅正月初八日偕余妻逃亡江北抵兴

化后即将在镇江沦陷期间所目击身受耳闻各情形写成

此记其有事情发生在余离镇之后者则系由厂中人员把

地方消息用暗语通讯法随时向我报告中常有人

往来口传消息亦有将探访新闻或调查故事密写藏置衣

裳夹裹中随身带去的作记资料就绪原稿本先寄重庆拟

在彼处付印但不果行乃于一九三七年八月在兴化第一次即

《镇江沦陷记》卷首语一

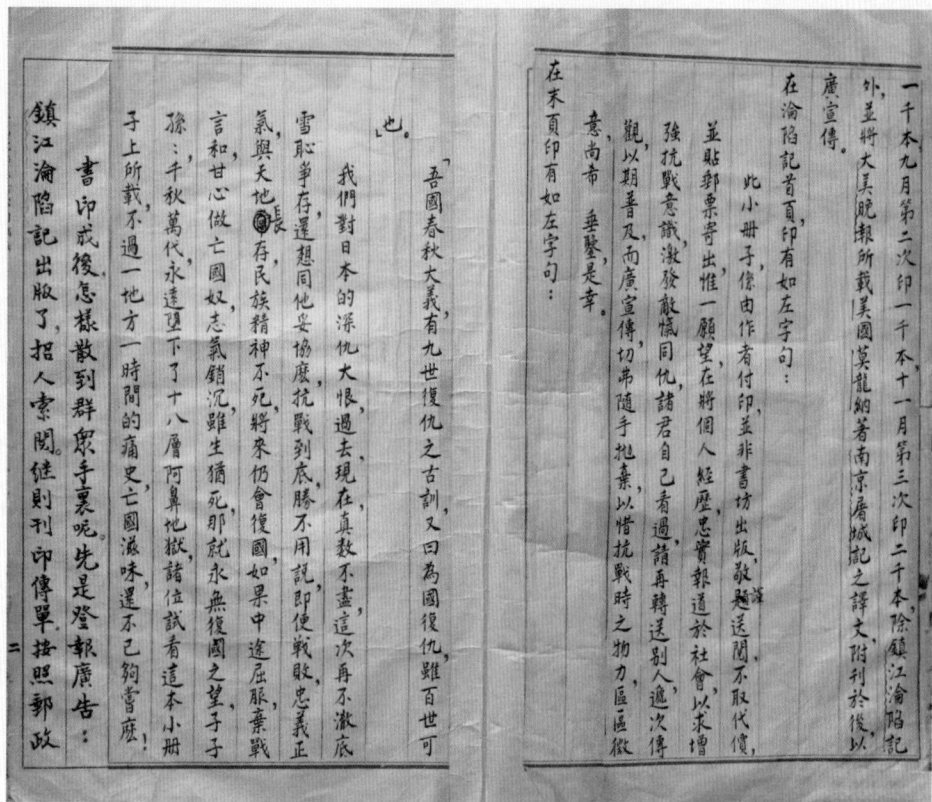

《镇江沦陷记》卷首语二

全文（节选）：

卷首语

一九三七年十二月八日，即阴历丁丑年十一月初六日，日寇陷镇江。历两月余，留守无敌牌镇江工厂事，已告一段落。因于次年戊寅正月初八日偕余妻逃亡江北，抵兴化后即将沦陷期间目击身受耳闻各情形，写成此记。其有事情发生在余离镇之后者，则系由厂中人员把地方消息，用暗语通讯法随时向我报告。同时厂中常有人往来口传消息，亦有将探访新闻或调查故事密写，藏置衣裳夹里中，随身带去的。作记资料就绪，原稿本先寄重庆，拟在彼处付印，但不果行。乃于一九三八年八月，在兴化第一次印一千本，九月第二次印一千本，十一月第三次印二千本，除《镇江沦陷记》外，并将《大美晚报》所载美国莫龙纳著《南京屠城记》之译文，附刊于后，以广宣传。

在沦陷记首页，印有如左字句：

此小册子，系由作者付印，并非书坊出版，敬谨送阅，不取代价，并贴邮票寄出，惟一愿望，在将个人经历，忠实报道于社会，以求增强抗战意识，激发敌忾同仇，诸君自己看过，请再转送别人，递次传观，以期普及，而广宣传，切弗随手抛弃，以惜抗战时之物力，区区微意，尚希 垂鉴，是幸。

在末页印有如左字句：

"吾国春秋大义，有九世复仇之古训，又曰为国复仇，虽百世可也。"

…………

侵华日军地图

保管单位：镇江市档案馆

内容及评价：

镇江市档案馆共有14卷278张日军侵华军用地图，上世纪80年代末由镇江市公安局移交给镇江市档案馆。主要是日军制作的江苏、浙江、安徽、山东、上海部分城镇的地形图，时间跨度从1910年3月到1945年7月，从特征上看大多右上角标有"军事秘密"、"部外秘"等字样，左上角标有时间，如"日本支那派遣军参谋本部明治四十二年（1909）测绘、明治四十三年（1910）制版"等字样，左下角落款"临时测绘部、陆地测量部、参谋本部"。这些地图有的是日本军国主义派遣特务秘密测绘，有的是收集我国有关部门绘制的测绘图纸，并对我国的部分地形图进行了修测和复制。这些地图充分说明了日本军国主义为发动侵华战争进行了长时间的精心准备，是日本军国主义实行扩张政策、发动侵略战争的铁证。这批地图也是研究我国江苏、浙江、安徽、山东地区民国时期政治、经济、军事、行政区划、社会发展状况的不可多得的珍贵史料。

日本支那派遣军参谋本部1909年测绘、1910年制版的绍兴军用地图

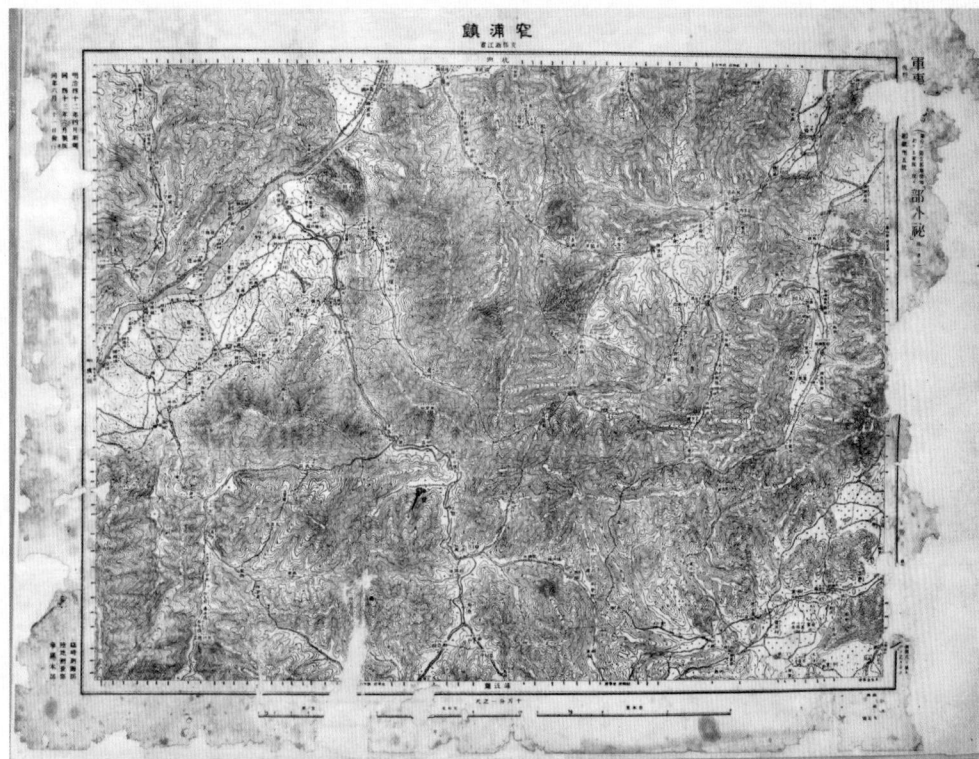

日本支那派遣军参谋本部1909年测绘、1910年制版的浙江窄浦镇军用地图

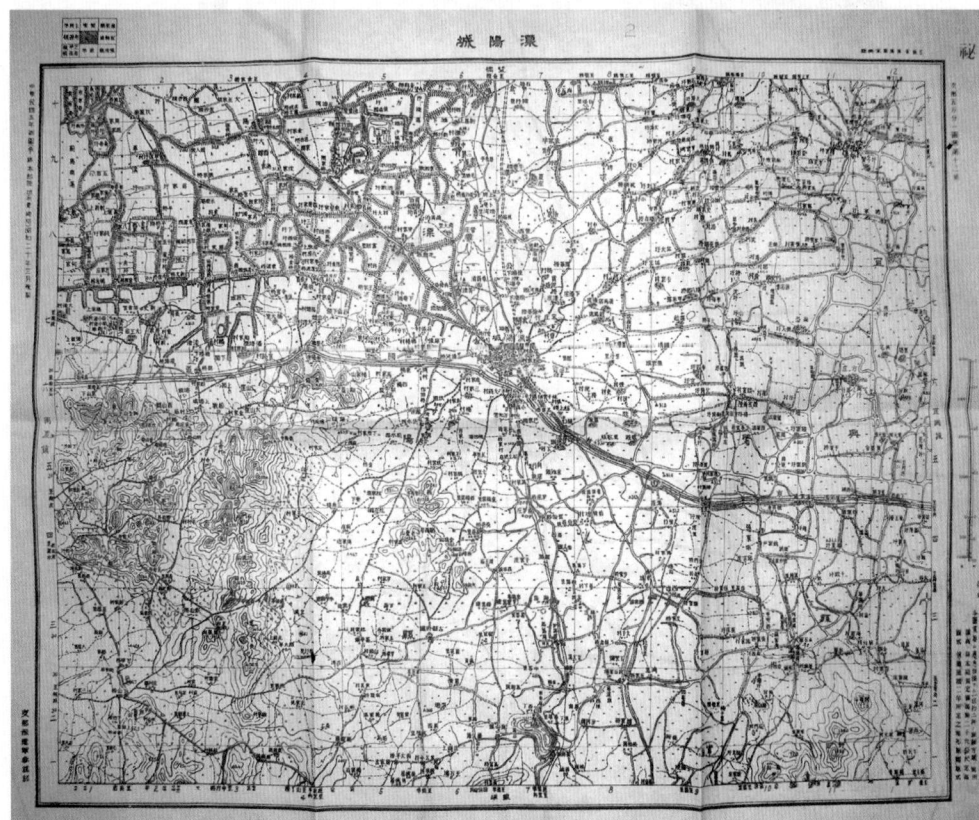

日本支那派遣军参谋部1945年3月绘制的溧阳军用地图

民国抗战时期护照

保管单位：镇江市档案馆

内容及评价：

该护照长、宽分别约16厘米、11厘米。封面已褪色，印有中华民国国徽及"中华民国护照"字样。封面侧页粘贴行政院善后救济总署湖北分署发放的护照持有人的霍乱预防注射证、退职志愿书，扉页印有"中华民国护照港字第32510号"；第2、3页贴有护照持有人照片、个人信息及目的地。从中可以了解到，该护照持有人叫"罗国生"，"三十五岁"，籍贯"江苏"，取道"安南（今越南，时为法属殖民地）前往昆明"。发照日期为"中华民国廿九年元月廿四日（1940年1月24日）"，护照使用期限3年。护照上还有当时出入境官员的签名，另贴有印花税票，每张面值一元。

从该护照签发的日期来看，当时民国政府已迁都重庆，大批国土已沦入敌手。从江苏去昆明，要从香港取道越南，充分证明了当时抗战之艰辛。这份护照是研究民国抗战史的重要史料。

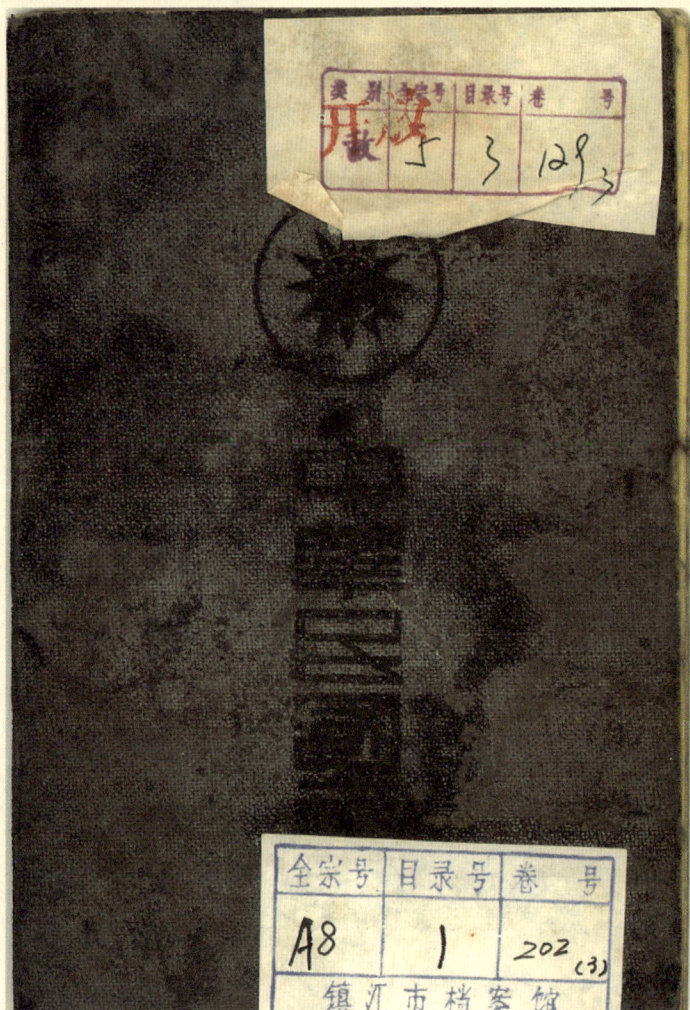

护照封面

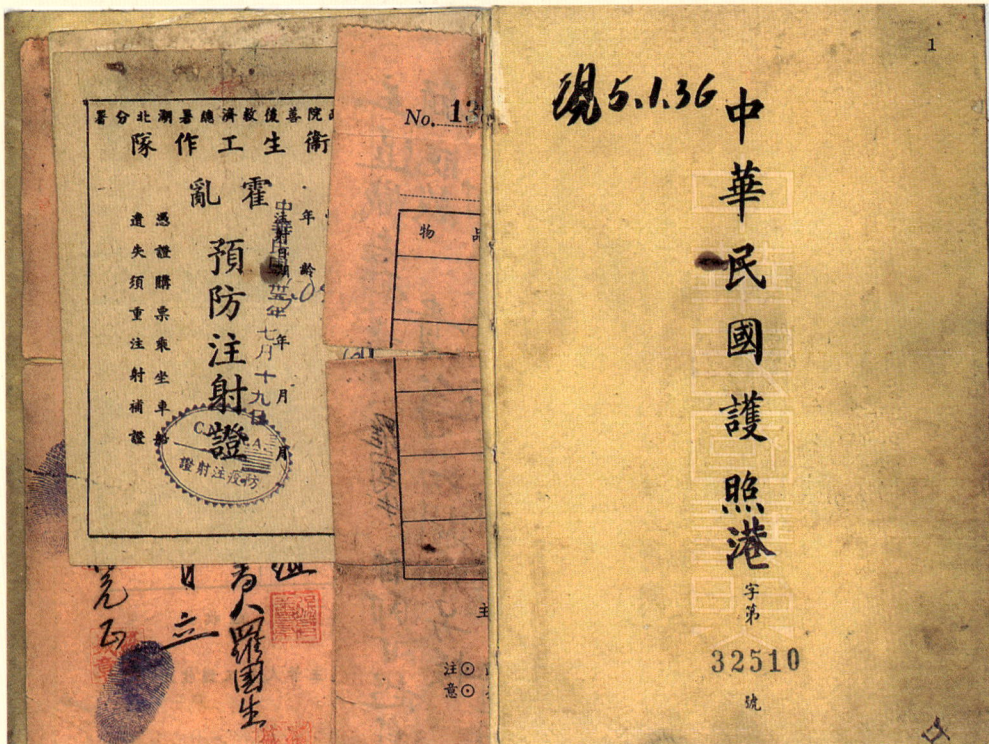

护照封面侧页、扉页

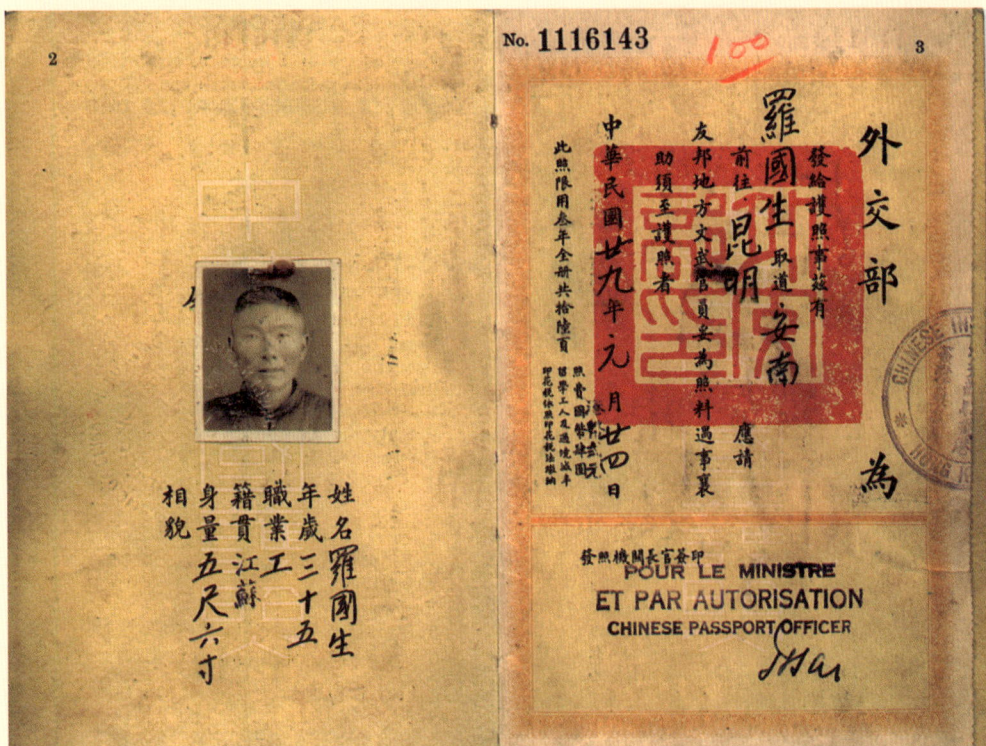

护照内页（一）

护照内页（二）

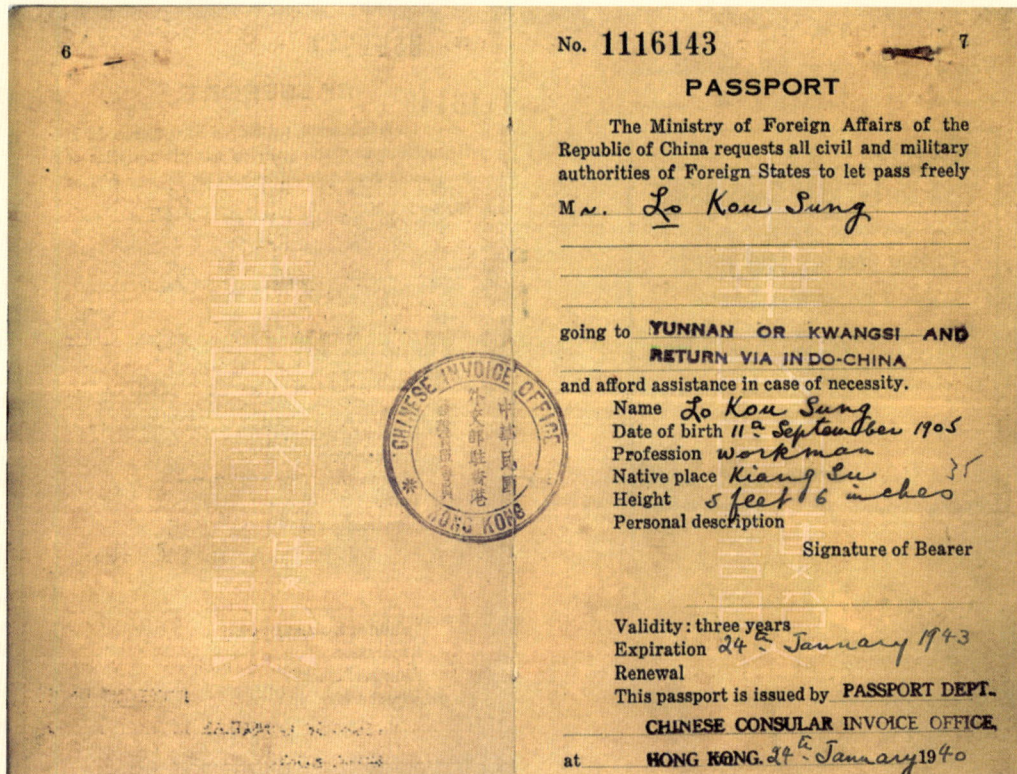

护照内页（三）

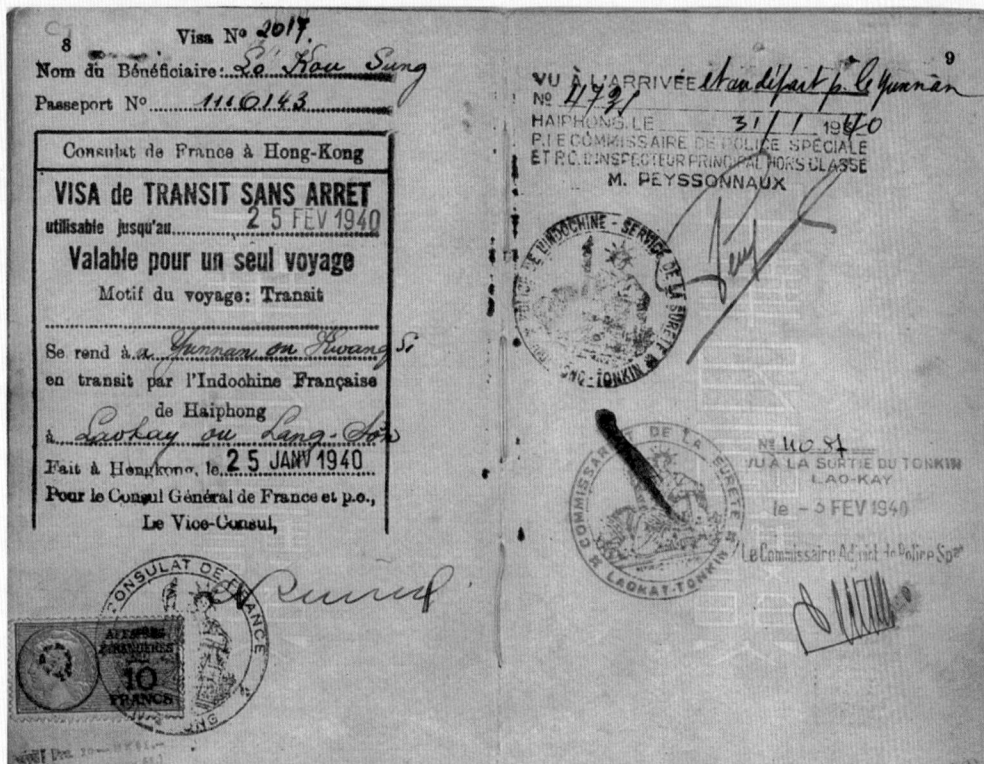

护照内页（四）

护照内页（五）

民国镇江地方法院档案

保管单位： 镇江市档案馆

内容及评价：

　　民国江苏镇江地方法院档案共1673卷，最早为1912年，其他皆为1927年至1949年间形成的。主要内容有：诉讼档案，司法法令解释，行政法令文件；镇江地方法院有关司法人员职责，书记官、推事任免，公务员审查和考核、职员考绩等人事方面的法令、规定；各类民事、刑事案件的开庭通知书、判决书、通缉书，工作日记簿，贴用、处理案件费用收支清册；镇江地方法院江都分院官员、警丁录名册，职员警丁勤务表，平时考核记录表；江苏高院、镇江地方法院法人登记训令表、各种印鉴，律师登记表；镇江地方法院会计移交清册，有关经费问题的汇总表、明细表、收支计算书、公款存汇办法；镇江地方法院看守所关押刑事被告人月报表，人犯调查表，人数月报表，已决人犯花名册等等。

　　该部分档案几乎涵盖了整个民国时期，涉及面较广、内容庞杂，对研究民国时期地方司法制度及社会民生有较高的历史价值。

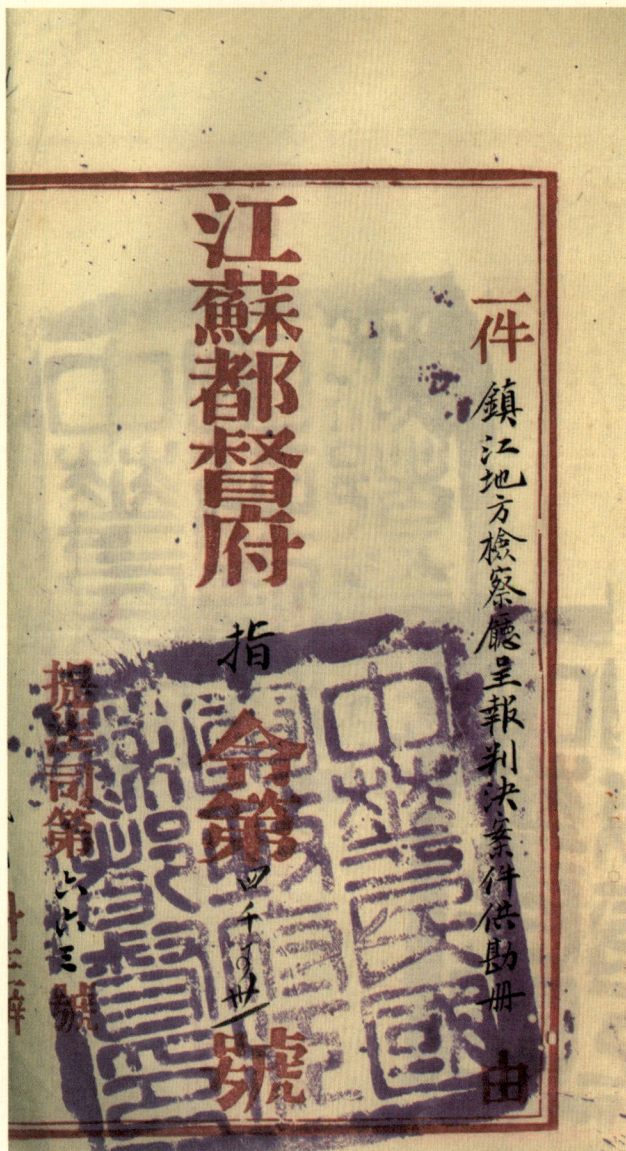

1912年镇江地方检察厅呈报判决案件供勘册

1912年镇江地方检察厅呈报案件供勘册

1912年镇江地方法院检察厅呈报接界洲宫明元被劫伤人勘验报告

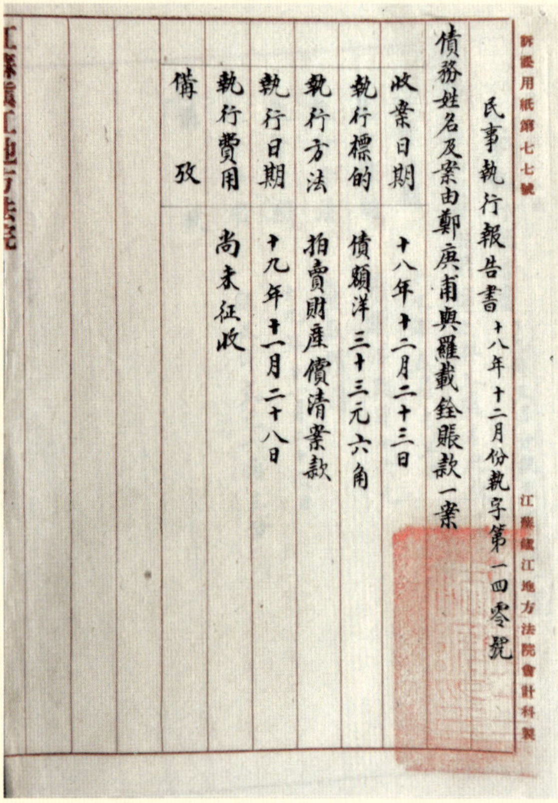

1929年江苏镇江地方法院民事执行报告书

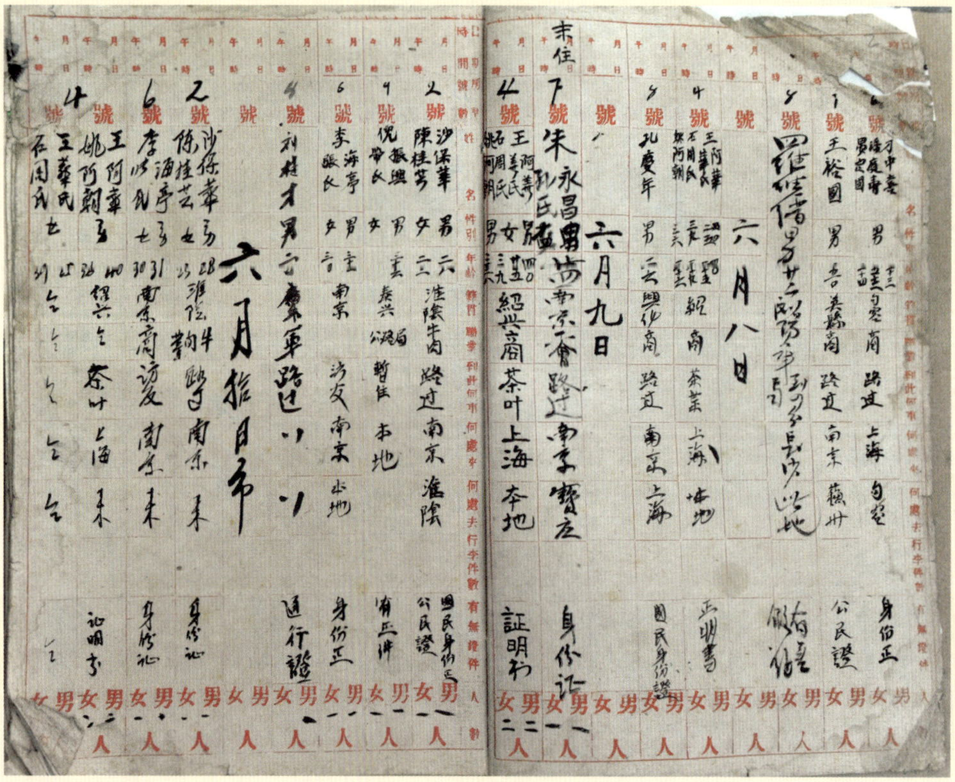

民事执行报告书 十八年十二月份执字第一四零号

江苏镇江地方法院会计科制

群盟用纸第七七号

债务姓名及案由	郑庚甫与罗载铨账款一案
收案日期	十八年十二月二十三日
执行标的	债额洋三十三元六角
执行方法	拍卖财产偿清案款
执行日期	十九年十一月二十八日
执行费用	尚未征收
备致	

1932年镇江地方法院检查站来镇江流动人员登记本

1946年汉奸侦查卷宗材料

侦查卷宗中的司法状纸、拘票

民国镇江县政府档案

保管单位：镇江市档案馆

内容及评价：

1912年中华民国成立后，改丹徒县署为丹徒县公署，1927年北伐军到镇江后改县公署为县政府。1928年，丹徒县政府改为镇江县政府。1937年日军占领后建立镇江汪伪县政府。抗战胜利后，镇江县政府于1946年9月复建，直至1949年4月镇江解放。民国镇江县政府档案总计577卷，主要内容有县政府及其区、镇机关有关组织机构、人员任免、规程、训令、通知、职员简历、名册；关于社会治安、救济、烟毒、征兵、选举、户籍、教育、文化、卫生、税捐、交通、土地、财政、金融等问题的法令、训令、报告、统计资料、经费收支账册、会议材料、国民身份证底册等。

民国镇江县政府档案是了解民国时期镇江地方行政运作的重要史料，对民国镇江社会生活的方方面面都有所反映，是研究民国镇江史的第一手资料。

镇江县1937年以前原有银行钱庄调查表

行庄名称	银行或钱庄	部照所庄地	经理姓名	股东姓名	开设年月	资本额	备注
同德	〃		滕九如				
信康	〃		曹裕如				
镇鑫	钱庄		李仲常				
恭和	〃		琅子间				
同生	〃		柳幼卿				
同康	〃		胡瑞棠				
增记			蒋子偷				
钧记钱庄		大西路 潘溪民					

镇江县二十六年被伪政府核准设立银行钱庄调查表

镇江县1937年后伪政府核准设立钱庄调查表

1946年镇江县地方行政干部训练所第一期学员留影

陸軍總司令部用箋

人來部與總務署主署長
一飛接洽領運為荷此復并頌
時綏
第 顧祝同 啟 六月廿二日

1946年国民党陆军总司令顾祝同同意下拨枪支给
四益蚕种场的信

陸軍總司令部用箋

惠宇吾兄大鑒接六月廿九日
兩書誦悉一二附來公文兩件均
收到
貴塲及鎮地組織自衛隊需
用武器經分別批准各備發
步槍壹百枝配彈壹萬發茲
將批示兩件附達希即派妥

1948年江苏省各市县出席国民党大会名册

民国国民党镇江县委员会档案

保管单位：镇江市档案馆

内容及评价：

中国国民党江苏省镇江县委员会档案共有125卷，时间跨度为1930年至1949年。主要内容有国民党中央组织部、江苏省党部、镇江县党部及特别支部关于组织章程、党团员调查登记、党务经费等方面的规程、代电、指令、办法；国民党江苏省党务指导委员会、镇江县党部等单位关于党务工作报告、党务概况统计表、视察报告、党代会材料、反共密令；镇江县党部及特别支部、镇江县各分区分部党员名册、政审表、入党申请书，情报员名册，共产党员被捕、被杀、自首人员名单、保证书、登记表等等。这些档案是了解民国时期国民党地方党务运行、国共斗争的珍贵史料，具有重要的历史价值。

中国国民党党员证书

中国国民党党员登记表

中国国民党江苏省执行委员会职员名册

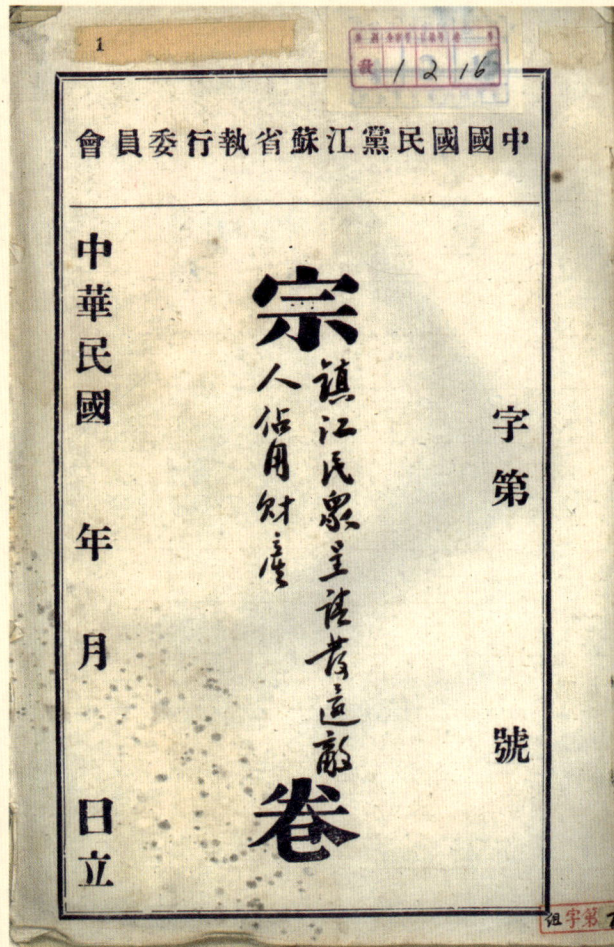

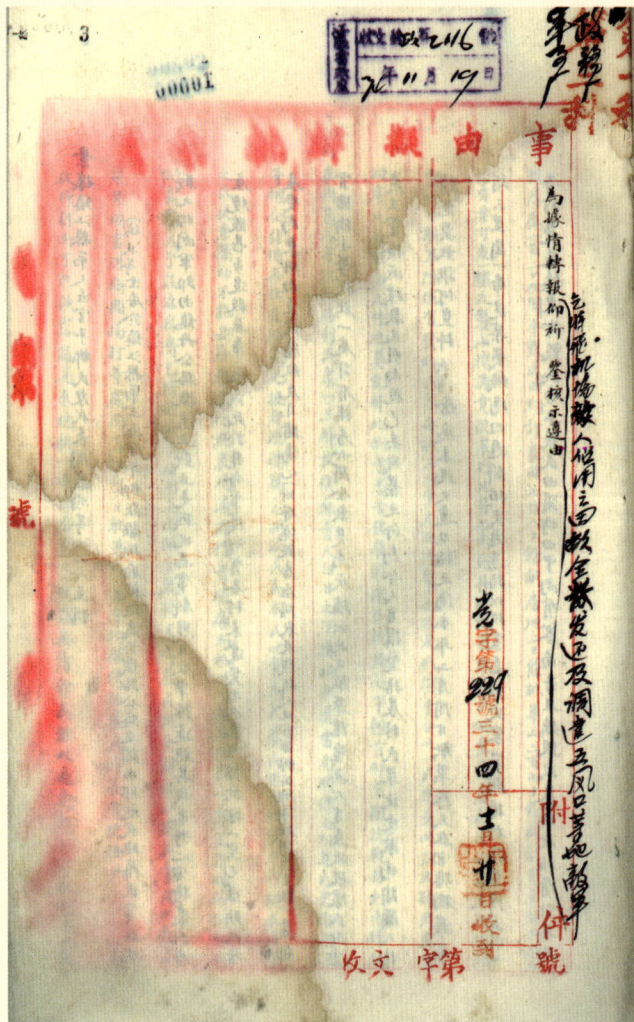

中國國民黨江蘇省執行委員會

中華民國　　年　月　日立

字第　　　　號

宗

鎮江民眾呈請發還敵
人佔用財產

卷

組字第7

為據情核報仰祈鑒核示遵由

茲據飛辭機敵人佔用之田畝金數發還及擱置五凡口責地辭事

附件

收文字第　　　號

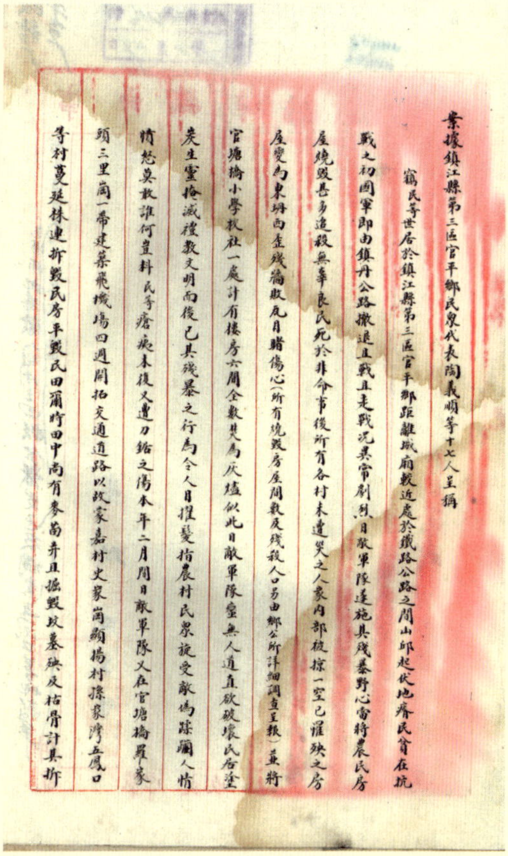

1945年11月镇江民众呈请发还敌人占用财产的卷宗

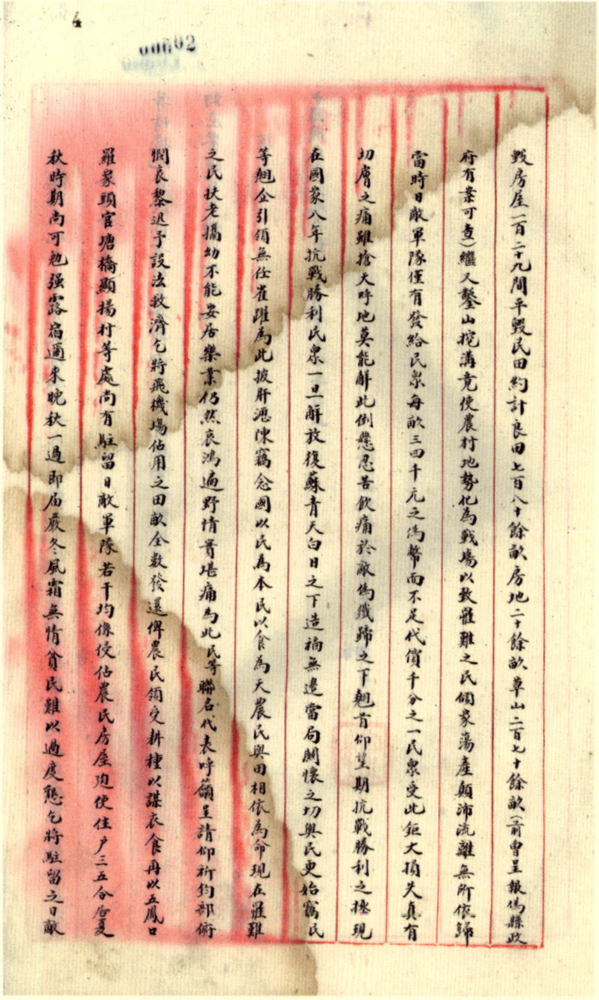

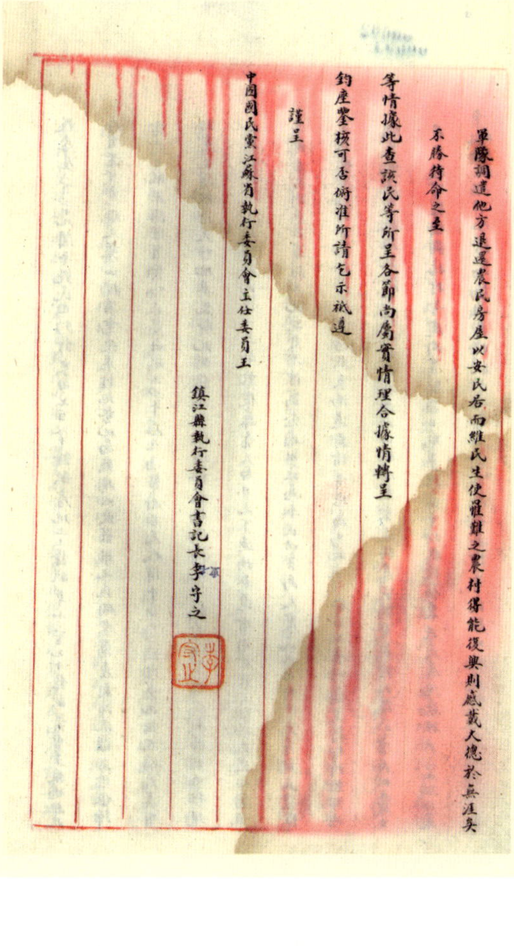

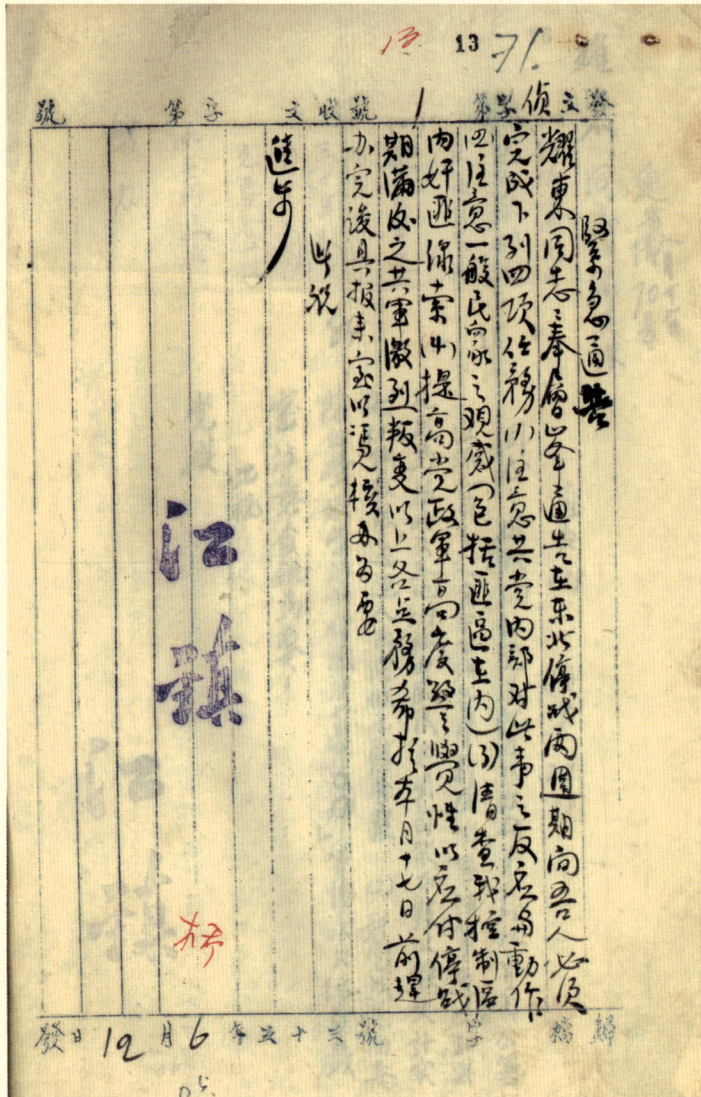

1946年6月中统镇江县室搜集情报的命令

全文：

紧急通告

耀东同志：

奉曾峰通告，在东北停战两周期间，吾人必须完成下列四项任务（1）注意共党内部对此事之反应与动作；（2）注意一般民众之观感（包括匪区在内）；（3）清查我控制区内奸匪线索；（4）提高党政军高度警觉性以应付停战期满后之共军激烈叛变。以上各点务希于本月十七日前赶办完竣，具报来室以凭核办为要。

此祝

进步

江镇

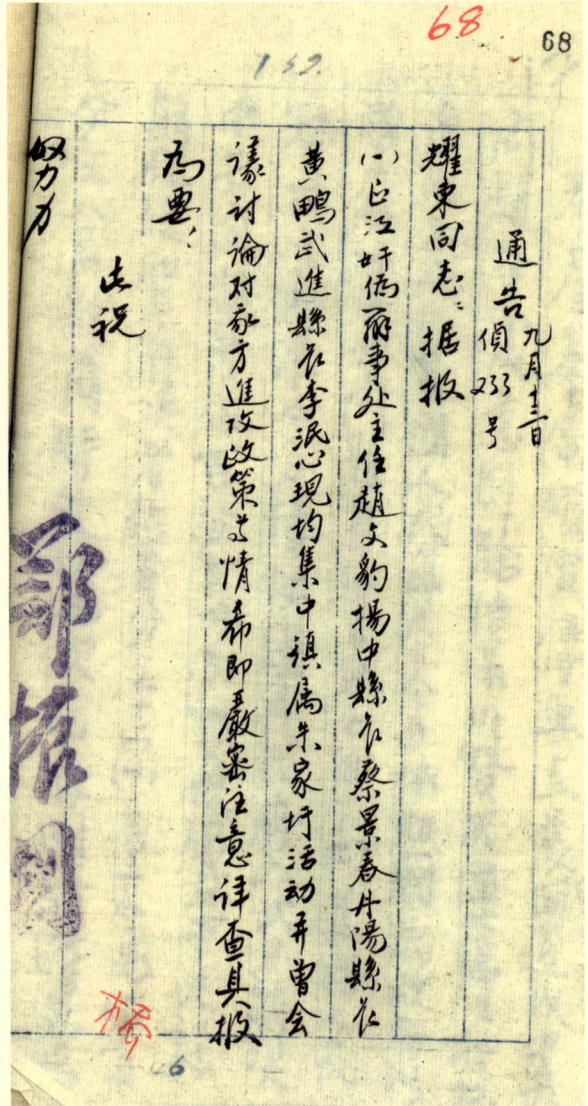

1946年9月中统镇江县室搜集情报的命令

全文：

通 告

侦233号 九月十三日

耀东同志：

　　据报（一）正（镇）江奸伪办事处主任赵文豹、扬中县长蔡景春、丹阳县长黄鹏、武进县长李泯心现均集中镇属朱家圩活动并曾会议讨论对我方进攻政策等情，希即严密注意详查具报为要！

　　此祝

努力

　　　　　　　　　　　　　　　　　郑振国

民国镇江县参议会档案

保管单位： 镇江市档案馆

内容及评价：

1946年4月镇江县临时参议会成立，1947年4月镇江县参议会正式成立，1949年4月镇江解放，镇江县参议会解散。县参议会为"全县民意机关"，其职权为"议决完成地方自治，审核县预决算，制定地方单行法规，决定县税、县公债及县有财产经营处理，听取县政府施政报告并进行询问，接受请愿"等事项。

镇江市档案馆目前馆藏该机构档案42卷，形成时间为1946年1月至1949年3月，主要有参议会组织规程、提案及决议、会议记录、名单、函、照片等，不够齐全完整，但基本能反映出该会这段时间活动的概貌。这些材料是了解民国地方政府政治架构的第一手资料，具有重要的历史价值。

1947年镇江县参议会成立大会摄影

1948年4月26日镇江县参议会第四次大会开幕典礼摄影

1948年10月15日镇江县参议会第五次大会全体议员摄影

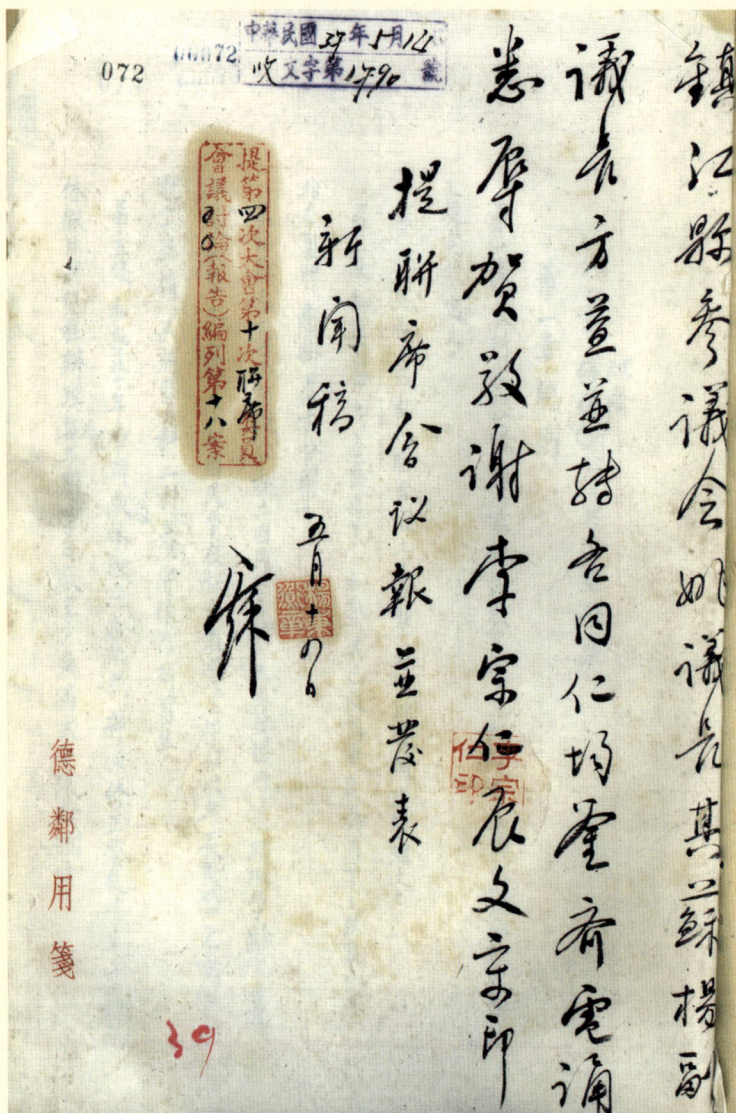

1948年5月李宗仁复镇江县参议会函①

全文：

镇江县参议会姚议长其苏、杨副议长方益并转各同仁均鉴：

齐电诵悉，辱贺敬谢，李宗仁辰文京印。提联席会议报并发表新闻稿。五月十四日。

---

① 1948年镇江县参议会电贺李宗仁当选中华民国副总统，李宗仁复函表示感谢。

中華民國三十五年十一月

江蘇省
鎮江縣臨時參議會第一次大會會刊

秘書室編印

鎮江縣臨時參議會第一次大會會刊

本會籌備經過　重要電文　演詞

駐會當員並逐鄉答詞。秘書官讀大會宣言稿，於軍樂聲混中宣告禮成。會後冷餐政招待參議員及地方鄉士名知名之士，席行冷談會，市下午一時三十分散會。

三、重要電文

(一)上國民政府主席蔣致微電文

重慶國民政府主席蔣鈞鑒：本會於銅日舉行成立大會。緬八載之勞，蒙此後我全省蘇，本黨杜民主、倡企動散，同謀黨誠，國體昌大，挽國家於民主，底革命於成功，由此民族復興，國體昌明。謹此電陳，伏懇照留，江蘇省鎮江縣臨時參議會成立大會。

(二)上江蘇省政府主席王致微電文

江蘇省政府主席王鈞鑒：本會於銅日舉行成立大會，東南先復，瞻時八月，緬八載抗戰，百戰宣勞，昔積後我今蒙垂蘇，惠薄子遺，鑒此之拳色，政啟民主，物企國之先聲，同人等仰戴鴻福，謹體擁護，謹全體一致決議，通電致敬，諸此電陳，伏祈照詧，江蘇省鎮江縣臨時參議會成立大會。

四、演詞

(一)開幕詞

張議長孟陶報告詞

各位長官　各位參議員　各位來賓：本會根據江蘇省臨時參議會組織規程之規定，到今次正式宣布成立，本縣全縣參議會名單，計參三十名，輪留八名，均為地方知名公正人士，今檢定能代表民意農，共同配合政府，把當前復員與善後諸項，綱到盡善盡美的地步，尤須本着知無不言，言無不盡的目標，與地方政府，如何去做，才能結得佳，庶幾諸位參議員健康。

王縣長公嶼訓詞

略謂：今天是鎮江縣臨時參議會成立的第一天，本人對江蘇省會所在的民眾領袖，及顧科長後第一次民意顯多。基層政治之重要，如議諸位先生，今天是鎮江縣臨時參議會開始成立的一天，本縣基層政治之重要，如議我堅持的情況，希望諸位參議員代表，健全，繼續前進人政治的構局，來督促政府，協助政府，克服當前之矛盾現象，本二治人與治法的均衡，大眾健全，共收人政治之效，基層組織的，今後政局的，並都知道是基層的月辭，是四萬萬之工作，不外下列四點：(一)貪污，(二)由地方公務員補充，現補用公款，是四萬萬之工，將都知道：(四)楊害政治不合的方法，(一)自己知貪，(二)在上用四項，沒有更好辦法，希望大家想用辦法補救：(三)改善與賢施，如毛病之原因之歐病情，然後再行益下藥，民政廉潔，政治必病與賢施；(三)一定要留助政府，一定要懲制用法補救，(二)嚴禁民財盜，督促政府，(三)改善與賢施，先讀解決當前切要問題，第三步方可說政府，如何去做，才能結病與賢施，政治清明，地方之更新，各種困難始能解決，(三)步方使支配前均之困難，地方之更新，各種困難，尤其希望各位從速基甲建設，地方政府。

冷委政員黎秋演詞

盧副議長佛慧代表黎堂人答詞

（一）閉幕詞

陸小波先生演詞

嚴惠宇先生演詞

張縣長孟陶演詞

楊議長公崖報告

五、第一次大會紀錄

成立大會

步委議員演郵答詞

民国镇江县保安团档案

保管单位：镇江市档案馆

内容及评价：

　　1929年镇江开始筹建保卫团，并命各区、乡自筹经费建立区、乡保卫团。1933年建县保卫团总队部，县长兼总队长，副总队长管理日常工作，受省保安处指挥。其编制为1个中队，中队下辖3个分队，另有一手枪班，共有官兵171名。农村各区自设保卫分队，城区无独立分队，其任务由商团承担。1934年1月，县保卫团总队与警察大队合编为保卫队。1934年7月，省保安司令部根据省保安制度大纲，将原由县保卫团总队与警察大队合并的保卫队改编为县保安大队。镇江沦陷时，县保安大队解体。

　　1945年8月，国民党在镇江重建县政府，将收编的伪军孔某部队及武装警察队组成保安团，担任江防及教育训练工作，随镇江解放而解散。镇江县保安团档案共有285卷，收录训练团各期毕业同学录、教育大纲、工作报告、会议记录、受训日记、任免报告、部分城镇军用地图等重要史料。该部分档案详细记录了民国镇江县保安团组建、训练以及镇江驻军等方面的情况，为研究民国镇江地方军事制度提供了重要史料。

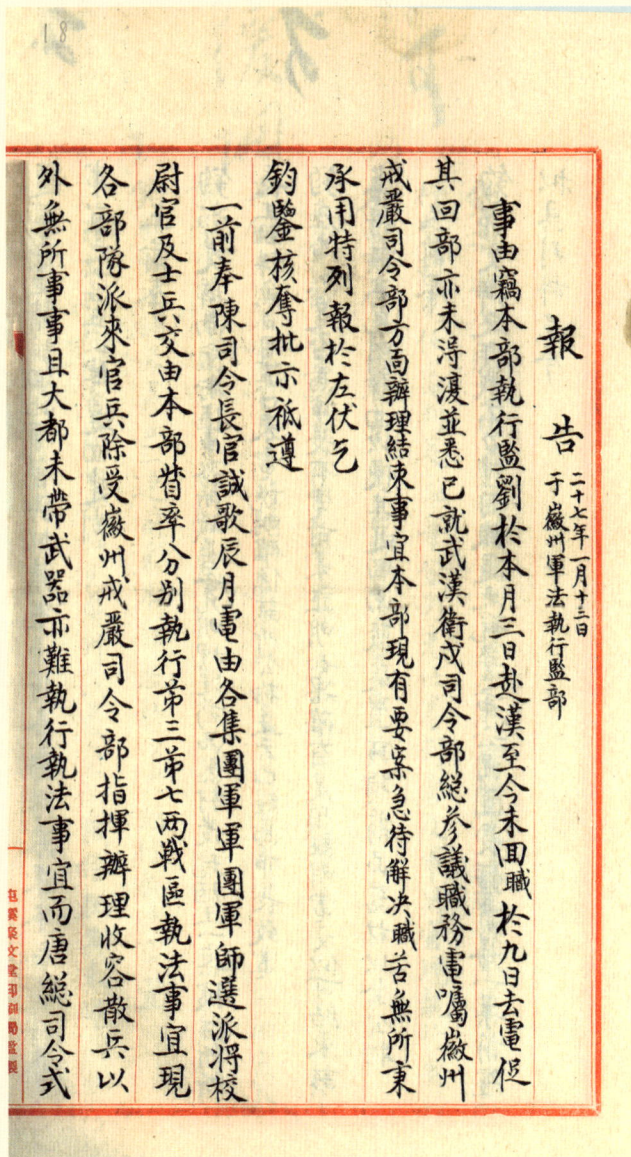

1938年1月第三战区军法执行监部少将督察官倪弼给顾祝同的报告

可　緩調　可

鈞部指令照准在卷依照法之程序應即開庭宣判惟本案係由執
行監劉充任審判長職等分別充任審判官及軍法官現執行監劉
未回可否由職等開庭宣判以清懸案
四本部憲兵前在蘇州時期本有一連除由職率領岁護之一排又一班以外
其餘久已不通消息是以現時兵力殊嫌單薄不敷使用且該排憲兵
素已奉有遣調回國之命擬懇
鈞部設法調派憲兵一連前來本部服務以便施行執法事宜
五本部執行監劉如果辭去藏州戒嚴司令職務在其未經回部
以前本部駐地可否隨同
鈞部進止

可　可

遵亦已電請調回此項官兵擬請准予將各部隊派來本部執行執法
事宜之官兵一律遣回建制
二前奉
鈞部交辦南京衛生事務所職員王克明押運藥品器材裁現烟土一案據該所所
長王祖祥魚日漢口來電聲明確係該所公物並云已經馬市長致電
鈞座查照是否屬實前來証明如果確有是項証明電文似可結束該
案將該王克明釋回以便其返回南陵處置該項藥品器材以全公物
三前奉
鈞部交辦之作戰不力擅目撤退之稅警第六團團長鍾賣勝一案前經
擬具判辭呈奉

1938年1月第三战区军法执行监部少将督察
官倪弼给顾祝同的报告

六在本部執行監劉未經回部以前所有執行監職務如何處置
懇予指示
右報告謹呈
司令長官顧
第三戰區軍法執行監部少將督察官倪
弼

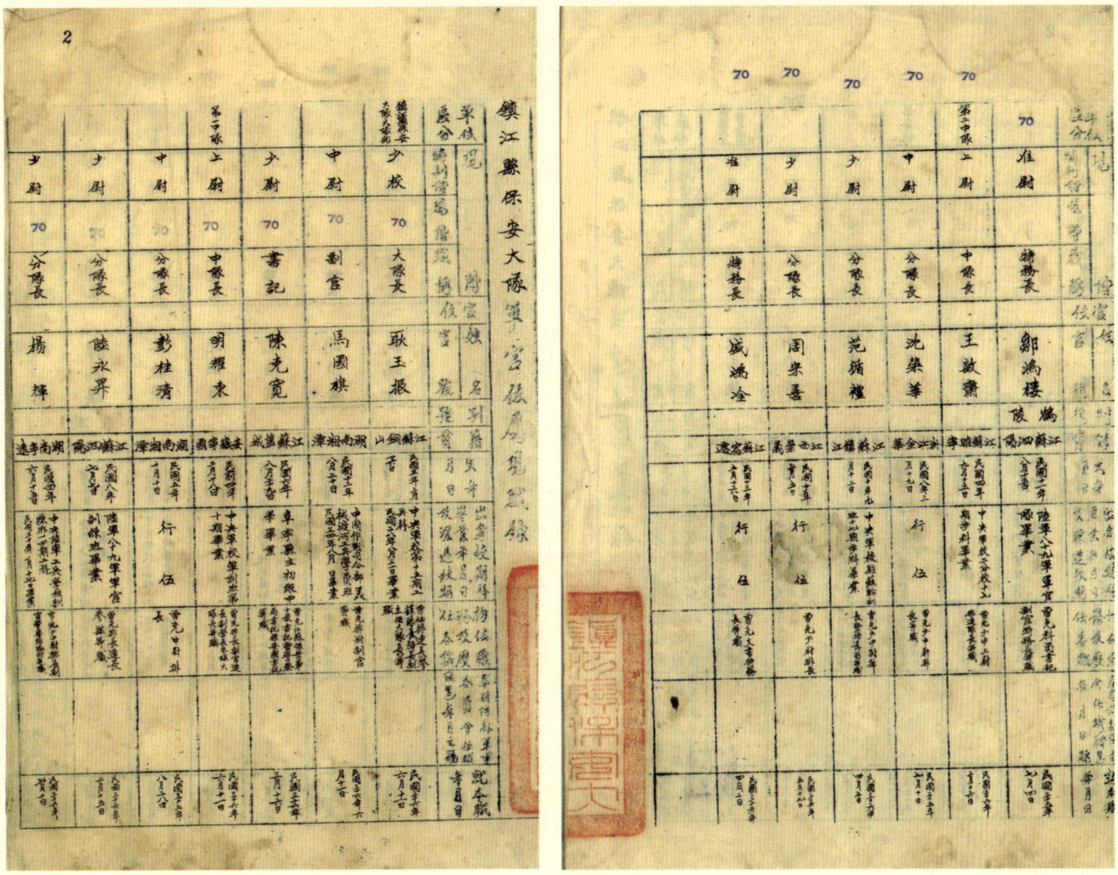

镇江县保安大队军官现职录

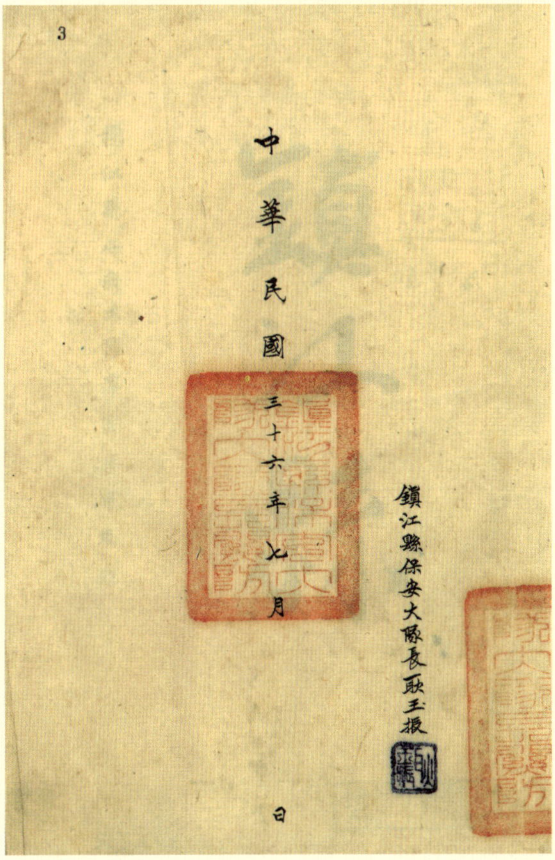

1948年张怿伯关于军队占住镇江金山化学厂给蒋经国的信

全文：

敬呈者：

本公司设在镇江，创设于民国十四年，地方沦陷期间军队不断占住，固已损失浩大，岂料胜利之后，又有省保安队占住，此来彼去，几次三番，前前后后住了十个月才告完结。在此期间有许多过去八年间曾经三次敌军及多次伪军占住，我们犹能保存的东西，而在胜利后，住保安队时期却损失了，言之痛心。嗣经江苏省保安司令部颁发布告到厂，禁止住兵，两年尚无兵来。近忽又有国防部爱国青年训导第一总队第六大队部到厂张贴字条，指定要驻军队。又有张年总司令、徐州司令部，爱国青年训导第一总队第六大队部在经理住宅张贴字条，要住高级长官。此项军队系自杭州调住镇江，国家方在竭力促进生产，以利戡建生产地之工厂与忙生产公司，当局其所在地均须住兵竟无法得到安居乐业，实使百姓叫苦。冬季出品油膏，目下即将出货，女工有七八十，竟会要在此等地方住兵，真是从何说起。本厂虽悬有江苏省保安司令部禁止住兵布告，但国防部所属部队对之视若无睹，不顾工厂生产，只是硬要占住，百姓真苦，无法对付。虽昨已向国防部递进呈文请予制止，并颁布告保护，但恐缓不济急。先生接近民众，而能为其解除痛苦，为此迫切呼吁恳请。迅赐转给有关方面工厂不可住兵，从事工业生产人员家里亦不可任意住兵，起码条件之安居乐业都得不到，民怨民怒夫岂国家之福，此上经国先生。

再者，本公司设在镇江太平桥，经前经济部核准登记，发给设字第二八一六编执照。有案此函，系由上海办事处代呈。

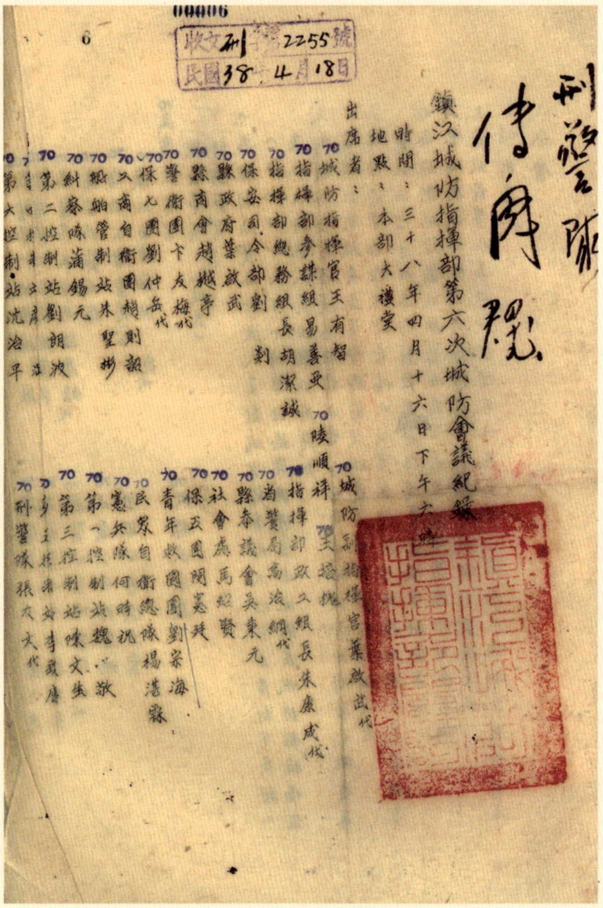

1949年4月16日镇江城防指挥部第六次城防会议记录

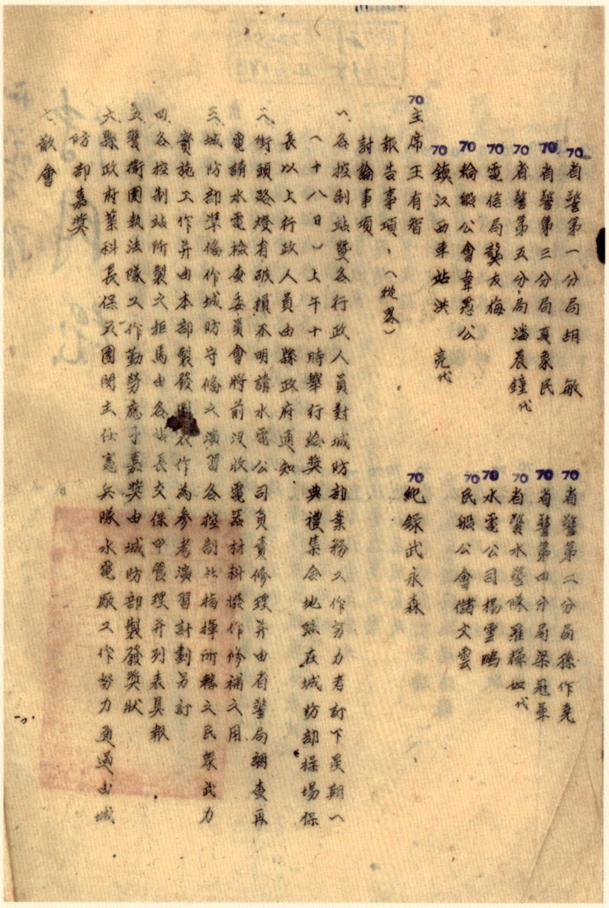

民国镇江商会档案

保管单位：镇江市档案馆

内容及评价：

镇江是通商大埠，民国时期的江苏省会。镇江商会始建于清光绪二十九年（1903），由清共有末官办的商务分局演变而成各同业公会或无同业公会之公司、商店、行号为会员的工商社会团体。目前镇江商会档案共有411卷，主要内容有商会及同业公会成立文件、会员名册，工商业行业划分标准、登记办法，会员大会报告、提案，工商业户开张、停业函件，工商自卫团规模以及进出口贸易文书等。该档案主要反映清末和民国时期镇江工商业的发展变化，对研究镇江近代工商业史具有较高的参考价值。

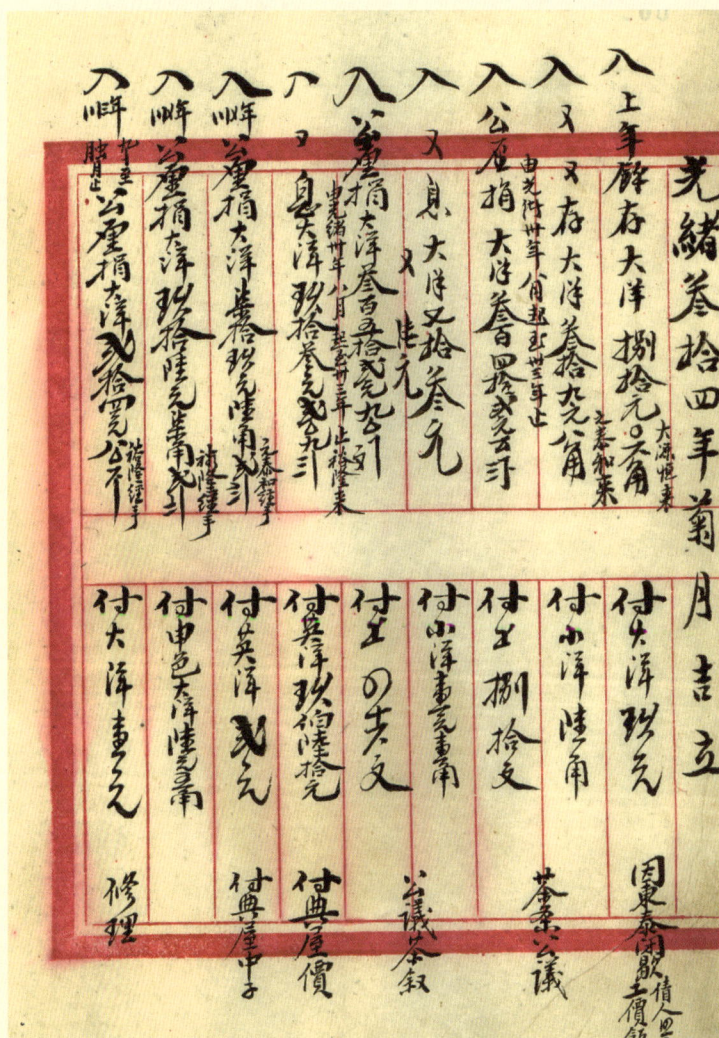

光绪三十四年（1908）茶业公会账册

1917年茶业公会账册

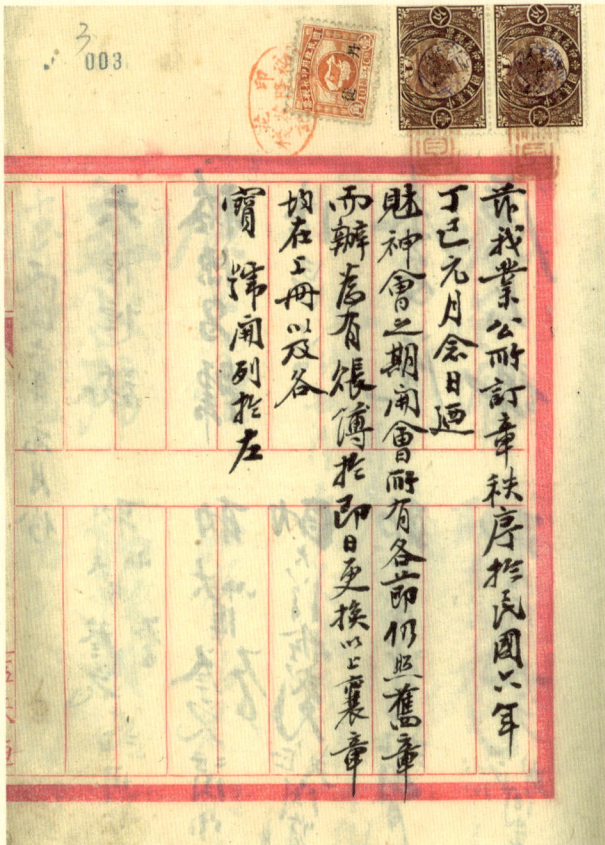

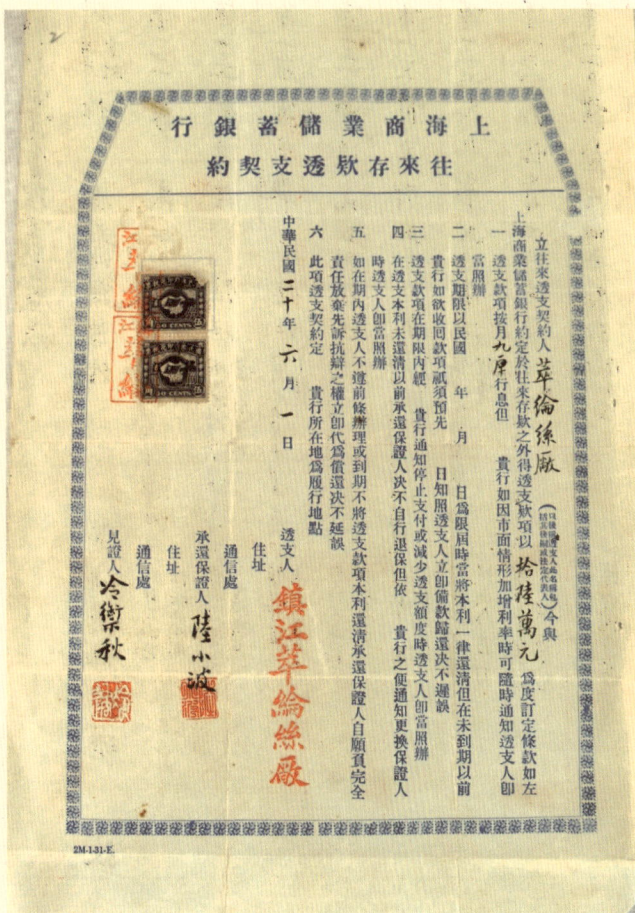

1931年镇江商会会长陆小波为镇江萃纶丝厂
抵押贷款作担保凭证

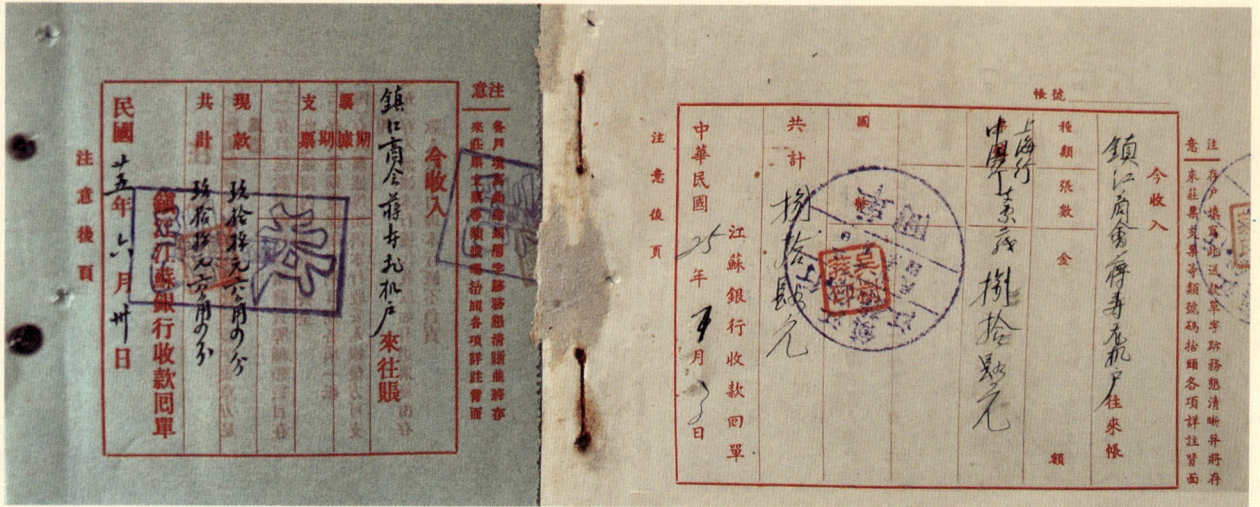

1936年镇江商会为蒋介石50岁生日捐送飞机款项的收支票据存根

1942年镇江县商会理事略历表

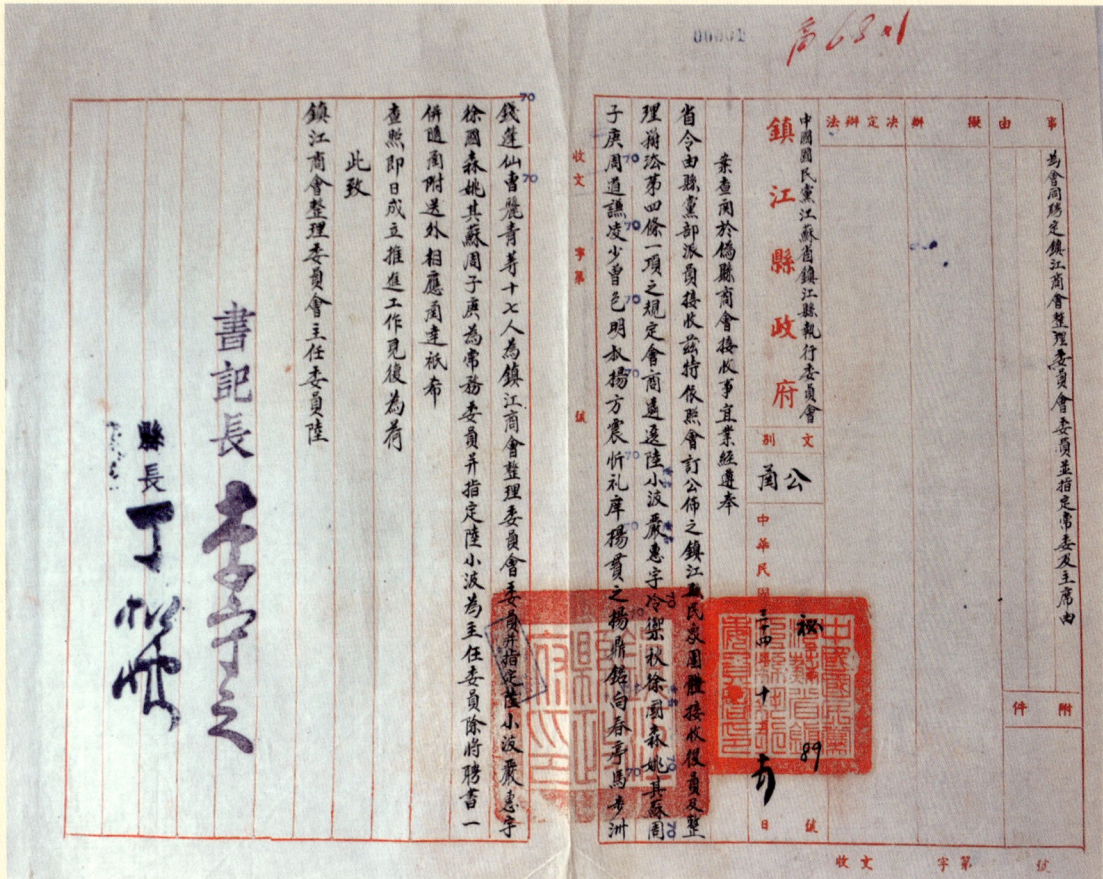

关于聘定镇江商会整理委员会委员并指定常委及主席函

全文：

为会同聘定镇江商会整理委员会委员并指定常委及主席由

中国国民党江苏省镇江县执行委员会 镇江县政府（公函）秘89号

中华民国三十四年十月十四日

案查关于伪县商会接收事宜，业经遵奉省令，由县党部派员接收，兹特依照会订公布之镇江县民众团体接收复员整理办公第四条一项之规定，会商遴选陆小波、严惠宇、冷御秋、徐国森、姚其苏、周子庚、周道谦、凌少曾、包明叔、杨方震、忻礼羊、杨贯之、杨鼎铭、向春亭、马步洲、钱逢仙、曹鹿青等十七人为镇江商会整理委员会委员，并指定陆小波、严惠宇、徐国森、姚其苏、周子庚为常务委员，并指定陆小波为主任委员，除将聘书一并随函附送外，相应函达。只希查照即日成立推进工作见复为荷。

此致

镇江商会整理委员会主任委员陆

书记长：李守之

县长：丁松林

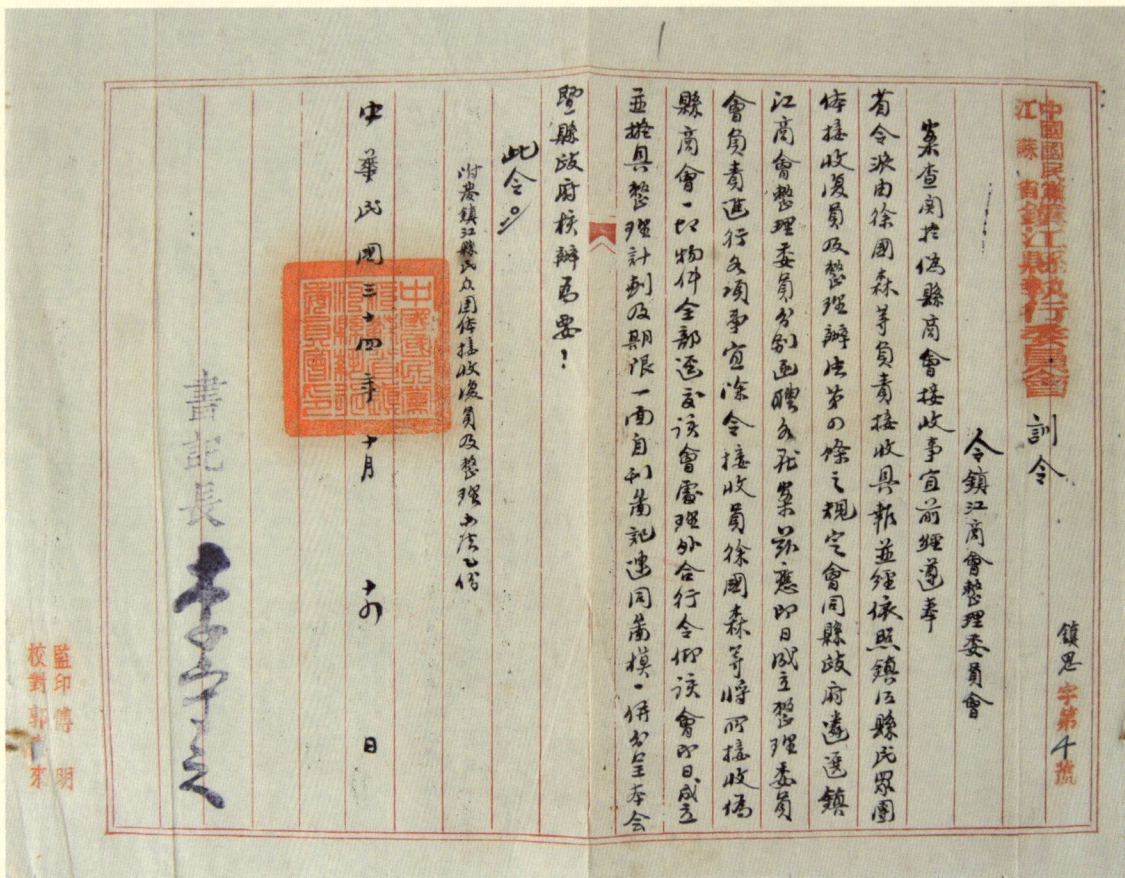

中国国民党江苏省镇江县执行委员会关于成立镇江商会整理委员会训令

全文：

中国国民党江苏省镇江县执行委员会训令

镇思字第4号

令镇江商会整理委员会：

案查关于伪县商会接收事宜前经遵奉，省令派由徐国森等负责接收具报，并经依照镇江县民众团体接收复员及整理办法第四条之规定，会同县政府遴选镇江商会整理委员分别函聘各在案，兹应即日成立整理委员会负责进行各项事宜，除令接收员徐国森等将所接收伪县商会一切物件全部送交该会处理外，合行令仰该会即日成立并□具整理计划及期限，一面自刊图记，连同图模一并分呈本会暨县政府核办为要！

此令！

附发镇江县民众团体接收复员暨整理办法乙份

中华民国三十四年十月十四日

书记长：李守之

31

鎮江縣國藥業同業公會章程

第一章 總則

第一條
本章程依據商業同業公會法及商業同業公會法施行細則訂定之

第二條
本會定名為鎮江縣國藥業同業公會

第三條
本會以維持增進同業之共利益矯正弊害及協助政府推行政令為宗旨

第四條
本會以鎮江縣行政區域為區域事務所設于上河邊

第二章 任務

第五條
本會之任務如左

一關於會員商品之共同購入保管運輸及其他必要之設施

二關於會員營業之統制

1946年镇江县国药业同业公会章程

民国中国银行镇江支行档案

保管单位：镇江市档案馆

内容及评价：

民国中国银行镇江支行于1913年12月1日在镇江开业，内设有文书、出纳、营业、会计、办事处等部门。1949年镇江解放，中国银行镇江支行被中国人民银行接管。档案内容有机构设置、人员聘用通知、行员手册、职员名录、记账办法、客户存贷款记录；与镇江银钱商业同业公会等来往信函；房契、地契、印鉴档案以及战时损失调查、救国公债收解办法、会计账册等共计1465卷。这批档案保存完整、内容全面，反映了民国时期镇江金融的发展情况，对研究民国金融史具有重要参考价值。

全文：

执　照

督办苏州全属清丈沙洲事宜司道为给发执照事。照得本届沙洲定章增价所以杜争控而裕饷源，计每田一亩缴足制钱四千文，每滩一亩五分□泥，缴足制钱贰千文。后从前缴过滩价今已成田者照田价补足。隐占之户甘愿上价承买，照民价减三分之一准其尽先承买。转重之户每亩缴足库平银四钱准其免予以后转重。钉给余地隐占等沙入官召买缴价各足，准其一体填照给执，今该业遵章缴足定价，合即填给，以昭执守须至执照者。

计开

今据丹徒县业户焦山寺僧镜融等承买连山东洲东北口滩地玖佰伍拾亩整。

界址四至：东至大江南，西至老滩，南至老滩，北至大江界。

共缴足制钱壹仟玖佰千文整。

民国五年十二月沙田局验讫（章）

光绪三十一年十一月　　日给

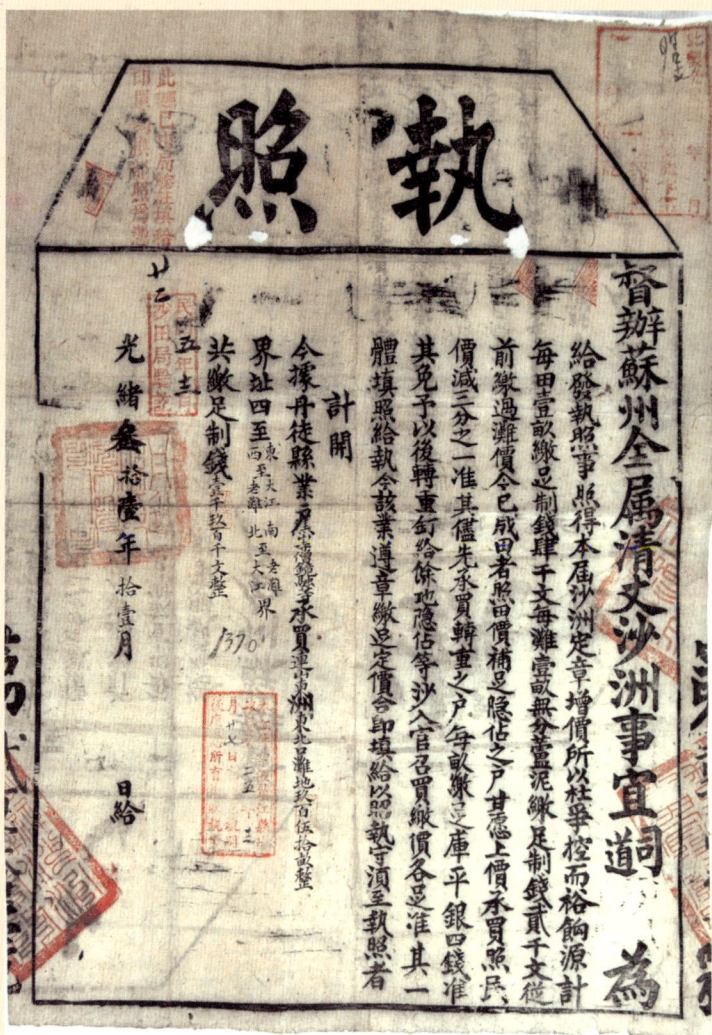

1905年执照（上有1916年12月沙田局验讫）

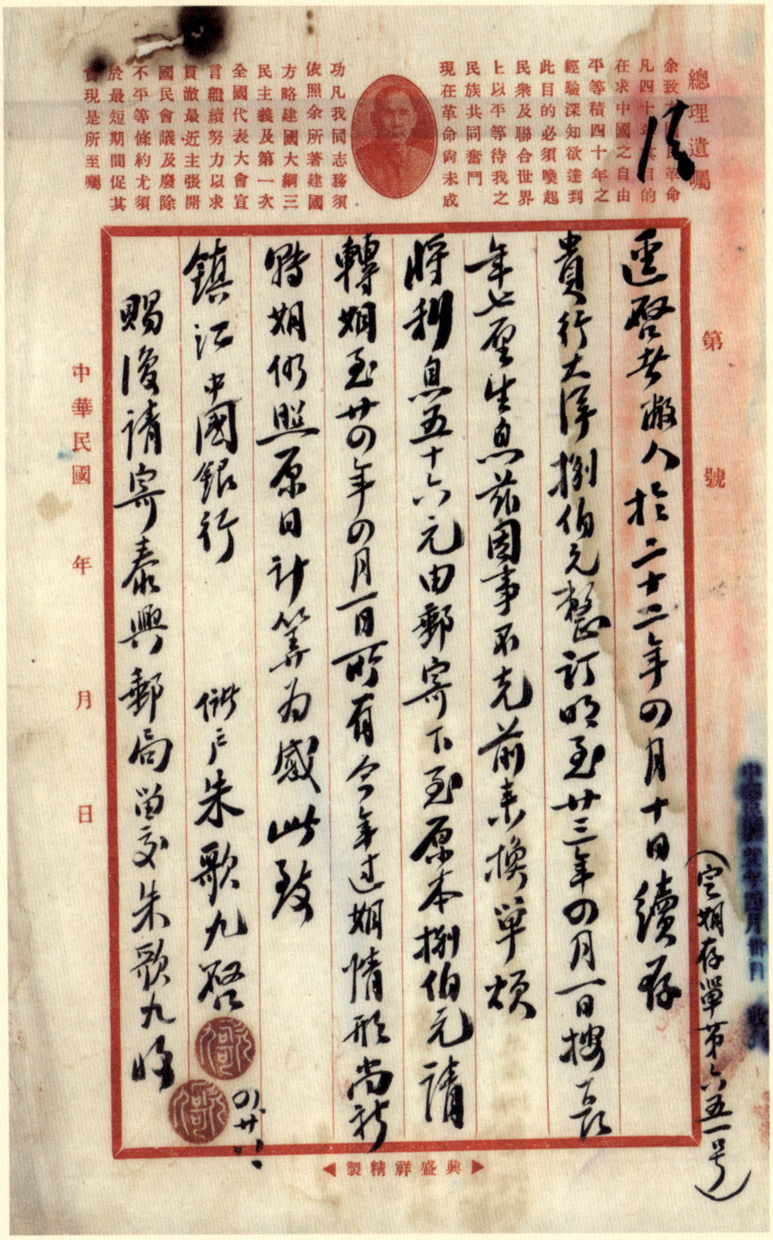
總理遺囑

余致力國民革命凡四十年其目的在求中國之自由平等積四十年之經驗深知欲達到此目的必須喚起民衆及聯合世界上以平等待我之民族共同奮鬥現在革命尚未成功凡我同志務須依照余所著建國方略建國大綱三民主義及第一次全國代表大會宣言繼續努力以求貫徹最近主張開國民會議及廢除不平等條約尤須於最短期間促其實現是所至囑

第　號

逕啓者敝人於二十二年四月十日續存
貴行大洋捌佰元整訂明至廿三年四月一日換息
年已屆生息茲因事不克前來換單煩
將利息五十六元由郵寄下至原本捌佰元請
轉期至廿四年四月一日所有今年過期情形尚祈
將期仍照原日計算為感此致
鎮江中國銀行
敝户朱歌九啓
賜復請寄泰興郵局留交朱歌九收

(定期存單第六五一號)

中華民國　年　月　日

興盛祥精製

1933年存单到期续存的函

1936年中国银行镇江支行职员录

1937年10月关于收兑过境军队桂币等兑换办法的函

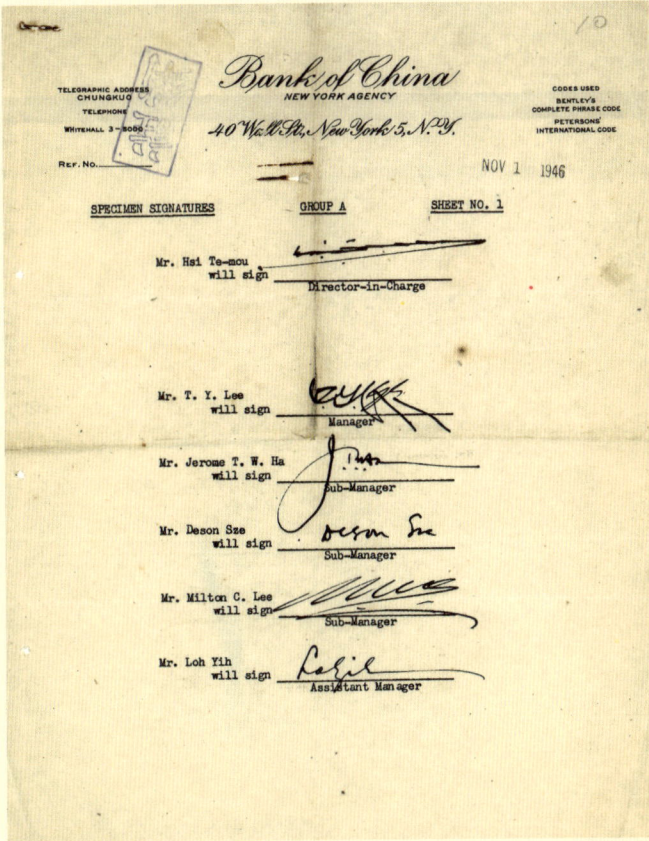

1946年中国银行纽约支行签字样本

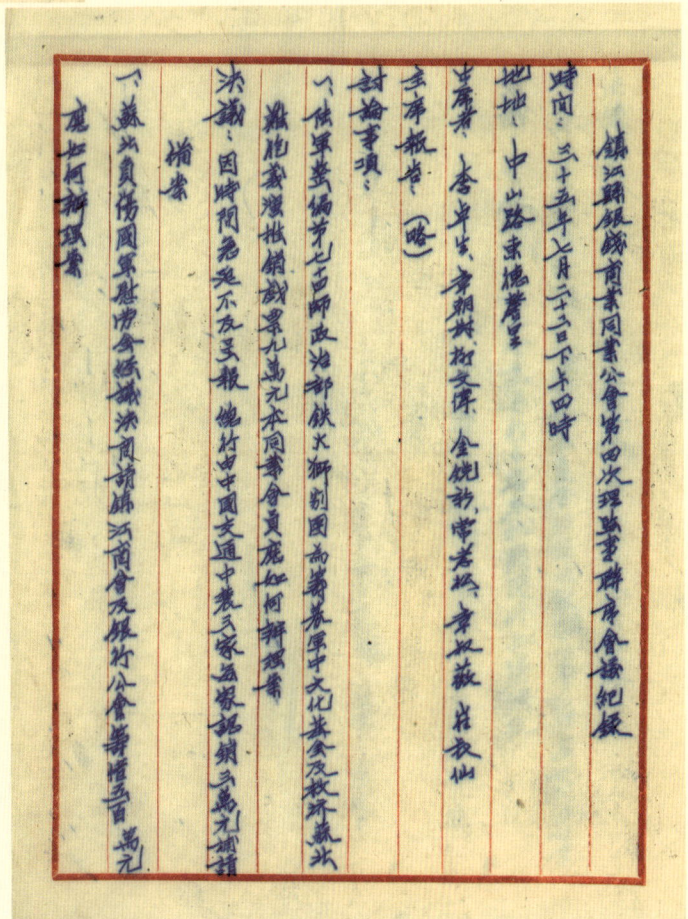

镇江县银钱商业同业公会第四次理监事联席会议纪录

时间：三十五年七月二十二日下午四时

地址：中山路东德寿里

出席：李平心、李朝珙、赵文保、全锐新、常老坎、莫礼盛、庄长仙

主席报告（略）

讨论事项：

一、俄军第七二师政治部铁火狮剧团为筹养学中文化界食及救济苏北难胞义演批销戏票九万元本同业会员庞红何拼认票

决议：因时间急迫不及登报，拟由中国交通中农三家运发报额二万元摊销，庞红何拼认票

一、苏北负伤同案热烈防会函城洪同请拆沙商会及银行公会等捐助萬元，庞北何拼认票

1946年镇江县银钱商业同业公会第四次
理监事联席会议纪要

021

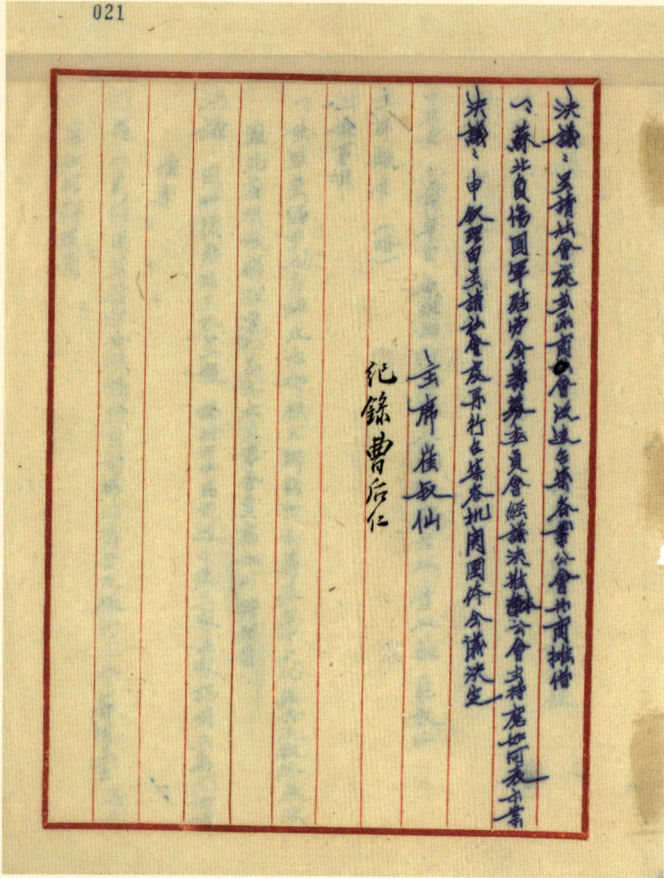

1946年镇江县银钱商业同业公会第四次
理监事联席会议纪要

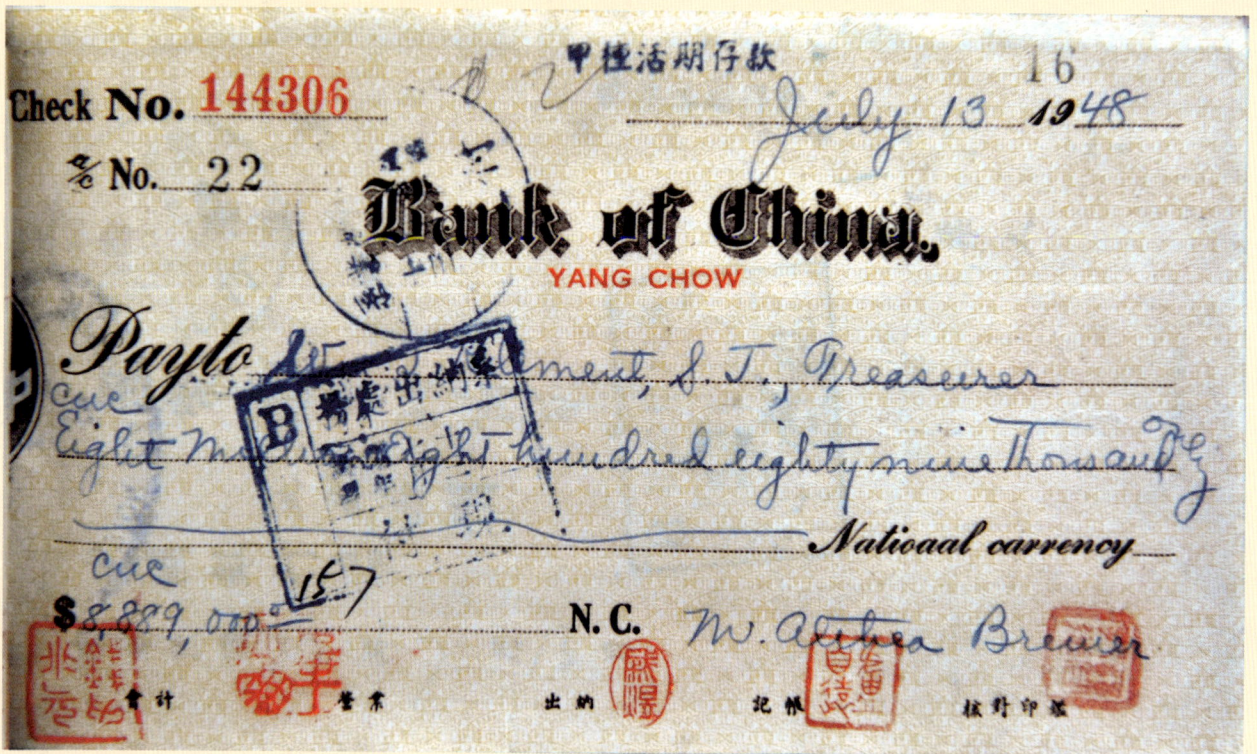

1948年中国银行镇江支行扬州办事处存款票据

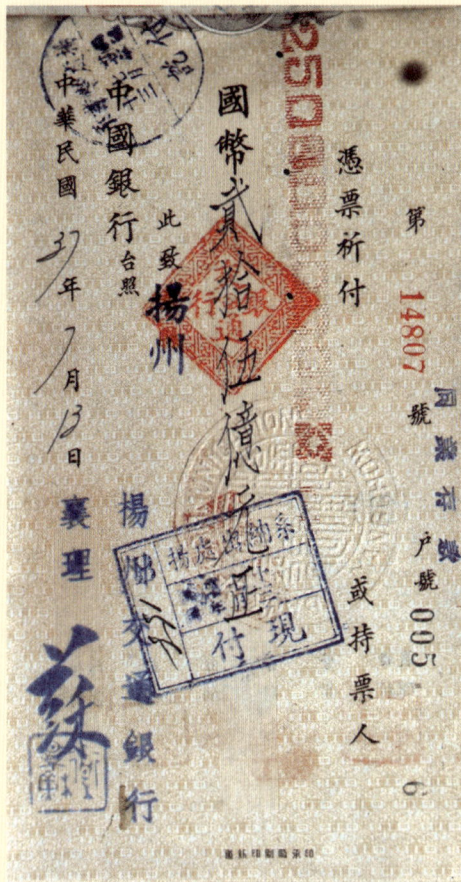
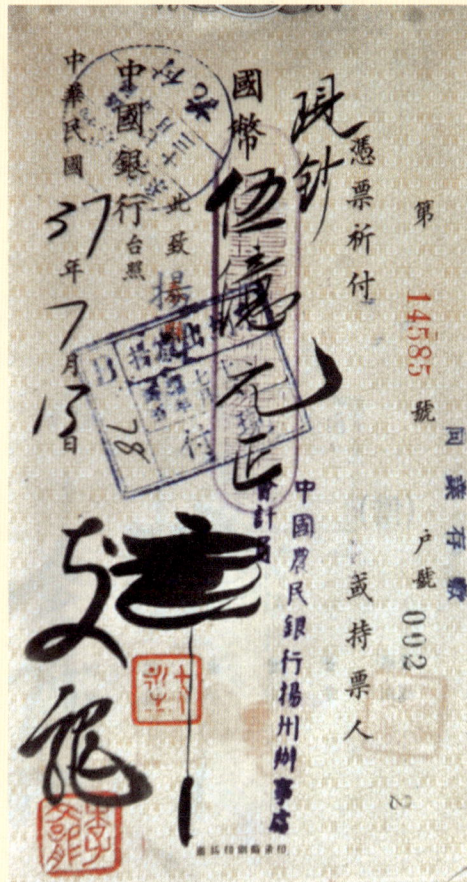

1948年中国银行镇江支行扬州办事处存款票据

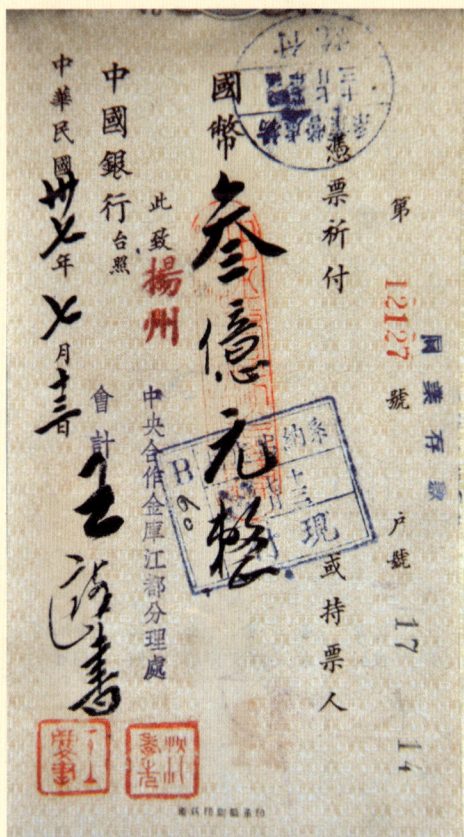

民国私立正则学校复校档案

保管单位: 丹阳市档案馆

内容及评价:

　　1912年,吕凤子捐献家产在丹阳创办了正则女校。1920年,改办正则职业学校(设绘绣、蚕桑、建筑三科;中学、师范二部;附设小学和幼稚园)。1937年10月,日寇攻陷丹阳后,学校被迫停课,吕凤子率部分教职工辗转到重庆,相继办起了璧山正则蜀校、私立正则艺术专科学校。1946年,他将璧山正则蜀校、私立正则艺术专科学校校舍捐赠给当地政府,将正则学校迁回丹阳,重新复校。该档案详细记载了1946年抗战胜利后,吕凤子为私立江苏正则学校复校一事多次向民国丹阳县政府呈报"原校亦亟宜在丹阳恢复开办的请示"及民国江苏省政府、省教育厅、丹阳县政府的相关批复、指令、训令;学校公函、教职员工资历表、学生名册;校董会章程、学校发展规划等一整套复校过程的原始记录,跨时近二年,是见证私立正则学校发展的宝贵史料。在研究吕凤子创办正则学校、办学理念、学术思想及丹阳教育史、正则学校发展史等方面具有重要的史料价值。

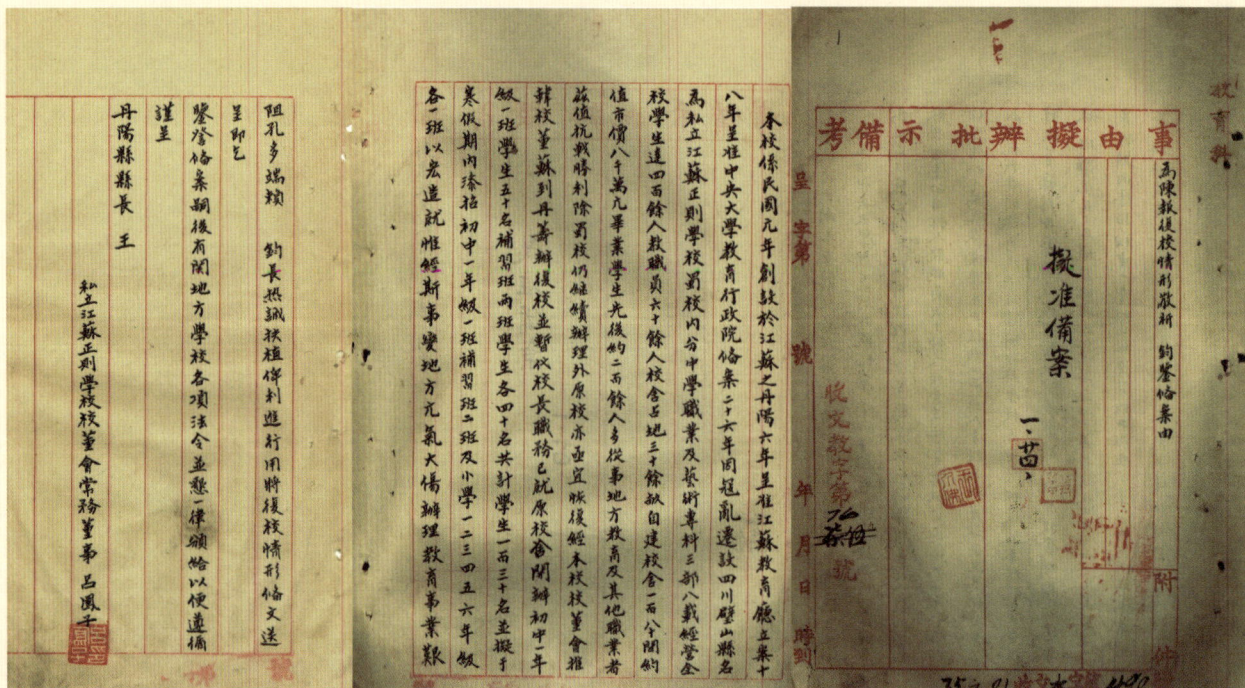

私立江苏正则学校校董吕凤子呈报复校文案

全文：

事由：为陈报复校情形敬祈钧鉴备案由

本校系民国元年创设于江苏丹阳，六年呈准江苏教育厅立案，十八年呈准中央大学教育行政院备案。二十六年因寇乱迁设四川璧山县，名为私立江苏正则学校，蜀校内分中学及艺术专科三部，八载经营全校学校达四百余人，教职员六十余人，校舍占地三十余亩，自建校舍一百八十间，约值市价八千万元，毕业学生先后约二百余人，多从事地方教育及其他职业者。兹值抗战胜利除蜀校仍继续办理外，原校亦亟宜恢复。经本校校董会推韩校董苏到丹筹办复校并暂代校长职务，已就原校舍开办初中一年级一班，学生五十名，补习班两班各四十名，共计学生一百三十名，并拟于寒假期内添招初中一年级一班，补习班二班及小学一、二、三、四、五、六年级各一班，以宏造就，惟经斯事变，地方元气大伤，办理教育事业艰阻孔多端赖。钧长热诚扶植，俾利进行，用将复校情形备文送呈即乞。

鉴登备案嗣后，有关地方学校各项法令并恳一律颁给，以便遵循。

谨呈

丹阳县县长王

私立江苏正则学校校董会常务董事　吕凤子

中华民国三十五年一月二十一日

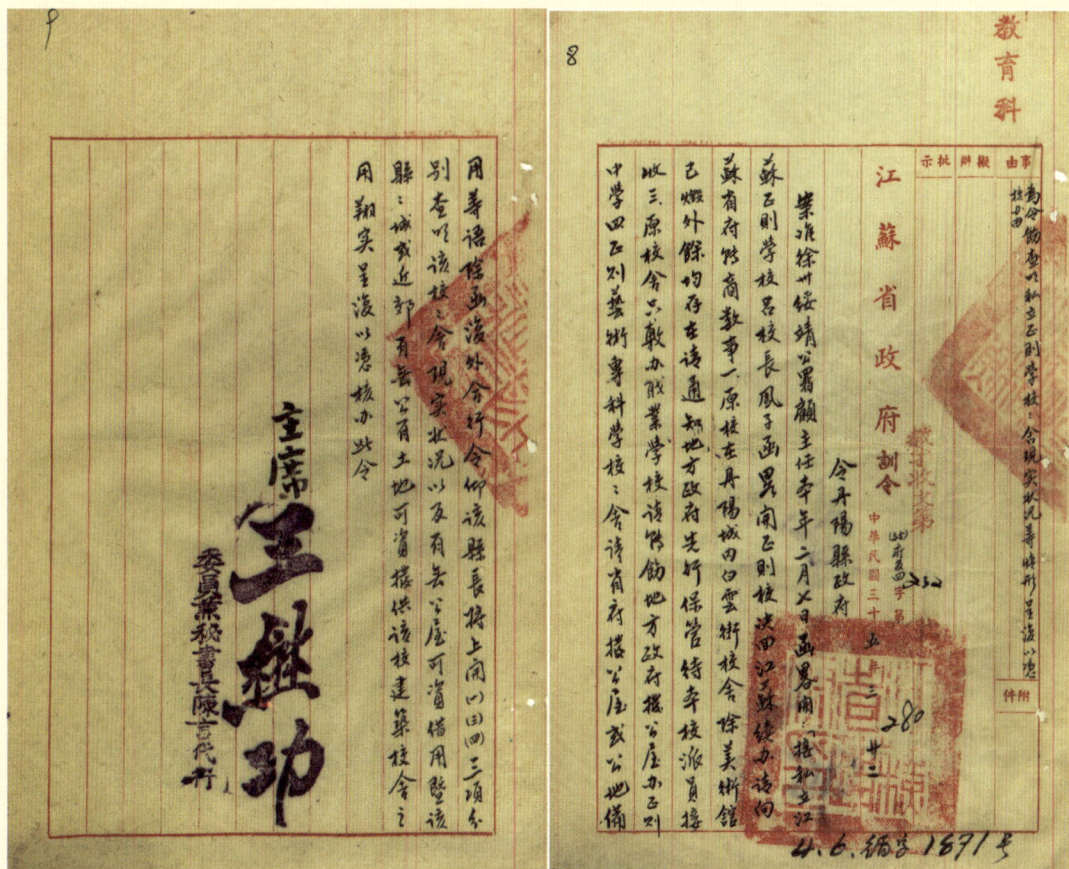

1946年3月民国江苏省政府令丹阳县政府复正则学校的训令

全文：

江苏省政府训令

中华民国三十五年三月二十二日

事由：为令饬查明私立正则学校校舍现实状况等情形呈复以凭核办由

案准徐州绥靖公署顾主任本年二月七日函略开：接私立江苏正则学校吕校长凤子函略开正则校决回江苏续办请向苏省府转商数事。一、原校在丹阳城内白云街，校舍除美术馆已毁外，余均存在，请通知地方政府先行保管，待本校派员接收。三^①、原校舍只敷办职业学校，请转饬地方政府拨公屋办正则学校。四、正则艺术专科学校校舍请省府拨公屋或公地备用等语，除函复外，合行令仰该县长将上开（一）（三）（四）三项分别查明。该校校舍现实状况以及有无公屋可资备借用暨该县县城或近郊有无公有土地可资拨供该校建筑校舍之用，翔实呈复以凭核办。此令。

主席　王懋功
委员兼秘书长陈言代行

1946年7月丹阳私立正则女子职业学校职教员资历一览表

---

① 原文顺序号如此。

丹阳私立正则中学校董会钤模

丹阳私立正则中学校舍平面图

全文：

丹阳私立正则中学校董会章程

一、本会定名为丹阳私立正则中学校董会。

二、本会以设立丹阳正则中学并促进其发展为宗旨。

三、本会事务所设于江苏丹阳白云街。

四、本校校董由设立者聘请热心中学教育人员组织之，其名额不得超过十五人。

五、本会就校董中互推一人为董事长，综理本会一切事务。

六、本会董事长及校董任期均为二年，期满改选连选得连任。

七、本会之职权如左

1. 本校校长之遴选并呈江苏省教育厅备案。

2. 本校经费之筹措。

3. 本校预算及决算之审核。

4. 本校基金或资产之保管。

5. 本校财务之监察。

八、本会每半年举行会议一次，必要时得召集临时会议。

九、本会举行会议时以董事长为主席，董事长缺席时由董事互推一人为主席。

十、本会举行会议时本校校长得列席参加。

十一、本章程如有未尽事宜由本会决议修正并报请江苏省政府教育厅备案。

十二、本章程由本会通过并呈请江苏省政府教育厅备案后施行。

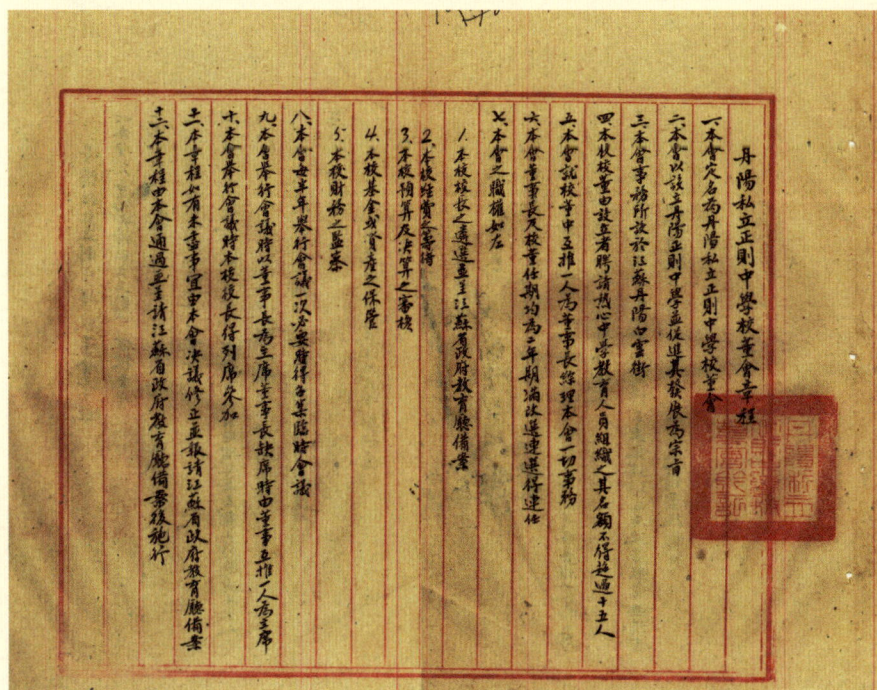

丹阳私立正则中学校董会章程

姓名	性別	年齡	籍貫	通訊處	備註
楊翠玉	女	二0	丹陽	丹陽雲陽各街二九號	
林素雲	女	一九	全	丹陽雲陽大街一〇二號樹德堂交	
呂蘇梅	女	一八	全	西門大街九九號	
許國斌	男	二一	全	中正路二七號許宅	
貢銀寶	男	一八	全	呂城河南存仁堂藥號	
查鳳儀	女	二一	全	呂城河南查宅	
竇時玄	女	一九	全	竇橋宋街二四號	
周森	男	一七	全	無錫通運路國...百貨公司	

正則學校美工班畢業生一覽表

1947年正则学校美工班毕业生一览表

民国丹阳县执业医师公会登记表

保管单位： 丹阳市档案馆

内容及评价：

丹阳县执业医师公会登记表形成于1946年10月7日，是民国时期记载丹阳城乡医疗卫生从业人员的一份详细花名册，反映了当时丹阳医务从业人数、从医地点、年龄学历、擅长科目、师承何人、是否领照等详细信息。登记表中的张泽生、颜亦鲁均系上世纪名震苏、沪的中医界泰斗级人物。1912年两人曾拜孟河派医师马培元衣钵传人贺钧（字季衡、寄痕，丹阳人）为师，他俩天资颖悟，刻苦勤奋，潜心研习医术达8年之久。1920年两人分别在丹阳城内燕子巷、北草巷开设门诊，悬壶济世。两人因长期给贫者施药，不计诊金，且审证求因，辨证细微，其精湛的医术、高尚的医德，深得丹阳及周边地区人民的喜爱与尊重。1958年张泽生当选为江苏省政协委员、常委，1977年因对发扬祖国医学遗产有突出贡献，晋升为教授，1982年成为博士生导师。颜亦鲁也曾当选为江苏省第三、四、五届人民代表，中华医学会理事、顾问。该档案是"二老"在丹阳悬壶济世的直接记录，为后人研究民国时期医疗卫生情况提供了第一手资料。

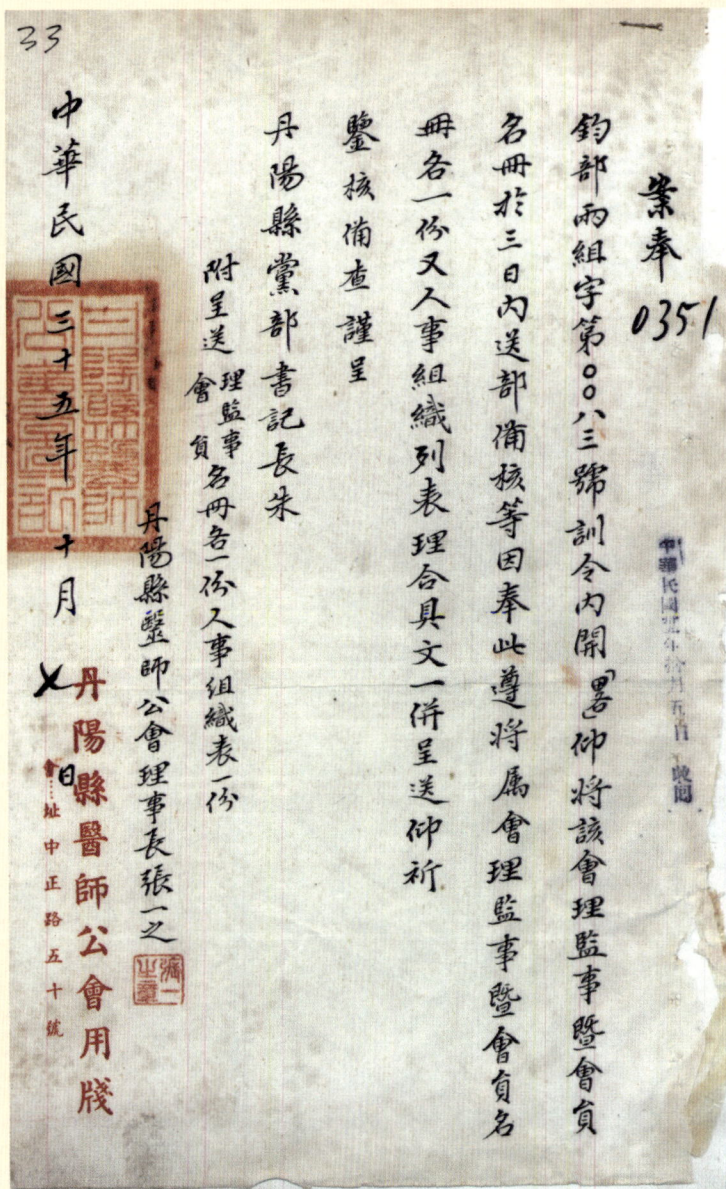

呈送丹阳医师公会理监事、会员名册

丹陽縣醫師公會理監事姓名一覽表 民國三十五年十月

職別	姓名	年齡籍貫	應開業年數備		
理事長	張一之	五〇 丹陽 江蘇醫科大學畢業	二六	西醫	
常務理事	朱以春	二〇 丹陽 賀季衡校	二六	國醫	
理事	顏亦魯	四九 丹陽	二六	仝上	
理事	張澤生	五一 丹陽	二七	仝上	
	賀桐蓀	三六 丹陽	一八	仝上	
監事	武仑辮	四八 杭縣 張伯卿校	二〇	仝上	
	王植三	五一 丹陽	三〇	仝上	
候補理事	林徽五	三六 丹陽 國醫學院畢業	一四	仝上	

1946年丹阳县医师公会理监事姓名一览表

丹陽縣醫師公會人事組織概況表 民國三十五年十月

職別	姓名	年令	籍貫
秘書	武仑辮	四八	杭縣
書記	馬芝醫	四七	丹陽
	邵一亭	三七	丹陽
會計	顏亦魯	四九	丹陽
	賀桐蓀	三六	丹陽
庶務	林徽五	三六	丹陽

1946年丹阳县医师公会人事组织概况表

丹陽縣醫師公會會員名冊 民國三十五年十月

姓名	年令	醫遺出身	開業年數	開業地址	照料別備
姜徽甫	六六 丹陽	父授	三五年	後巷街	已領 內科
袁小春	六五	父授	三六年	東門大街	已領 完科
朱以春	五一	賀季衡校	三六年	燕子巷	已領 內科
顏亦魯	四九	國醫運院畢業	二六年	北草巷	已領 內科
張澤生	五一	賀季衡校	二六年	燕子巷	已領 內科
王植三	五一	張伯卿校	三〇年	中崇路	已領 內科
林徽五	三六	國醫運院畢業 一四年		喬家巷	已領 內科
邵一亭	三七	陳雁泉校	一五年	西門大街	已領 內科

1946年丹阳县医师公会会员名册

姓名	年令	醫遺出身	開業年數	開業地址	照料別備
賀桐蓀	三六	仝上	闾季衡校 一八年	賀家巷	已領 內科
戴紹東	三三	仝上	張澤生校 八年	燕子巷	未領 內科
華亦亮	四九	仝上	汪開蓀 二六年	學前街	已領 內科
武襄政	四一	仝上	張伯卿 二五年	南門大街	已領 西醫
馬芝醫	四七	仝上	馬筱蓀 九年	東河沿	未領 內科
袁雁湖	三六	仝上	父授 十年	燕子巷	未領 內科
王祺	四三	仝上	唐盟街16号		未領 完科
吉仲英	三〇	仝上	東南醫院畢業 五年	中正路212号	未領 西醫
張一之	五一	仝上	江蘇醫科畢業 二六年	中正武52号	已領 西醫
張蔡明	三〇	仝上	中德高級助産畢業 四年	中正路50号	未領 西醫

国民党清剿陈云阁等革命人士档案

保管单位：丹阳市档案馆

内容及评价：

1948年初，随着人民解放军由相持阶段逐步转向反攻阶段，国统区内的地方政府和武装也进一步加大了对我革命人士、革命力量的清剿和镇压。该档案记载了清剿我华中十地委书记陈云阁、县长高俊杰、区长王敖毅的详细部署、情况汇报、审讯相关人员记录。如：自奉令清剿后即将自卫队、警察局、保安队妥为部署控制要点、组织突击队作机动清剿；保安大队辖三个中队经常以一个中队轮流担任城防；本县各重要地点构筑碉堡图；保安大队长金鑫汇报抓捕陈云阁情况以及陈云阁等革命人士的主要活动区域等珍贵史料。

陈云阁，1910年生于丹阳后巷陈巷村，1939年1月入党后历任中共丹北特支组织委员、丹阳县工委书记、京沪路北特委宣传部长、苏中五地委组织部长、丹北中心县委书记、华中十地委书记等职。全国解放后历任镇江地委副书记专员、省卫生厅副厅长、劳动局长、江苏教育学院院长、党委书记、镇江农机学院院长、党委书记等职。本档案是研究丹阳地区革命斗争史不可多得的珍贵史料，也是进行革命传统教育的鲜活历史教材。

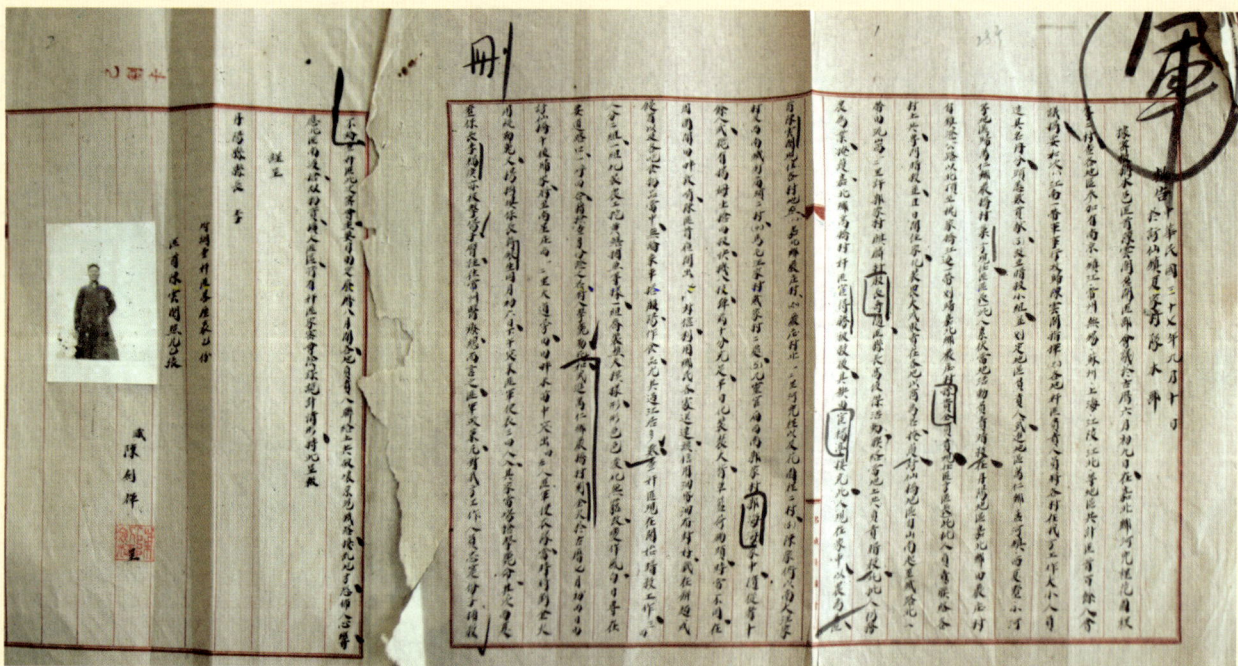

1948年9月陈云阁活动情况的密报

全文：

报 告

中华民国三十七年九月十日

于访仙镇夏家村队本部

据密报称，本邑匪首陈云阁召开匪部会议于古历六月初九日，在嘉北乡河兜里、花园里等二村，查各地区参加有南京、镇江、常州、无锡、苏州、上海、江陵、江北等地区共计匪首百余人会议。摘要如次（1）江南一带军事行政归陈云阁指挥。（2）各地奸匪负责人员将各村任我方工作大小人员，造具名册，分头悉数贡献。（3）设立暗杀小组，并划定地区负责人，武进地区万仁乡，孟河镇、西夏墅、小河等地区归万仁乡严桥村巢方（现任匪区长），此人素伏当地活动，负责暗杀。在丹阳地区嘉北乡由严庄村自镇澄公路以北顶至姚家桥江边一带，划归嘉北乡严庄村孙贵全负责（现任匪方区长），此批人负责联络各村土共，专门暗杀，且日间住家，化装农夫或贩卖在各地，以商为名掩护。访仙桥地区自山南起到铁路北一带，由泥山西一二里许郭家村麒麟村殷长青随匪县长高俊杰活动。联络当地土共人员负责暗杀。此批人仍务农为业，掩护嘉北乡、高桥村奸匪宦得胜。被杀后，其缺由宦福亭接充。此人现在家中，以农为名。匪首陈云阁现住各村地点：（1）嘉北乡严庄村；（2）严庄村北一、二里河兜里以及花园里二村；（3）陈家街以南大汪家村及西南铁钉庙头二村；（4）马屯汪家村、戴家村二处；（5）九灵官庙西南郭家村郭海海家中，随从者十余人。武器有揭姆生枪四支，快机八枝，弹药十分充足，平日化装农夫，背草篮，荷锄头，时常不同，在周围间田畔放哨。陈匪首夜间出七、八、十封信，利用乡民各处送达。该信用油纸、油布封好藏在饼面或馒首以及各吃食物品当中，无论乘车、搭船，阳［佯］作食品，尤其过江后居多数。查奸匪现在开始暗杀工作，三四人分二组。一组化装农工挖黄鳝捕鱼等样；一组乔装樵夫模样、形形色色、变化无穷。改变作风，白日寻在要道路口，一呼四合，籍检查身份证之名，将人击毙勒死，如武进万仁乡严桥村刘金火于古历七月初四日由访仙桥午后归家，行至南里庄一二里大道旁，由田畔禾苗中突出四五人匪军便衣队，当时将刘金火用绳勒死。又杨树坝保长蒋银生同月初六日下午突来匪军便衣三四人入其家当场枪击毙命。其次西夏墅保长李福庚亦被击伤手臂，往常州医疗，总面言之，匪军政策凡对我方工作人员、忠实分子捕杀不论。查奸匪此次密会主要目的定废历八月间各地负责人联络土共破坏京沪铁路，扰乱地方，恐怖人心，响应北匪南渡抢劫物资扩大匪区，所有奸匪家密会阴谋诡计情形，特此呈报

谨呈

丹阳县县长 李

附调查奸匪略历表乙份

匪首陈云阁照片乙张

职 陈剑辉 呈

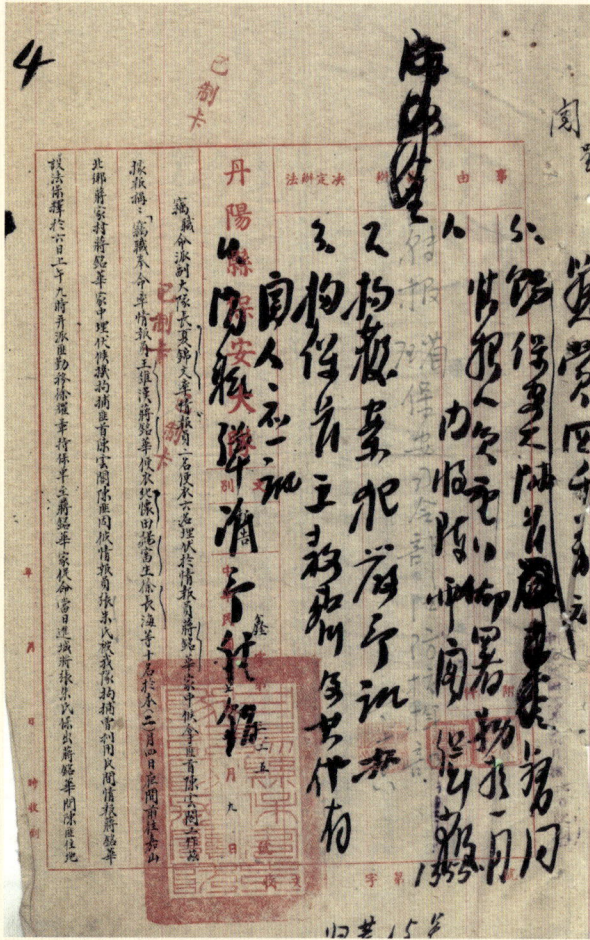

1948年国民党丹阳县保安大队诱捕陈云阁的报告

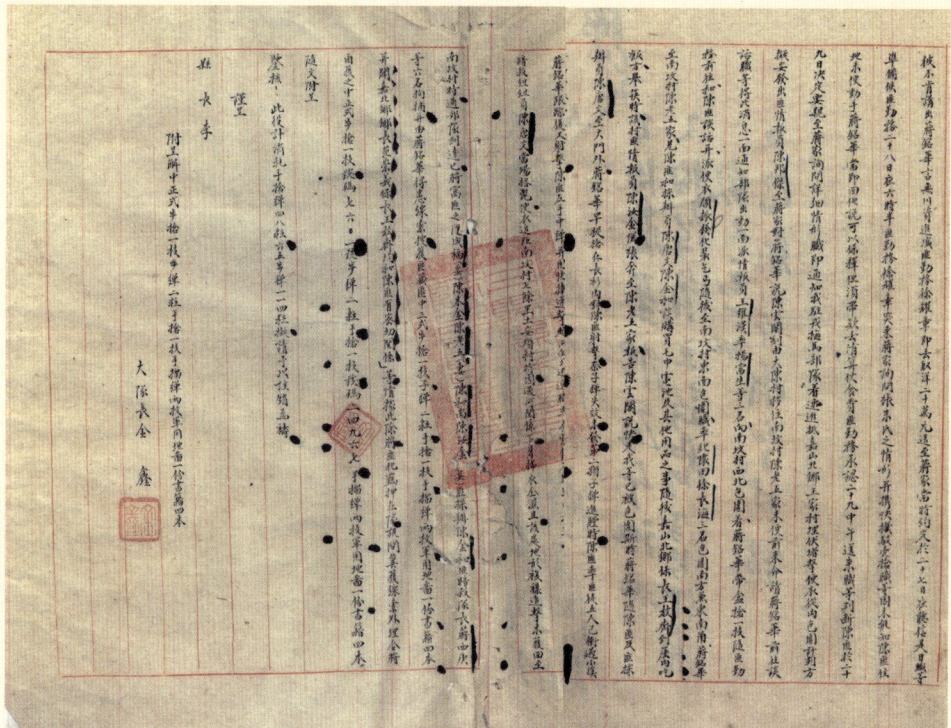

国民党丹阳县政府获悉陈云阁率600余人由江都进入
丹阳分组活动后，令属区加强防范搜剿企图镇压。

全文：

丹阳县政府代电

府军字第一二七八号

中华民国三十六年八月二十五日

蒋墅区兼区队长：

　　案奉首都卫戍司令部镇、常、丹、扬，清剿指挥部未巧清参字第一二一二号代电开："准京沪区铁路护路司令部未铣参战字第1974号代电节开。据报共匪陈云阁于本（八）月二日晚率匪六百余人，装备齐全，均着便衣，由江北江都属之大港，偷渡南窜至丹阳属访仙桥以北山区，现分若干小股，分头窜往扬中夏墅、镇江等地活动。除饬本部第一搜剿区搜剿队长李士鸿率队于本月十八日出发，十九日下午一时前往夏墅镇、访仙桥、胡家桥、新丰镇之线搜剿，请转饬贵区搜剿部队协力搜剿为荷等由，除分电外，即希与该队密取连络，努力协剿为要"等因，除分电外，合行电仰该队长饬属与该搜剿部队密取速击努力协剿为要。

县长王介佛未（漾）府军印

因涉嫌窝藏陈云阁而被捕的陈朱氏审讯笔录

全文：

供单　　三十七年二月十五日

问：姓名年龄住址

答：陈朱氏，三十三岁，住嘉北张南坟村，农

问：陈老五是你的丈夫么？（即陈生贵）

答：是的

问：陈云阁那天住在你家里的么？

答：是，吃早饭的时候到我家里来的，就在我家里吃中饭。

问：陈云阁到你家里后，有什么人到你家里同陈云阁谈话？

答：有保长王敖敖，甲长陈邦杰，还有大陈村的陈士林、陈金和、陈唐唐，吃饭的米是问甲长家里拿来的，菜由陈士林上街买回来的。

问：你看见蒋银根没有？

答：蒋银根亦是那天来的，陪陈云阁一起吃饭的。

问：蒋银根亦通新四军的么？

答：不清楚

问：那天是那［哪］个报告陈云阁说外面有部队包围？

答：是陈万寿推车子在外面看见队部［部队］，向陈瑞金说后，陈瑞金即到我家里报告陈云阁说，你们不要吃中饭，外面已经有部队包围了，陈云阁即时向外面跑，蒋银根跟在陈云阁后面钉梢，并拿出枪向陈云阁打枪，没有打响，我站在门前亲眼看见的。

问：在你们村上打死两个人你知道么？

答：我晓得的，是甲长，是陈富孝，陈唐唐因为跟陈云阁一起逃打死的。

受讯人陈朱氏（手印）右大

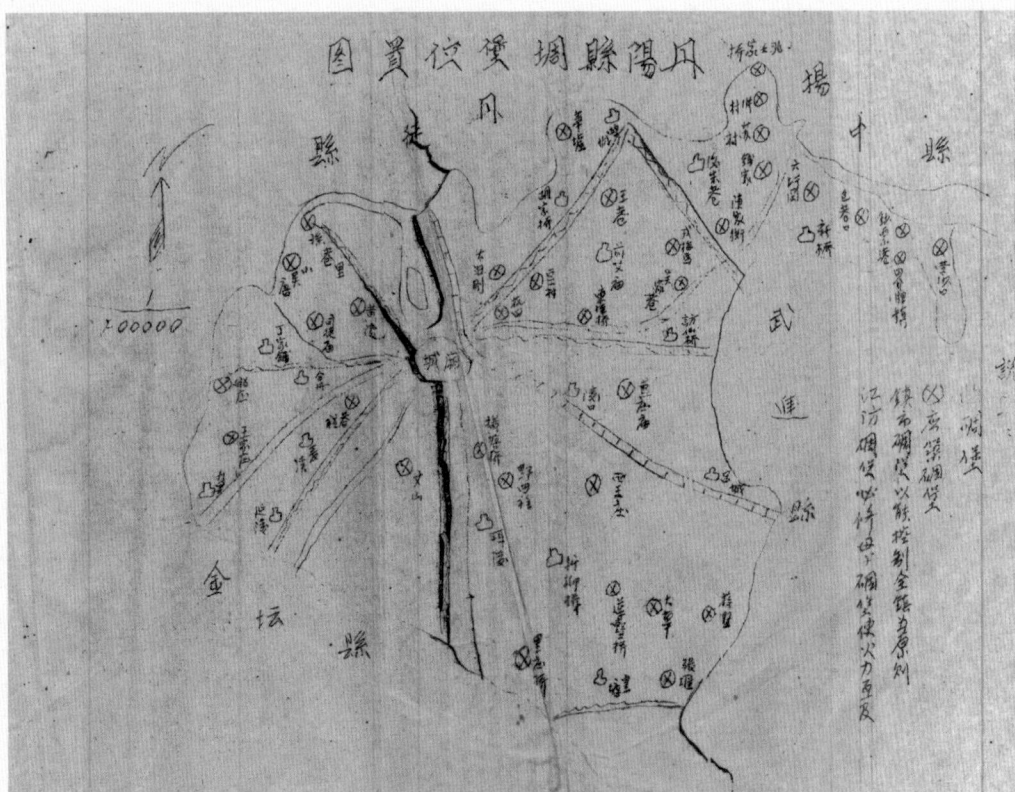

国民党丹阳县政府及反动武装为彻底消灭以十地委书记陈云阁、县长高俊杰、区长王敖毅为首的我党武装力量，在全县范围内的各重要地点修筑碉堡五十余个。此图为修筑碉堡位置图。

民国敏成小学档案

保管单位：镇江市京口区档案馆、镇江市解放路小学

内容及评价：

敏成小学是1921年秋颜料店老板凌焕曾出资创立的镇江私立小学，首任校长刘江南曾执教于北京大学，为南社中之佼佼者，著有《黄叶楼遗稿》存世。1930年，敏成小学成立校董会，"镇江三老"（冷御秋、陆小波、严惠宇）、李韧哉、葛凤池等人担任校董，推选凌焕曾的长子凌少曾为首席校董兼校长。1935年凌少曾辞去校长职务，聘请原穆源学校校长俞焕光为敏成小学校长。解放后，学校改为公办，易名为解放路小学。

敏成小学档案是了解民国时期镇江教育、社会活动的重要史料。其中尤为珍贵的是一本《敏成小学大事记（二）》，它是学校的一位老教师捐献出来的记事簿。这本记事簿，记叙了从1948年8月1日到1949年7月24日这一时期的学校大事等内容，既有校务方面的记录，更有1949年4月23日中国人民解放军进入镇江，庆祝中国人民解放军解放京、沪、杭筹备会议等内容。这些档案既反映了民国时期的教育，更因记录了镇江解放前后的重要事件而弥足珍贵。

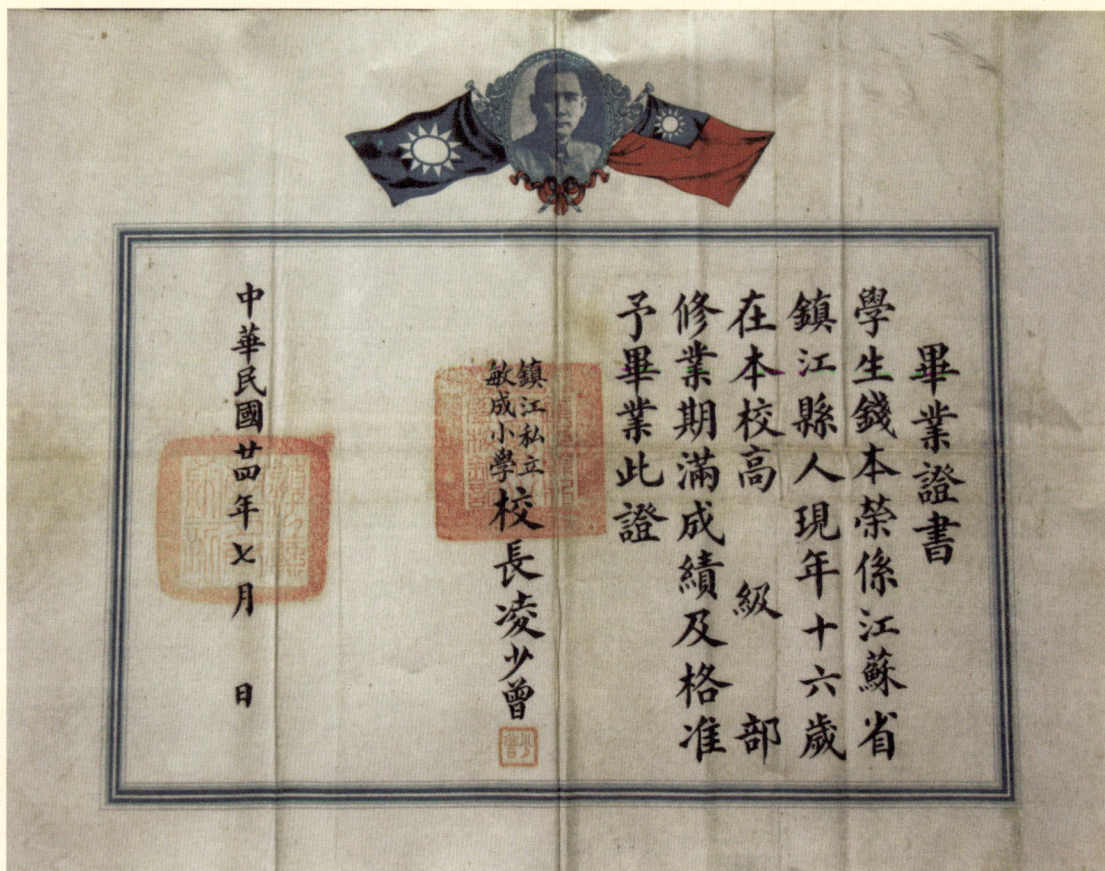

1935年学生毕业证书

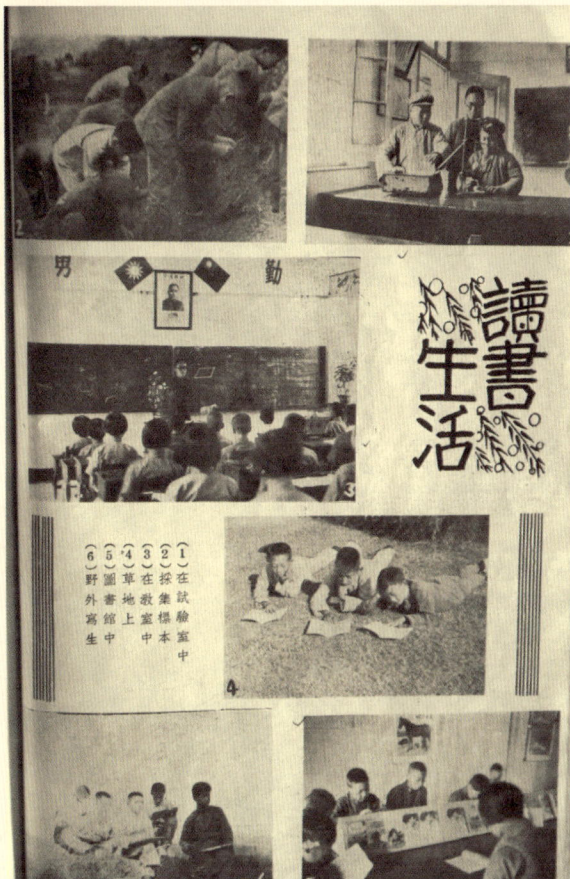

1935年敏成小学建校15周年纪念册之读书生活

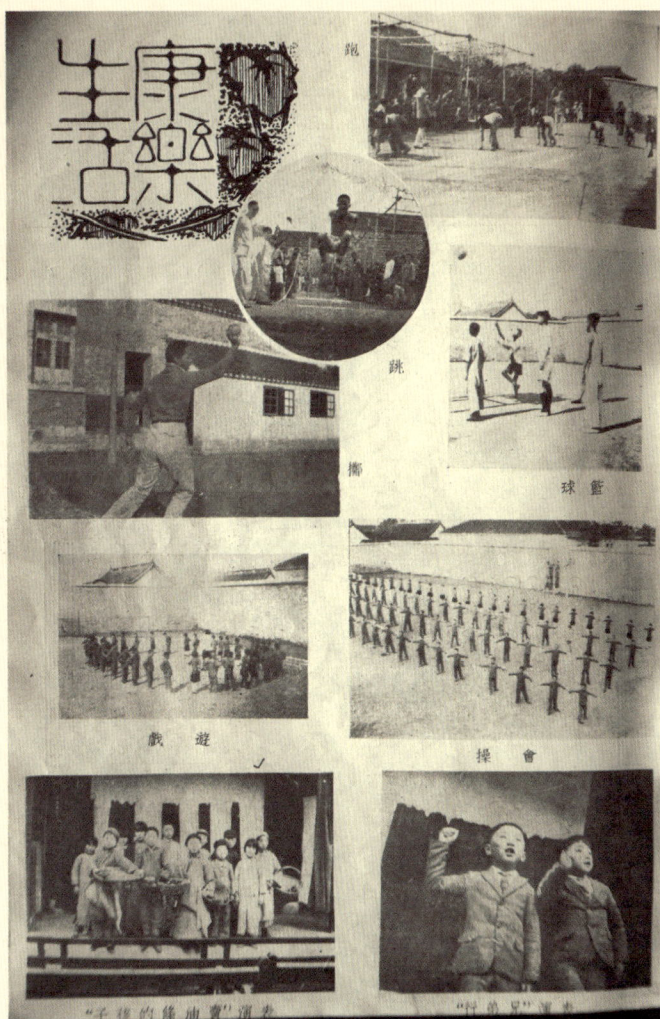

1935年敏成小学建校15周年纪念册之康乐生活

1935年敏成小学建校15周年纪念册之学艺竞赛

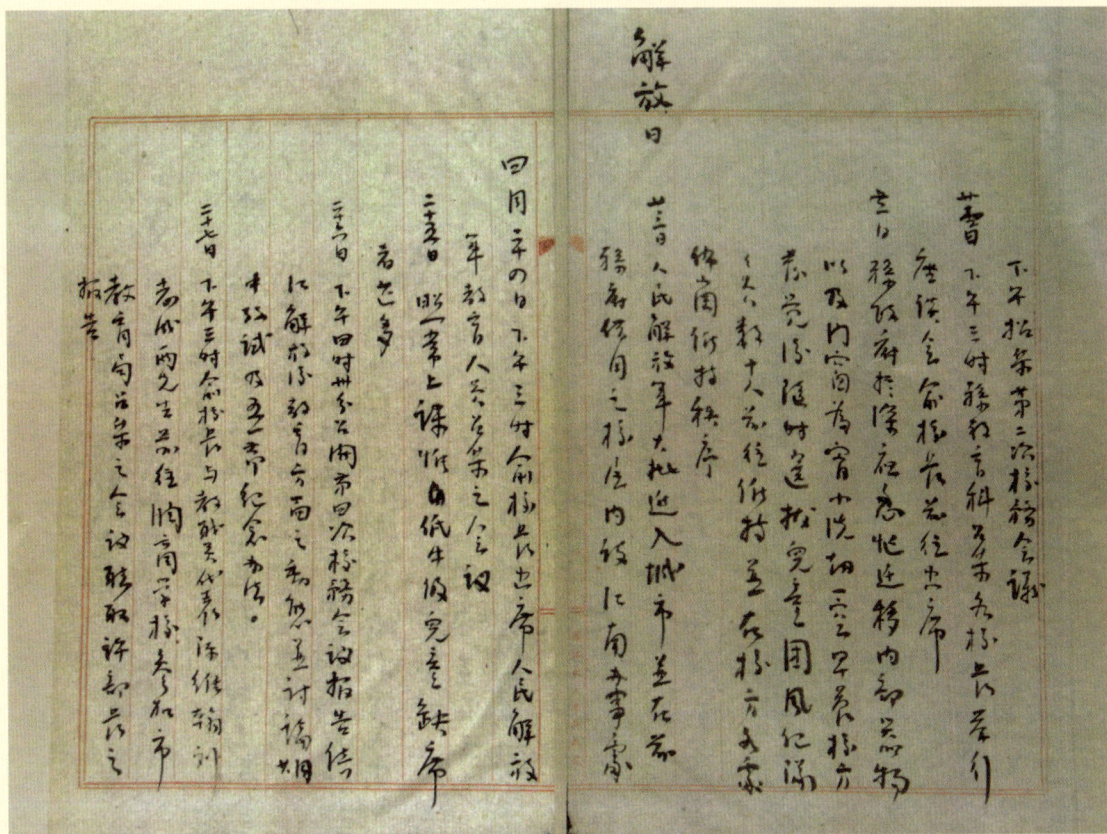

1949年4月21日至4月23日记录

全文：

下午招集第二次校务会议。

廿壹日　下午三时县教育科召集各校长举行座谈会，俞校长前往出席。

廿二日　县政府于深夜急忙迁移，内部器物以及门窗为宵小洗劫一空，早晨校方发觉后随［即］时选拔儿童团风纪队数十人前往维持，并在校方各处维持秩序。

廿三日　人民解放军大批进入城市，并在前政府借用之校屋内设江南办事处。

六月二十八日 各级继续举行学期考试
二十九日 继续举行期考
教导部印发结束注意各点。
何阶平先生出席专员公署庆祝解放京
沪杭筹备会议
三十日 前校长出席安仁[illegible]之[illegible]第五十二次会[illegible]
各级考试完毕
七月一日 举行七一中共成立廿八周年纪念大会。
举行全校大扫除
二日 继续上课 下午高级学生到伯先公园参观展览会

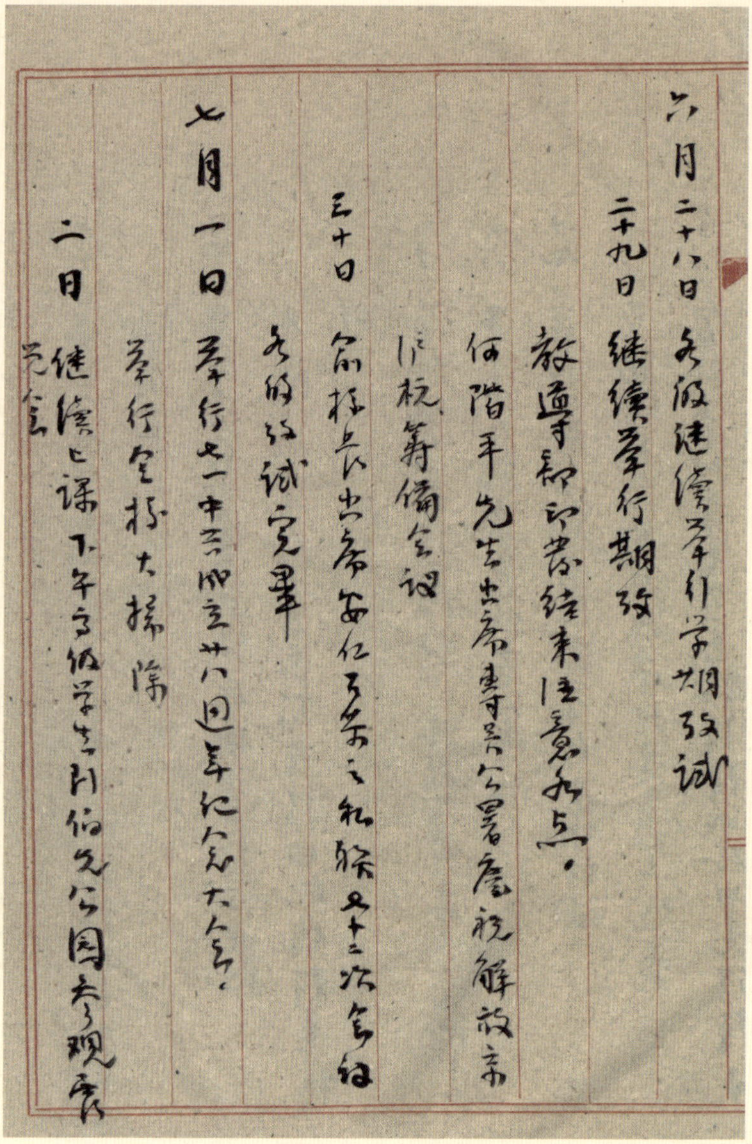

1949年6月28日至7月2日记录

全文：

六月二十八日　各级继续举行学期考试

二十九日　继续举行期考。教导部印发结束注意各点。何阶平先生出席专员公署庆祝解放京、沪、杭筹备会议。

七月一日　举行七一中共成立廿八周年纪念大会，举行全校大扫除。

二日　继续上课，下午高级学生到伯先公园参观展览会。

革命历史档案

國共產黨
全國代表大會

代
表
證

座　號 24
姓　名　李

第

一
號

注

1. 絕對不
不得遺

2. 出入會
衛檢查

七大

中华苏维埃铜币

保管单位： 句容市博物馆

内容及评价：

句容市华阳镇第一建筑公司出土，句容市博物馆藏品。直径2.7厘米，厚0.12厘米，重12克。正面中央铸有"五分"两字，两边以麦穗各一束相对称，背面以连珠纹分为内外区，内区中央铸有中国地图和镰刀、斧头；外区上方铸有"中华苏维埃共和国"，每端隔有一个五角星，下面为"每贰拾枚当国币壹圆"。该铜币是1978年10月，句容县中学生徐某在县第一建筑公司掏井挖出的污泥中捡出上交的。经有关部门鉴定，这是1932年由中华苏维埃工农银行发行的，系鄂、豫、皖省苏维埃铸造。据史料记载，现第一建筑公司的地方，抗日战争期间是汽车站，很可能是日伪搜查较紧，革命人士为了不暴露身份，投入井中的。该钱币不仅具有革命传统教育意义，也为我们研究近现代货币史提供了实物资料。

中华苏维埃铜币

新四军铜质证章

保管单位：句容市博物馆

内容及评价：

第二次全国文物普查中在县城居民房檐下发现，句容市博物馆藏品。该证章保存完整，1940年制，据江渭清等新四军老干部证实，此种证章为新四军团级以上领导干部佩带，发行总额只有几十枚。总参作战部办公室彭明强等专程来句容鉴赏此证章，他们曾看到陈毅的一张照片，身上佩带有一种证章，和句容发现的这枚相同。

此证章圆形，直径2.9厘米，正面底色为天蓝色，中部横行是"新四军"三个醒目的楷体字，上部有"国民革命军"五个小字，下部有"廿九年用"四个小字。在上、下空处分别有国民党党徽图案和"279"字样。

该枚证章是国共联手抗日的历史见证，至今只发现两枚，一枚在中国军事博物馆，一枚在句容市博物馆。

新四军铜质证章

新四军将领陶勇千字文练字本

保管单位：丹徒区档案馆

内容及评价：

陶勇（1913~1967），原名张道庸。生于安徽省霍邱县一个贫苦农民家庭。1955年被授予中将军衔，获一级八一勋章、一级独立自由勋章、一级解放勋章。陶勇兴趣广泛，亦静亦能动，动时极爱热闹，好梨园，好玩牌，静时好练字。抗日战争爆发后，为了更好地领导部队和发动群众开展抗日斗争，对付国民党顽固派的反共高潮，1939年11月，新四军第一、二支队领导机关合并，在溧阳水西村成立了江南指挥部，陈毅任总指挥，陶勇任第二支队第四团团长。此练字册是陶勇在镇江境内茅山老区指挥作战闲余时光的消遣之作，时间大致形成于1940年左右，共计66张，由此也可看出陶勇将军非同一般的刻苦勤奋精神。

练习本封面

练习本内页

段焕竞、李珊夫妇参加中共七大代表证

保管单位： 茅山新四军纪念馆

内容及评价：

茅山新四军纪念馆"将帅馆"少将厅中，陈列展示了两张中共七大代表证。这两张代表证由原南京军区副司令员段焕竞将军子女于2011年11月捐赠。

代表证外用玫瑰红色绫布包装镶面，封面没有任何文字与其他标志，呈对折的竖方形，长8.4厘米，宽6厘米。内页贴有一张白色纸，纸上皆为繁体字。左边框内，上方从左至右印有"中国共产党第七次全国代表大会"2行14个字；下方的"代表证"3个字和证书号成竖排，为手写。右边框内上方部分，从左至右印有参加大会代表的座号和姓名。段焕竞代表证号是"第六二二号"，座号是"22排14号"；李珊代表证号是"第六六二号"，座号是"24排14号"。下方中间横写"注意"，内容有两条：1.绝对不得转借，不得遗失；2.出入会场须受门卫检查。右下角落款为"七大秘书处制"。在代表证内页中间靠下方的地方，盖有一个椭圆形的红色的骑缝印章。印章内的上方为"中国共产党"，下方为"第七次代表大会"，中间是"秘书处"三个大字。印长5厘米，宽3.7厘米，印章边缘有宽窄双缘，字序从右至左。李珊的代表证上，在红印章的左侧盖有呈上下字序为红色"候补"两字。

参加中共"七大"的正式代表共有547人，而当时新四军和华中代表只有36人，段焕竞和李珊就是为数不多的代表。当时，段焕竞夫妇历经千难万险，突破重重封锁，行程五千里，从苏中抗日根据地到达革命圣地延安，参加中共七大。而现在全国各大博物馆、纪念馆征集到的保存下来的代表证为数不多，而这两张是迄今为止保存最完好的，且为夫妇二人所有更为少见。2011年12月18日，被专家鉴定为国家一级革命文物。

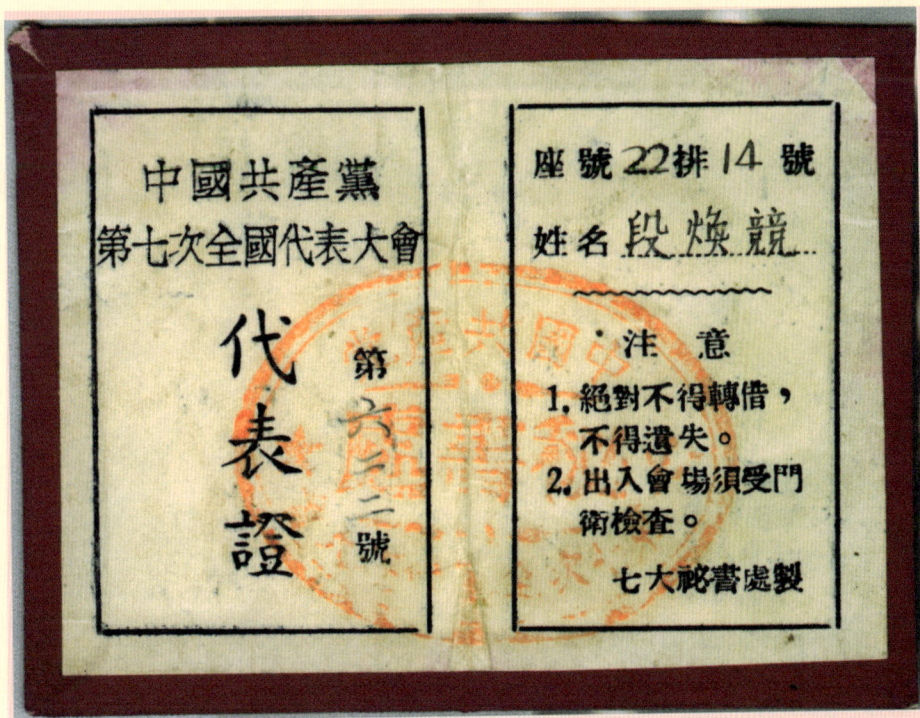

段焕竞七大代表证

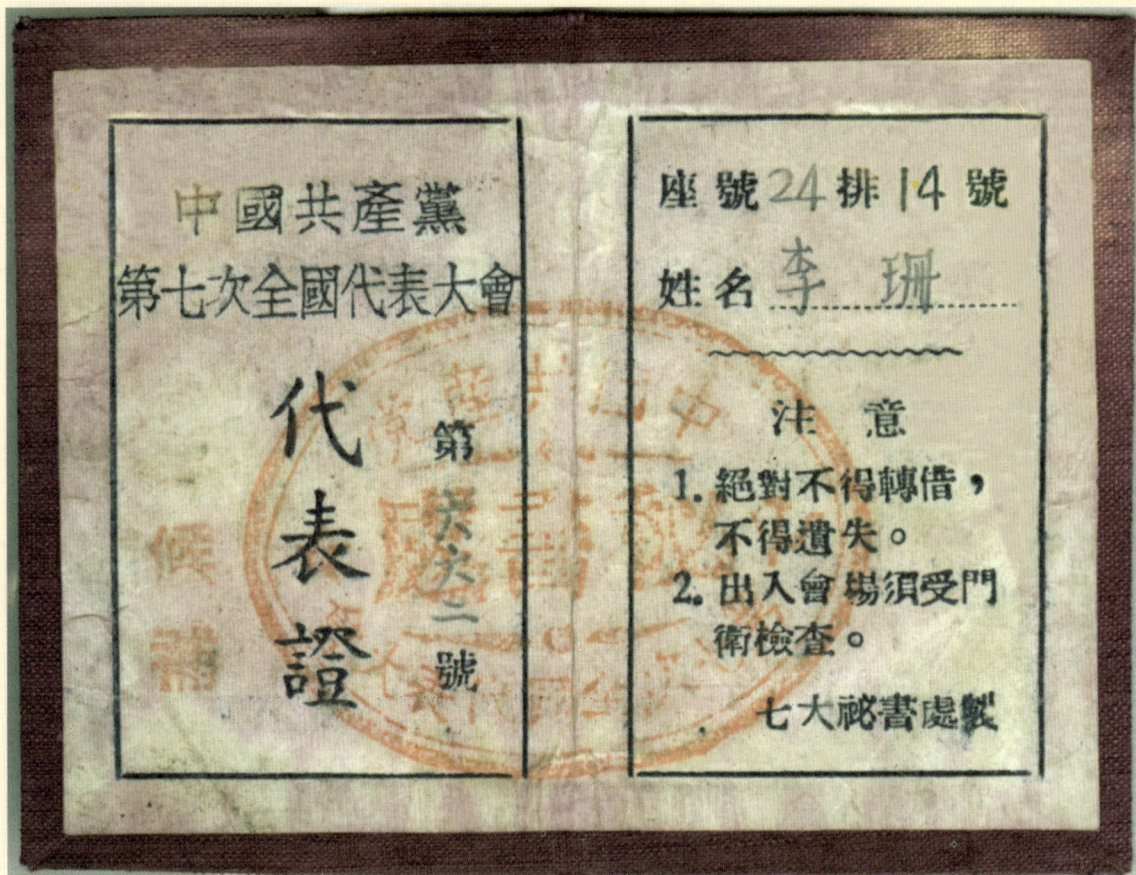

李珊七大代表证

（三）工程効益及群众对本工程的反映：

、直接効益：

①增加水稻口：

本灌溉区受益田计四九○○市亩，增加水稻田灌溉，计四七一○九、市亩，共作物产量平均以五○○斤计，稻平均以五○○斤计，按目前市价可增产折人民币八三○○○、○○元。

②提高水稻单位面积产量：

原有水稻田六二○亩。敌货施宽力灌溉后，供水晚及特又充足，人力可大大节省，而深细作，预计每亩可从现有的四○○斤产量上提高一○○斤，共可增产折人民币四四六七三一二○○元。

③冬季作物产量之增加：

麦菜等因灌溉之适合，单位面积产量也可提高，如按每亩增产六○斤，则可增产折人民币二九五七六二四○○元。

④抗旱增产：

如一九三四年大旱之特殊情况不计外，平常之乾旱频率尚无

珥陵灌区档案

保管单位: 丹阳市档案馆

内容及评价:

中华人民共和国成立初期,党和政府为了发展农业生产,彻底解决丹阳珥陵一带农业用水紧缺问题,由国家投资155.5亿元(当时面值)兴建了丹阳珥陵电力灌溉工程。工程于1952年9月启动兴建,1953年5月竣工。灌区面积103平方公里,受益农田114901亩,涉及411个自然村,13078户,54958人。该组档案共5卷,包括珥陵灌区工程计划、总结、设计施工、管理运作、日常养护与使用、经验介绍,上级相关指示、批复、函电等。

珥陵灌区是新中国第一个大型电力灌溉工程,是新中国水利事业的一个伟大创举,它的示范作用和试验意义还扩大到了计划用水和节水灌溉等方面,在国际、国内都产生了较大的影响,吸引了从中央到各省、市,从国内到国外,从专家到大学生等各界人士的视察、参观和学习。1953年5月中央水利部部长傅作义、华东水利部部长冷遹及江苏省水利厅厅长计雨亭等一起视察了灌区,傅作义指出:"这是我们中国第一流的,建设得很好,希望你们管得更好。"1955年8月,中央水利部在丹阳召开了全国性的参观座谈会,将珥陵灌区计划用水的经验和成果向全国示范推广,编印了《珥陵灌区第三干渠计划用水参观座谈会汇报》向全国发行。还被拍成《计划用水》科教片、《今日之中国》新闻纪录片,《人民画报》也多次登载了灌区的照片。由丹阳书画家吕去疾(吕凤子先生长子)所画的珥陵灌区平面油画一直挂在周恩来总理办公室,直至总理去世。

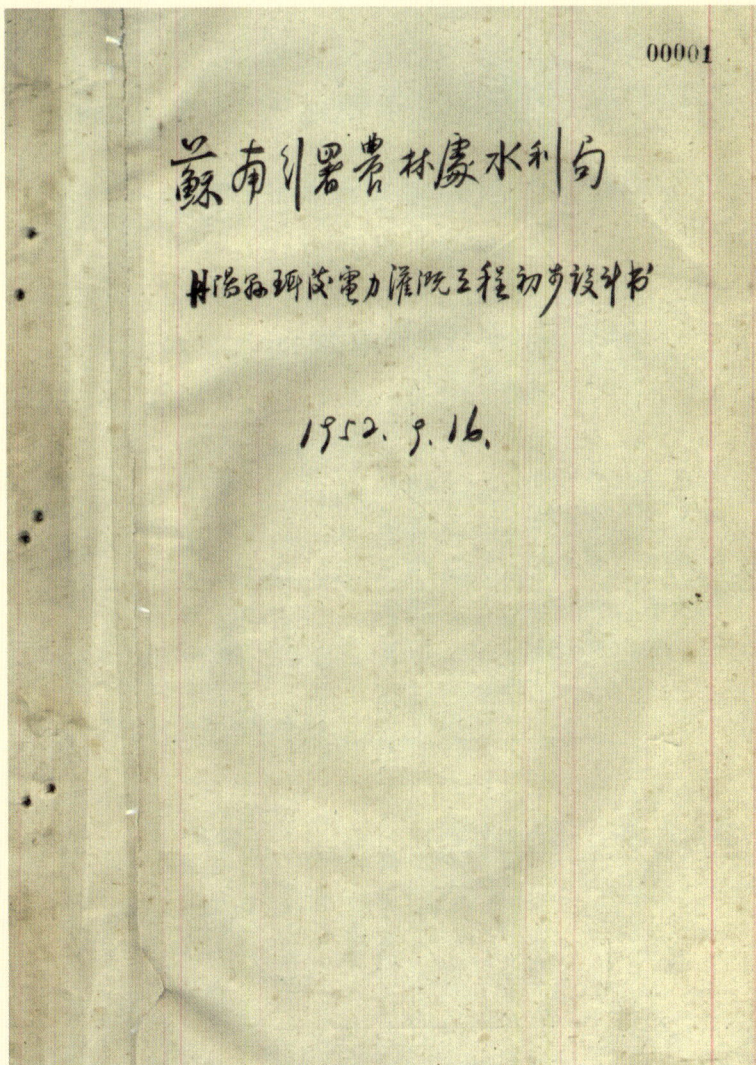

苏南行署农林处水利局编制的珥陵电力灌溉工程初步设计书

《丹阳珥陵电力灌溉工程总结》封面

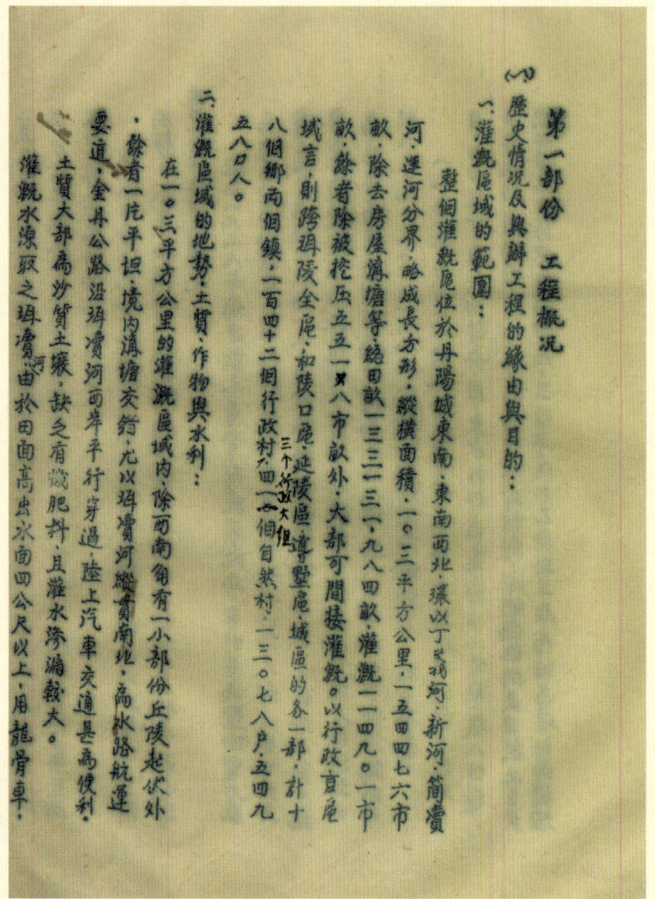

《丹阳珥陵电力灌溉工程总结》概况部分

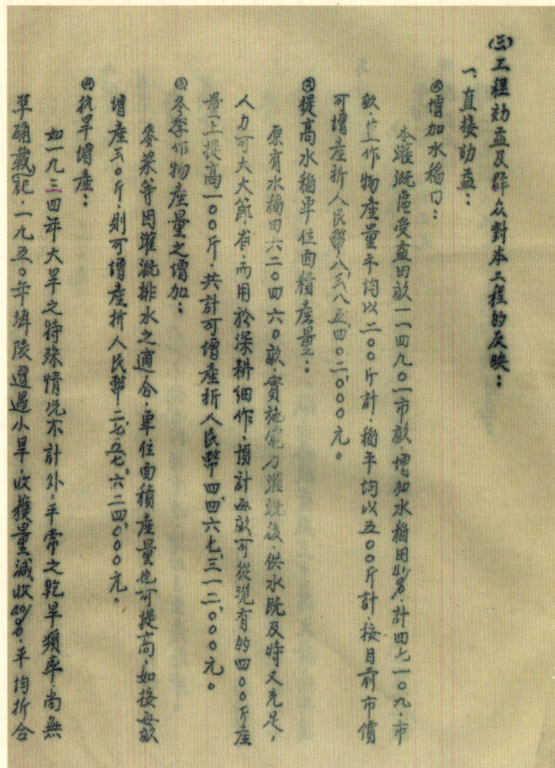

丹阳珥陵电力灌溉工程效益及群众对本工程的反映

冷遹手稿

保管单位：镇江市档案馆

内容及评价：

冷遹（1882~1959），字御秋，江苏镇江人，军事家、政治家。中华职业教育社创始人、中国民主政团同盟（中国民主同盟前身）创始人、民主建国会（中国民主建国会前身）创始人。曾先后参与新军起义、武昌起义，并担任中华民国陆军第一军第三师中将师长。二次革命中流亡日本，袁世凯复辟后回国投入护国运动。1921年从广州回家乡，专心致志为地方服务，帮助农民开塘筑坝，蓄水灌溉，发展生产。协助地方办女子职业中学和蚕业指导所、办医院、办孤儿教养院。抗战时期转移重庆，任历届国民参政会参政员。1945年赴延安访问，并参与发起民主建国会，任民建会常务理事、监事。抗战后曾任江苏省临时议会议长，国大代表。解放后任全国政协委员、江苏省政协副主席、江苏省副省长、民主建国会江苏省工作委员会主任、中华职业教育社常务理事等职。1959年8月18日，冷遹在南京病逝。馆藏冷遹手稿，是了解这位近代民主政治家、爱国人士生平的重要史料。

全文：

迳启者：

　　遹前往黄华镇选为本县参议员，祗以现任本省临时参议会议长之职于法不能兼任，用特函达，即请准予辞职，实为公感。此致

镇江县参议会

冷遹拜启

五、五

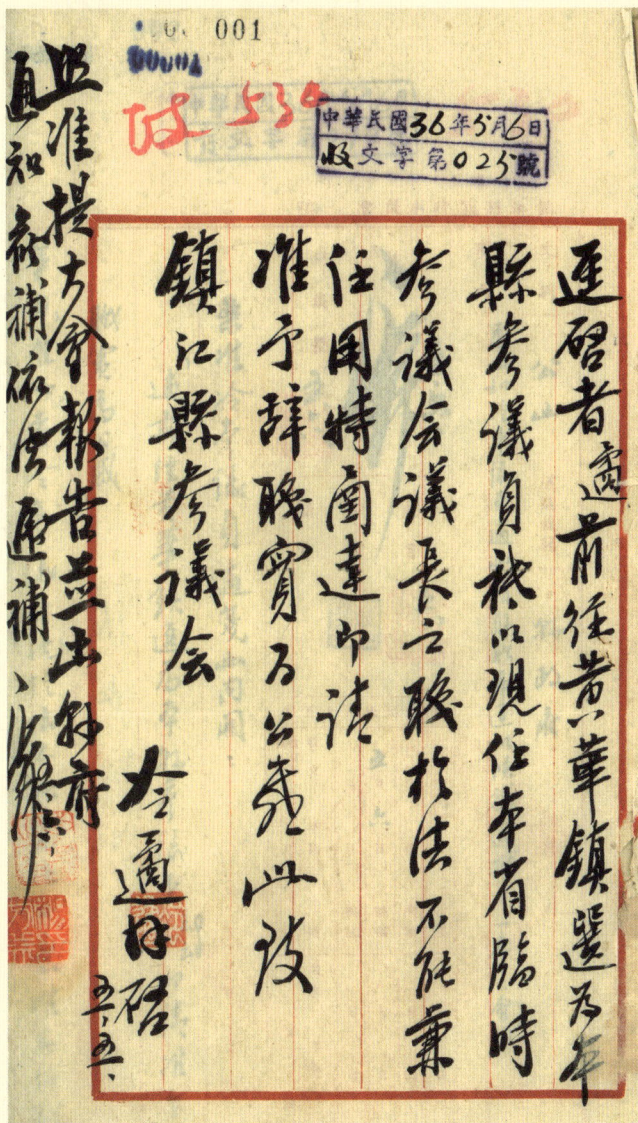

1947年5月冷遹请辞镇江县参议员的信

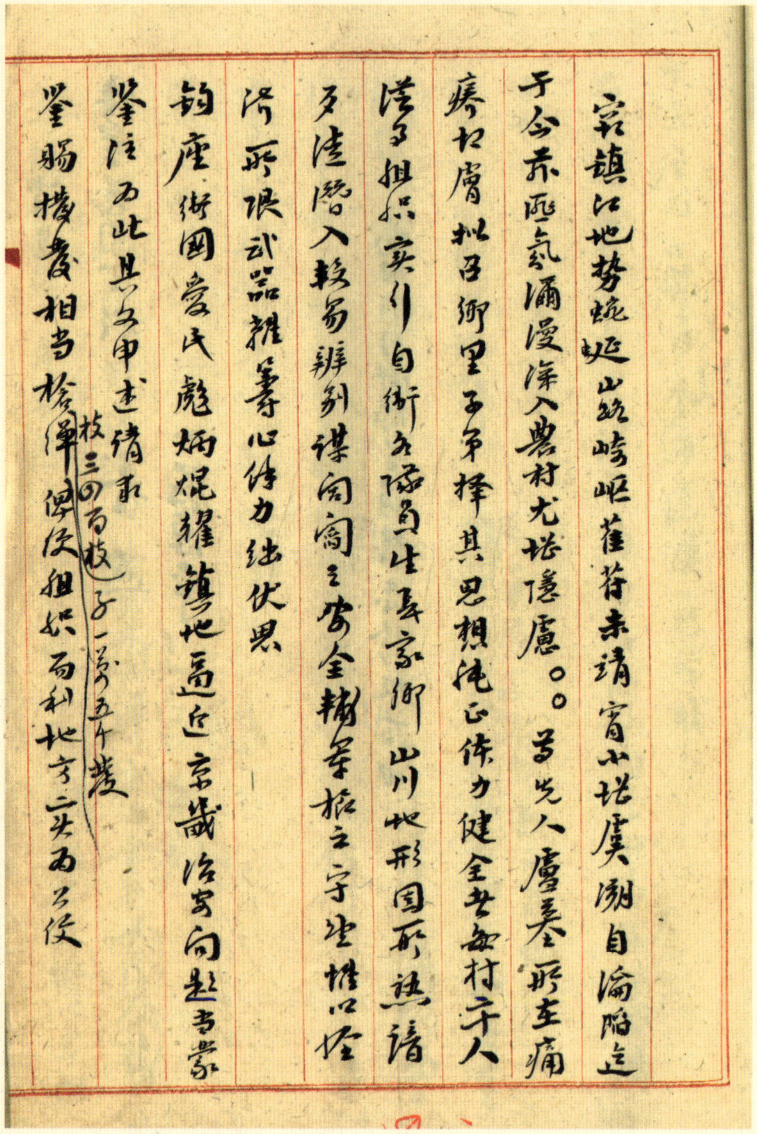

冷遹、严惠宇联名写给顾祝同请求核拨枪支的信件原稿（一）

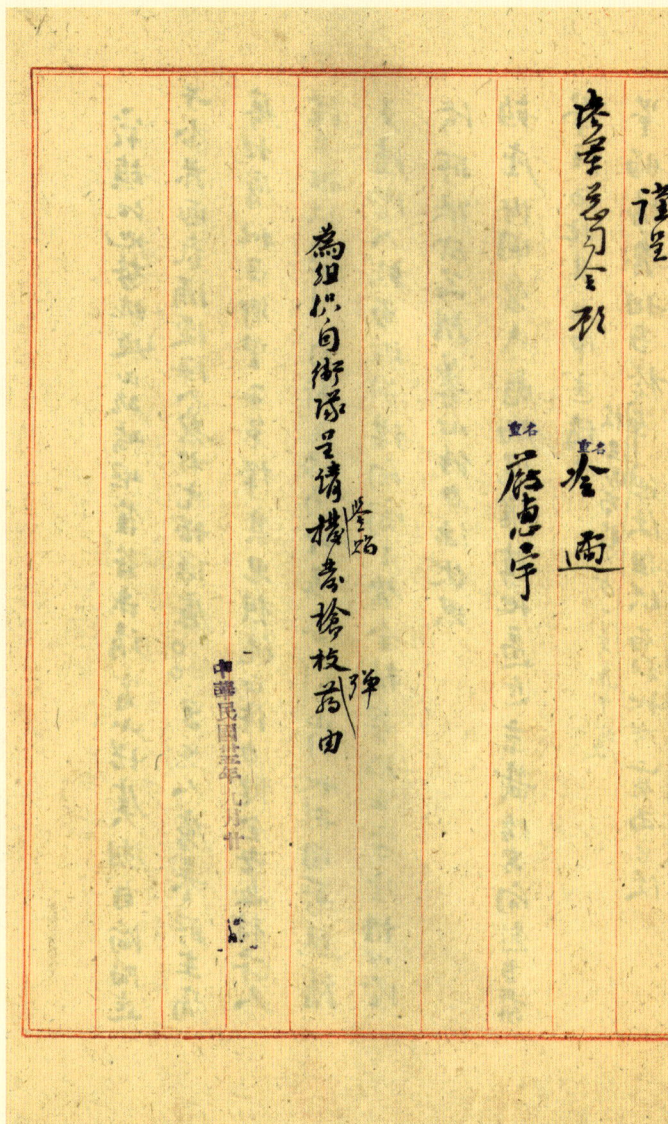

冷遹、严惠宇联名写给顾祝同请求核拨枪支的信件原稿（二）

全文：

为组织自卫队呈请鉴赐拨发枪支弹药由

窃镇江地势蜿蜒、山路崎岖，旧符未靖、宵小堪虞。溯自沦陷迄于今赤匪氛弥漫深入农村，尤堪隐虑。等先人庐墓所在痛痒切肤，拟召其乡里子弟择其思想纯正体力健全者每村二十人从事组织实行自卫。各队员生长家乡，山川地形固所熟谙，歹徒潜入较易辨别。谋闾阎之安全辅军旅之守望，惟以经济所艰，武器难筹，心余力拙。伏思钧座卫国爱民、彪炳煜耀。镇江地逼京畿，治安问题当蒙鉴注，为此具文申述请求鉴赐拨发枪支三四百枝、子弹一万五千发，俾便组织而利地方实为公便。

谨呈

陆军司令顾

冷遹严惠宇

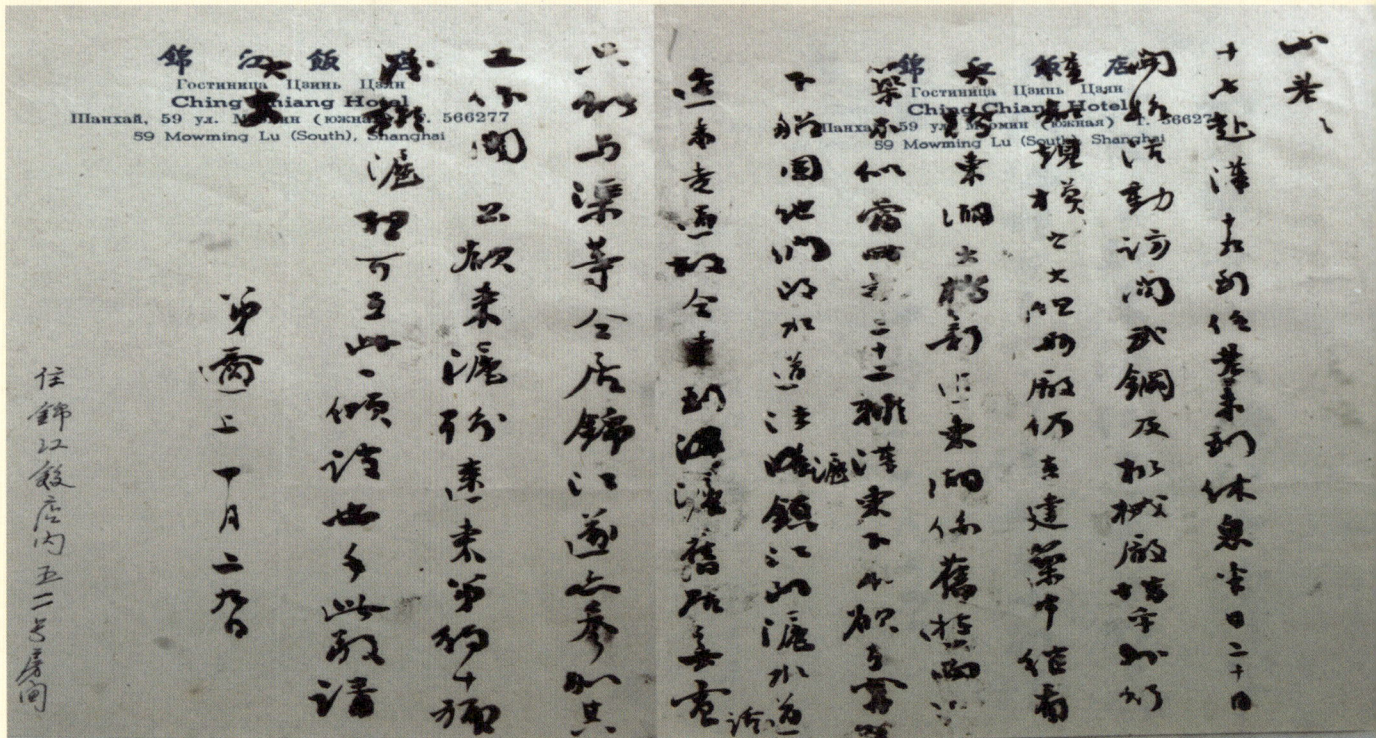

1957年冷遹给陆小波的信

全文：

小老：

十七赴汉，十九到，任老未到。休息半日，二十日开始活动，访问武钢及机械厂，惜乎此行仅知规模之大但两厂仍在建筑中，继南大桥东湖大桥新建，东湖系旧桥，□□筑不似当□□。二十二离汉东下，本欲在□□下船，因他们改水道，往沪、镇江，到沪水道还未走通，故全来到沪旧居无电话，只能与渠等全居锦江，遂亦参加其工作，闻公欲来沪，盼速来。弟约十□后离沪，□可在此一倾谈也，手此。敬请大安。

弟遹上　十月二九日

陆小波档案

保管单位：镇江市档案馆

内容及评价：

陆小波（1882~1973），镇江人。解放前，曾先后任镇江慎康钱庄经理、中央银行镇江支行经理、镇江水电公司总经理、镇扬长途汽车公司董事长、京江中学董事长、镇江商会会长、江苏省商会联合会理事长等职。新中国成立后，陆小波先后任苏南公署政协副主席、镇江市政协副主席、市工商联主委、市民建主委、江苏省人民委员会委员、省政协副主席、省工商联副主委、省民建副主委、全国工商联常委等职，曾出席全国工商联会议，受到毛泽东主席的接见。他和冷遹、严惠宇并称"镇江三老"，为镇江的实业、教育等作出了巨大贡献。镇江市档案馆共有28卷陆小波的个人档案，这些档案对了解他的个人生平、解读近现代镇江的重大事件，具有很高的历史价值。

1949年镇江商会身份
证明书领用留底册

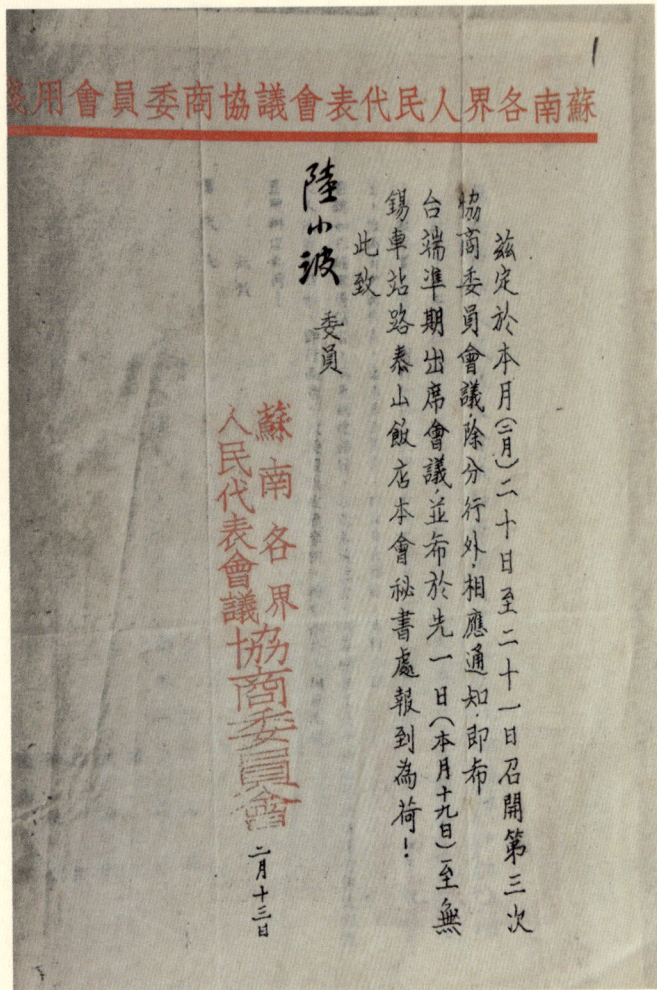

1950年苏南各界人民代表会议第三次协商委员会议致陆小波的通知

全文：

兹定于本月（二月）二十日至二十一召开第三次协商委员会议，除分行外，相应通知，即希台端准期出席会议，并希于先一日（本月十九日）至无锡车站路泰山饭店本会秘书处报到为荷！

此致

陆小波委员

苏南各界人民代表会议协商委员会

二月十三日

1952年全国工商业联合会筹备代表会议致陆小波的通知

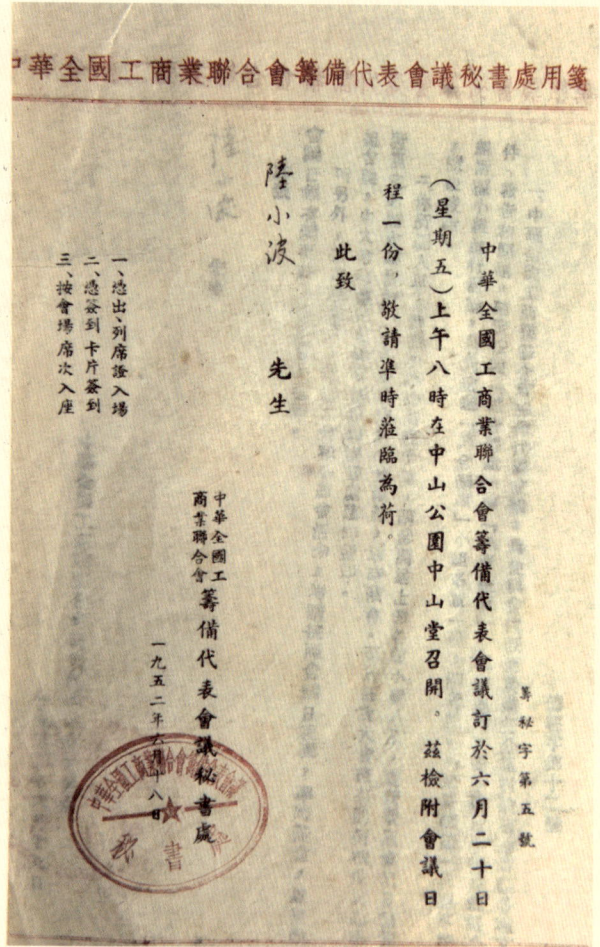

中華全國工商業聯合會籌備代表會議秘書處用箋

陸小波　先生

中華全國工商業聯合會籌備代表會議訂於六月二十日（星期五）上午八時在中山公園中山堂召開。茲檢附會議日程一份，敬請準時蒞臨為荷。

此致

中華全國工商業聯合會籌備代表會議秘書處

一九五二年六月十八日　書

算秘字第五號

附

一、憑出、列席證入場
二、憑簽到卡斤簽到
三、按會場席次入座

1953年陆小波在江苏省工商联第一届会员代表大会上发言

建議名單

人民委員

董必成 張赤平 夜遁声 王子元

王怡 王燕泉 尹春仲 仲偉瑞

孫茂業 吳友濂 吳惠民 吳仲彥

李林 陳海峰 楊以崖 施明哲

高俊傑 高偉俊 張志斌 張軒

郭志強 董漢生 顧青虹 蔣志六

錢永楨

市長 董必成

副市長 張赤平 夜遁声 王子元

法院院長 許可

政協委員人選

主席 高俊傑

副主席 王其斋 陸小波 楊以崖 仲偉瑞 吳惠民 李西庚

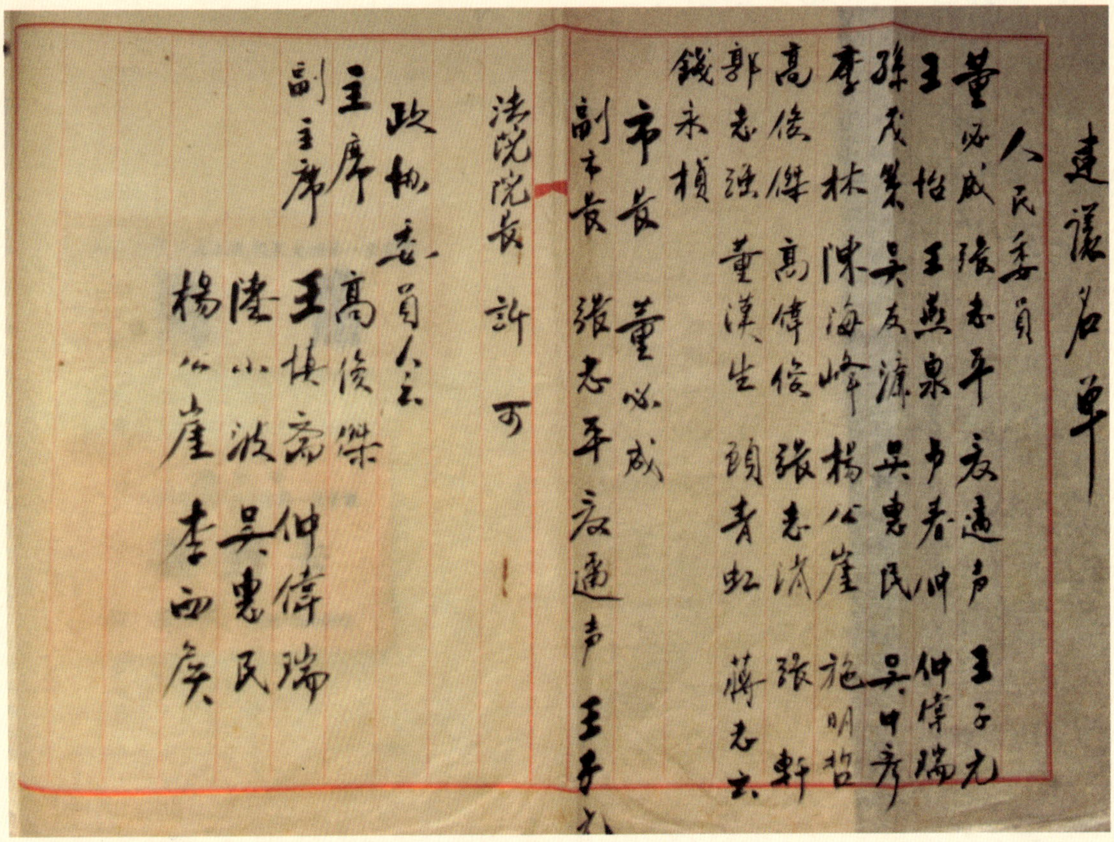

提名陆小波为镇江市政协副主席的文件

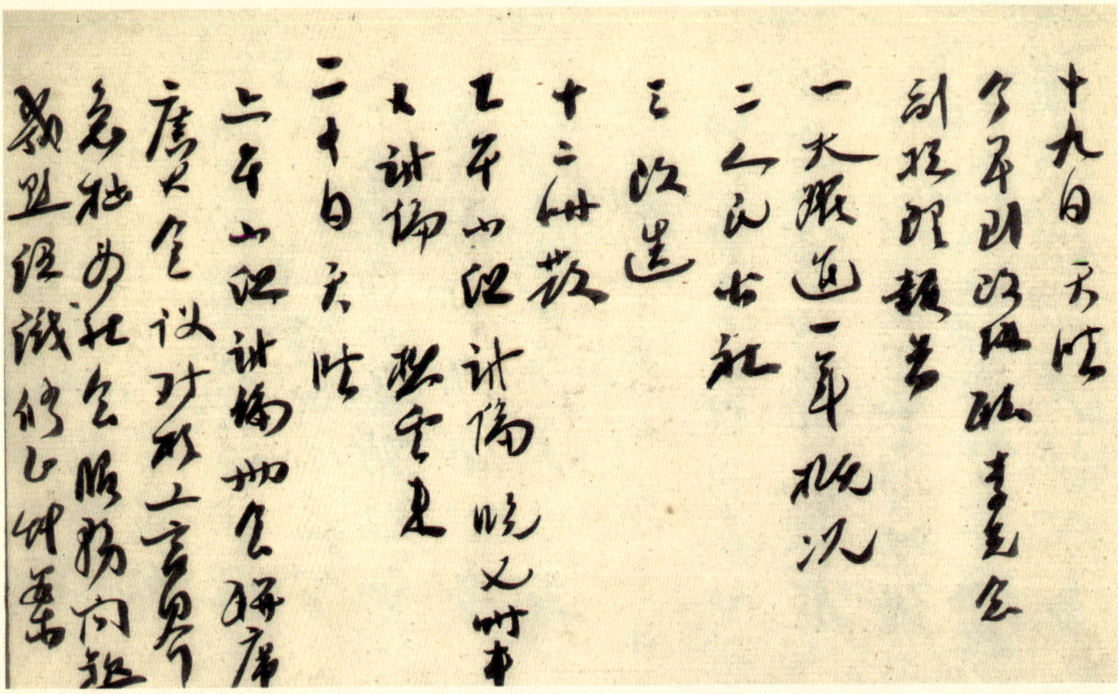

陆小波日记（节选）

全文：

十九日　天晴

今早到政协听李先念副总理报告。

一、大跃进近一年概况；二、人民公社；三、改造。十二时散，下午小组讨论，晚七时半又讨论。□云来

二十日　天晴

上午小组讨论两会联席广［扩］大会议对于工商界□□为社会服务问题几点组织修正草案

1961年陆小波担任中国人民政治协商会议江苏省镇江市第三届委员的证书

周恩来总理签署的表彰扬中县为
全国农业社会主义建设先进单位奖状

保管单位：扬中市档案馆

内容及评价：

　　解放后，扬中积极推进人民公社化，农业连年丰收，在全省乃至全国树立了样板。1958年，农业亩产量由1957年的585斤增加到1255斤，翻了一番，单是水稻亩产量就由1957年的414斤增长到1003斤，突破了千斤大关。中共扬中县委第一书记朱维中、兴隆公社党委第一书记顾大庆、油坊公社洪桥大队党支书陆朝祺光荣地出席了1957年12月25日至1958年1月1日在北京召开的全国农业社会主义建设先进单位代表会议，并领取了周恩来总理亲自签署的表彰奖状。

　　会后，县委发出"力争实现三麦千斤县，夺取全省三麦冠军"的号召，并向全省各县、市倡议开展三麦大面积高产竞赛。1959年《新华日报》头版头条登载了倡议，同时发表社论；二版通栏是："向扬中看齐，同扬中竞赛"。1959年1月30日，《人民日报》头版以横贯全版的大标题，发表了《扬中擂起战鼓力争成为三麦千斤县》的消息，同时配发《鼓足干劲，乘胜前进！》的社论。次日，《新华日报》发表评论员文章《加油，扬中人民！鼓劲，全省人民！》。江苏省电影制片厂和中央新闻记录电影制片厂还分别拍摄了记录扬中人民争取实现三麦千斤县事迹的电影。中央记录片名为《扬中的春天》，放映时间20分钟，该片作为当年"五一"节向党中央和毛主席的献礼片，在"五一"这天在北京、上海、南京等20个大城市同时上映。

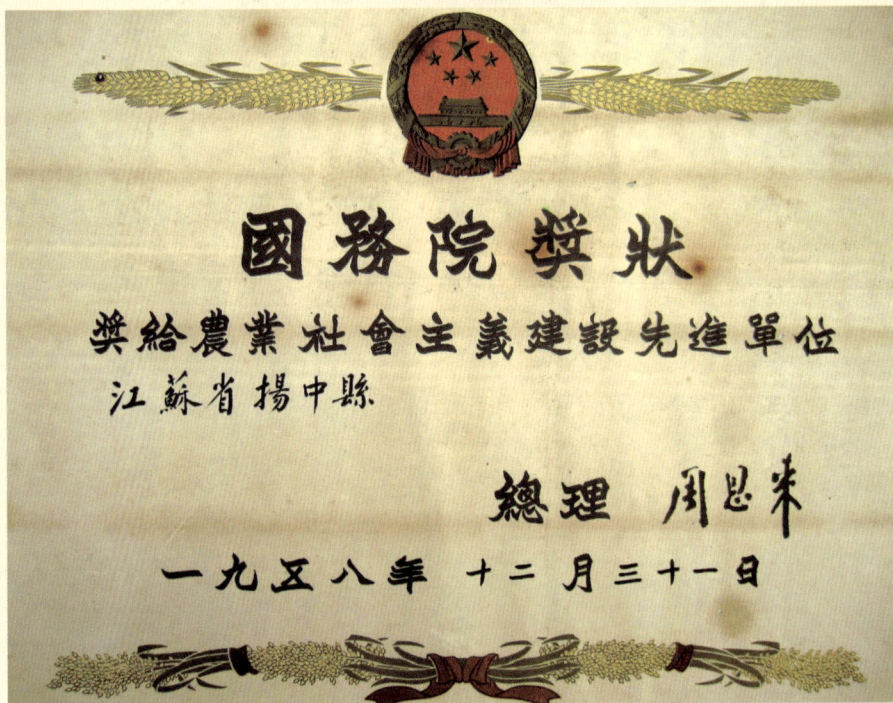

1958年周恩来总理签署的表彰扬中县为全国农业社会主义建设先进单位的奖状

南京军区"老战士篮球队"赠予丹阳"新农民篮球队"的飞机模型等实物

保管单位： 丹阳市档案馆

内容及评价：

丹阳素有"篮球之乡"美称，特别是农民篮球运动，在上世纪40年代后期到50年代初，农民篮球运动曾风行于丹阳的里庄、导墅、珥陵、折柳、横塘等乡镇，并逐渐普及全县。1964年1月，以横塘丰收队为主体的丹阳"新农民篮球队"受邀与以许世友（当时南京军区司令员，上将）为队长，王平（时任南京军区政委，中将）等陆、海、空三军高级将领为主要队员的"老战士篮球队"进行了一场友谊比赛。"老战士篮球队"赠予丹阳"新农民篮球队"飞机模型作为纪念。这次不寻常的球赛，影响甚大，轰动全国，被"八一"电影制片厂拍成了15分钟《新闻简报》在全国播放。这次比赛不仅密切了军队和人民之间的鱼水深情，更推动了篮球运动在丹阳城乡大地的蓬勃发展，丹阳出现了"村村有球场，日日有活动"的局面，并由此被誉为"篮球之乡"。时隔30年后的1995年，为了纪念当年的那场比赛，丹阳市组织新一代"新农民篮球队"专程来到南京，在五台山体育馆与南京军区等篮球队进行了友谊比赛，南京军区老战士队向丹阳"新农民篮球队"赠送了队旗和签名篮球。

1964年由南京军区司令员许世友、王平等组成的"老战士篮球队"赠与丹阳"新农民篮球队"的飞机模型

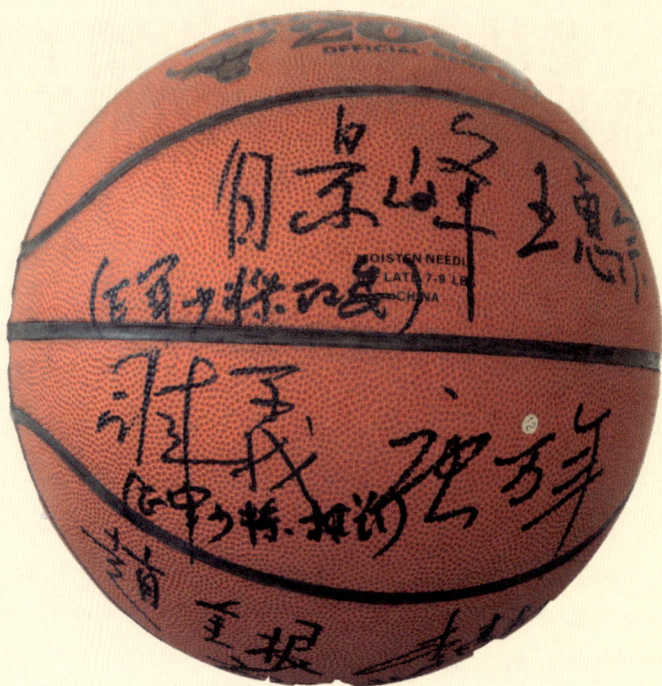

1995年南京军区"老战士篮球队"向丹阳"新农民篮球队"赠送的签名篮球

1995年南京军区"老战士篮球队"向丹阳"新农民篮球队"赠送的队旗

王立本致华国锋的信及华国锋的回信

保管单位：茅山新四军纪念馆

内容及评价：

王立本致华国锋的信及华国锋的回信，由新四军老战士王立本子女于2009年10月捐赠给茅山新四军纪念馆收藏。2011年12月18日，被江苏省文物鉴定专家组鉴定为二级文物。

1978年11月间，中共中央党校二部第二期五十多名学员到北京红星实验养猪场参观，上海学员王立本在该场会议室内，看到华国锋在前段时间视察该场时用过的一些物品，被陈列在一个特制的玻璃橱柜中。回校以后，王立本经过反复考虑，于当年12月29日致信华国锋，就北京红星养猪实验场陈列华国锋视察时用过的物品（热水瓶、茶杯、椅子等）一事提出意见。认为这种做法不妥，不利于恢复、继承和发扬党的优良传统和作风。

华国锋接到这封信以后，马上在上面写了几句话，送给了北京市委书记林乎加："乎加同志：王同志提的意见很好，请派人去机械化养猪实验场了解情况，做好思想工作，把陈列我在那里用过的东西的做法改过来为盼（进行情况望告我）"。红星养猪场按华国锋的意见办了。1979年1月16日华国锋给王立本亲笔复信，同意将陈列的物品撤去，并表示"今后还有类似情况都照此办理，以继承发扬我党的优良传统"。1月18日，胡耀邦在中央党校一、二部学员结业会上的讲话中谈及此事，介绍了来信处理经过，并要求老同志们不要忘记过去艰苦奋斗的传统，要起模范带头作用，提倡实事求是精神。1979年9月28日《光明日报》以"此风可大长"为标题头版刊登了记者张贻复、陆建明的来信，介绍了王立本给华国锋写信，华国锋认真处理来信的情况。29日，《浙江日报》以"亲自处理群众来信 带头恢复和发扬党的优良传统——华国锋同志给我们作出了好样子"为标题全文转载。

王立本致华国锋的信及华国锋回信的可贵之处，就在于反映了我们党在"文革"后消除个人崇拜，不断拨乱反正的一个历史进程。

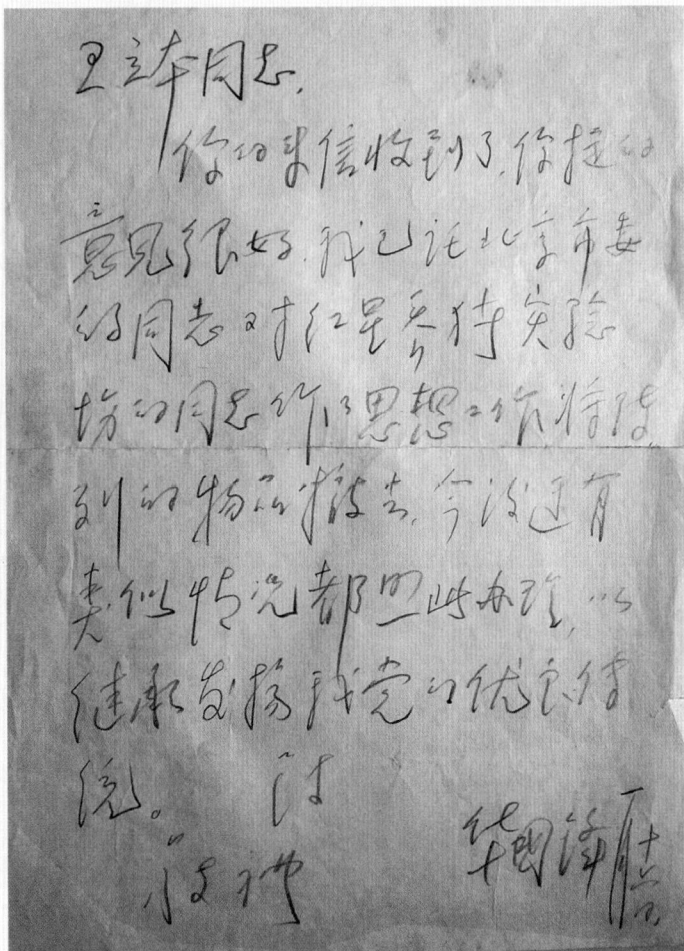

华国锋给王立本的回信

全文：

王立本同志：

你的来信收到了，你提的意见很好，我已托北京市委的同志对红星养猪实验场的同志作了思想工作，将陈列的物品撤去。今后遇有类似情况都照此办理，以继承发扬我党的优良传统。

致

敬礼

华国锋

一月十六日

王立本给华国锋的信（底稿）

全文：

华国锋同志：

听了传达中央工作会议和中央全会的精神，以及你和叶、邓、陈诸位中央领导同志的讲话，真叫人鼓午（舞）！对于民主生活，全会公报说："全会决定，一定要把这种风气扩大到全党全军和全国各族人民中去。"为此，特向你反映我看到的一件事。

我们曾参观了北京市的一个机械化养猪实验场。场领导和职工兴奋地向我们讲了你关心人民生活，亲临该场视察和题词的动人情景，我们深受教育。

在该场的会议室内，看到了广大职工对你的热爱，故将你在那里用过的物品，如热水并（瓶）、茶杯、椅子等，成（陈）列在特意制作的玻璃厨（橱）柜里。这种爱戴之情，是无可非议的。但对于这种形式，事后一直在脑子里打转：有没有必要？不知你到过的基层单位，是不是也保留这种类似的形式？今后，你还要到千千万万的基层单位去视察工作，假如也都模仿起来，在人们的精神中会产生什么样的影响？

对于这种形式，我认为不利于恢复、继承和发扬

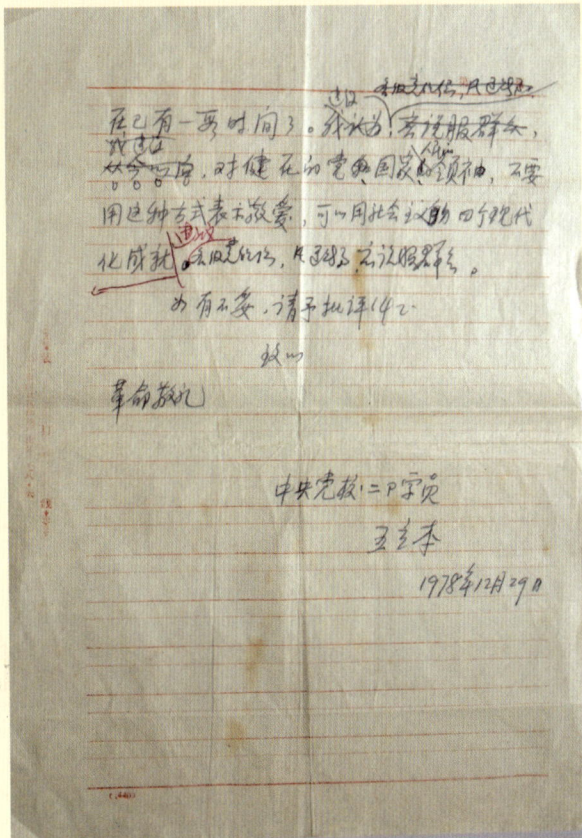

王立本给华国锋的信（底稿）

我们党的优良传统和作风，这种形式把人民领袖和人民之间的同志关系变成封建关系，借此来破坏人民民主，镇压革命者，进行他们的卑鄙勾当。有过这种历史教训。再说，凡是你到过的基层单位，都把你用过的物品成（陈）列起来，数量也是可观的，实在是一种浪费。我认为，将你在视察工作中用过的物品，让它在人民群众中继续使用，会使人们感受到平等，精神介（解）放。而且，又发挥了物的应有用途。将你亲笔题词放入镜框挂在会议室内，这是很有必要的，因为这是马列主义、毛泽东思想的道理，可以供人们学习。

那些物品，不知现在是否还成（陈）列着？因为从看见到现在已有一段时间了。我建议，从今以后，对健在的党、国家、人民的领袖，不要用这种方式表示敬爱，可以用社会主义的四个现代化成就。建议各级党组织，凡如遇此事，应说服群众。

如有不妥，请予批评纠正。

致以

革命敬礼

中央党校二部学员

王立本

1978年12月29日

江泽民题词

保管单位：镇江市档案馆

内容及评价：

江泽民，江苏扬州人。曾任中国共产党中央委员会总书记，中华人民共和国主席，中国共产党中央军事委员会主席，中华人民共和国中央军事委员会主席。在润扬大桥刚刚通车不久的2005年5月初，江泽民返回故乡扬州途经镇江时，挥笔留下了这幅珍贵的手迹。这幅题词，体现了江泽民对镇江这座江南名城的关心爱护和殷切期望。

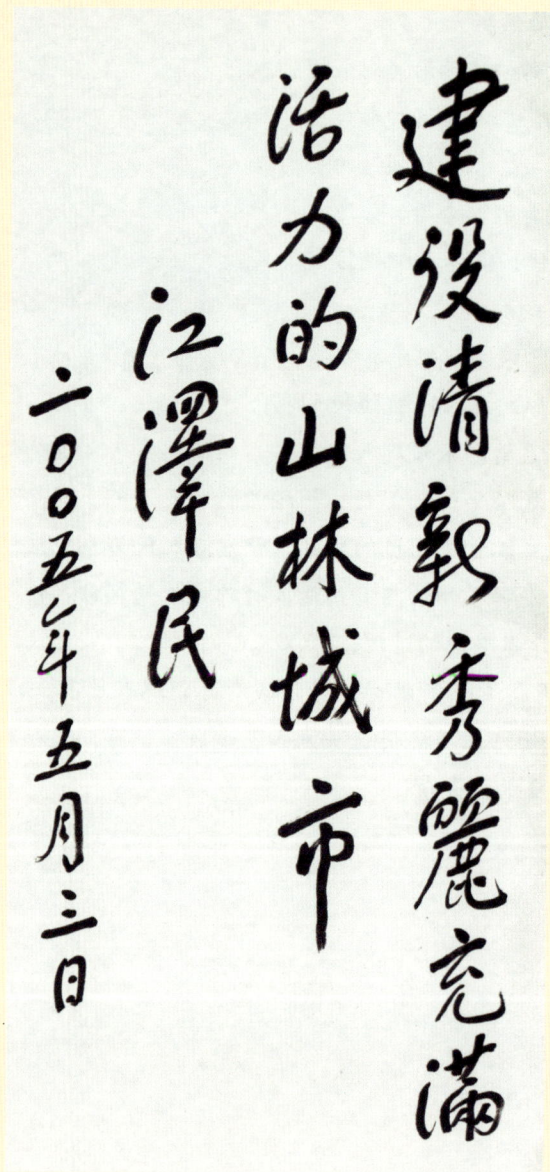

江泽民题写的"建设清新秀丽充满活力的山林城市"

李岚清题词

保管单位： 镇江市档案馆、丹徒区档案馆

内容及评价：

李岚清，江苏镇江人。原中共中央政治局常委，国务院副总理，长期分管经贸、教育、文化、财税和科技等工作。李岚清不仅是一名政治家，也是一位学者和艺术家，对音乐、篆刻、书法都有相当的造诣。镇江市档案馆目前收藏了他的两幅书法作品。一幅是他2007年5月重游故乡镇江的感怀诗《游子吟》，还有一幅是为展现镇江市民救助白血病女孩感人故事拍摄的电影题写的片名"小城大爱"。另外，丹徒区档案馆收藏了他的两幅题词，是他分别为冷遹纪念馆和米芾书法公园题写的馆名、园名。这些题词体现了李岚清深厚的书法功底和对故乡悠久人文历史的热爱。

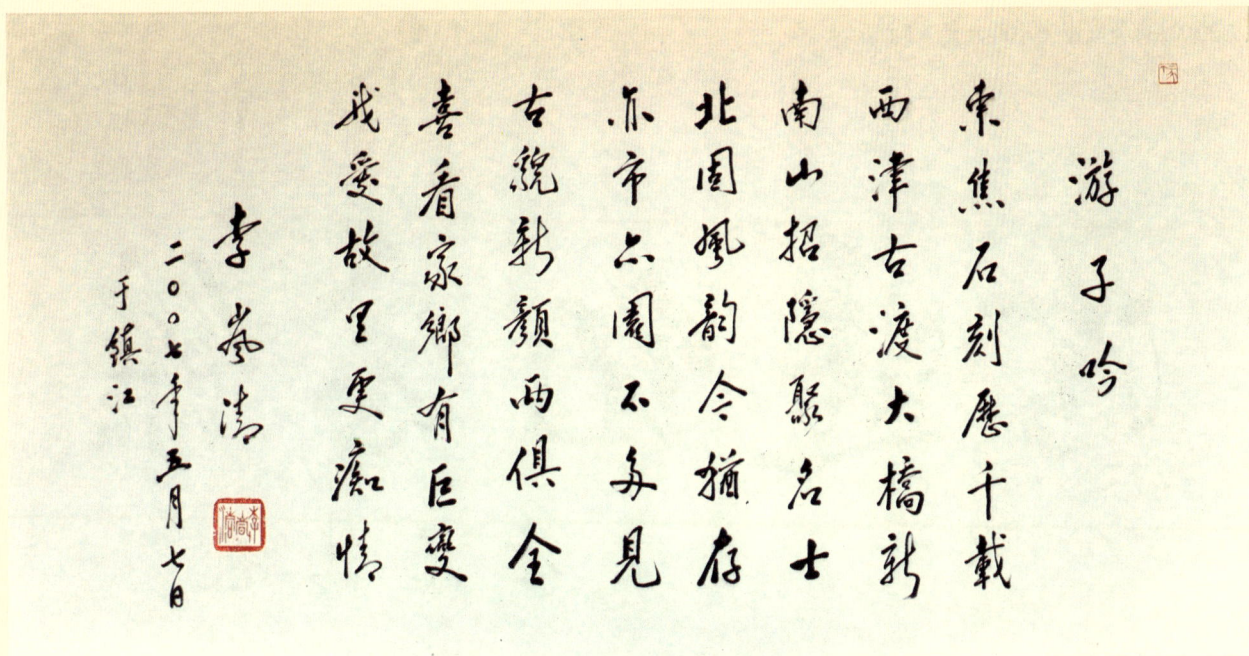

李岚清2007年回镇江题写的《游子吟》

小城大爱

李岚清 题
二〇〇九年三月八日

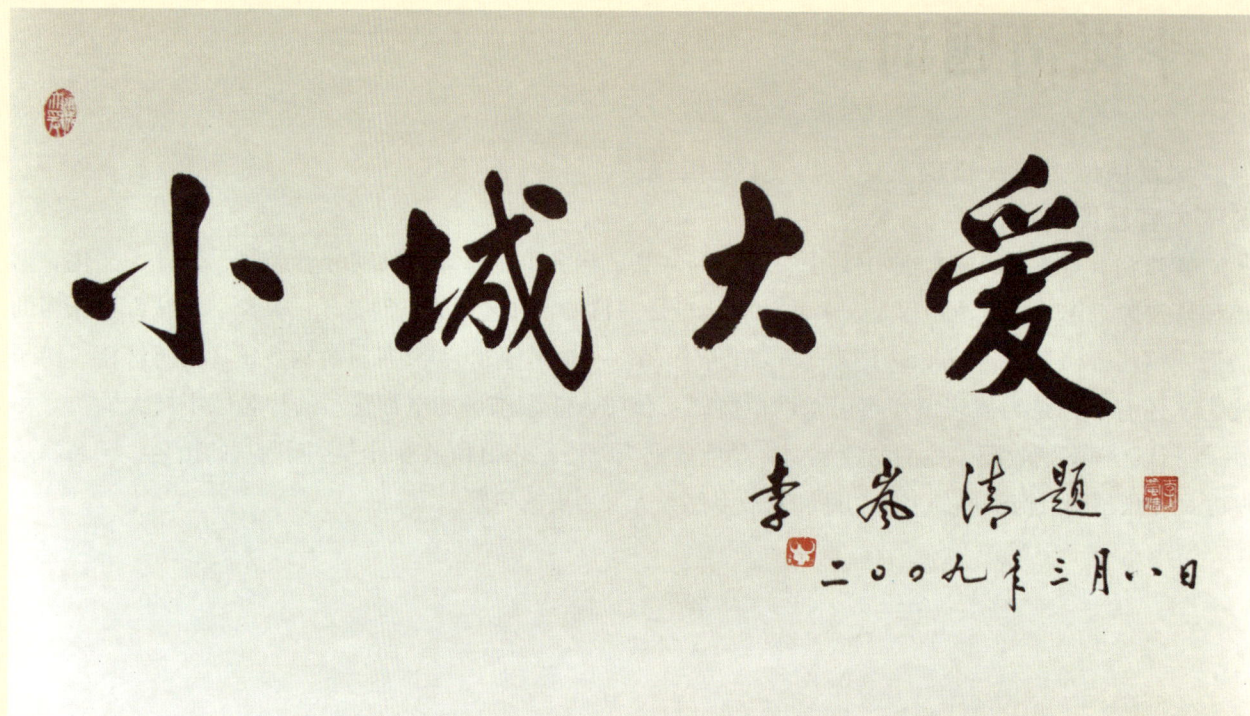

2009年3月为电影《小城大爱》题写的片名

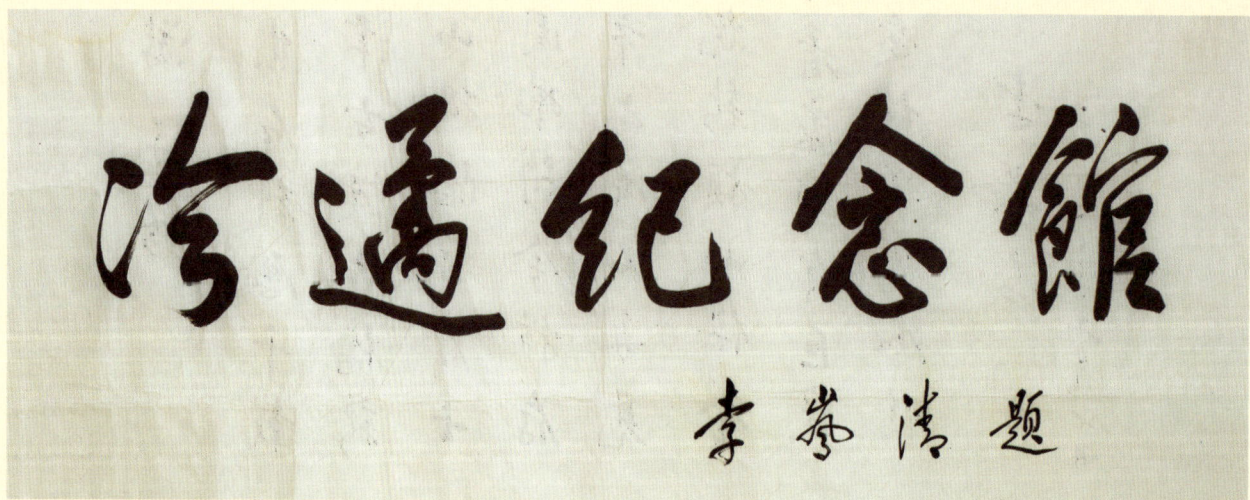

冷遹纪念馆

李岚清 题

为冷遹纪念馆题写的馆名

米芾書法公園

庚寅夏
李嵐清題

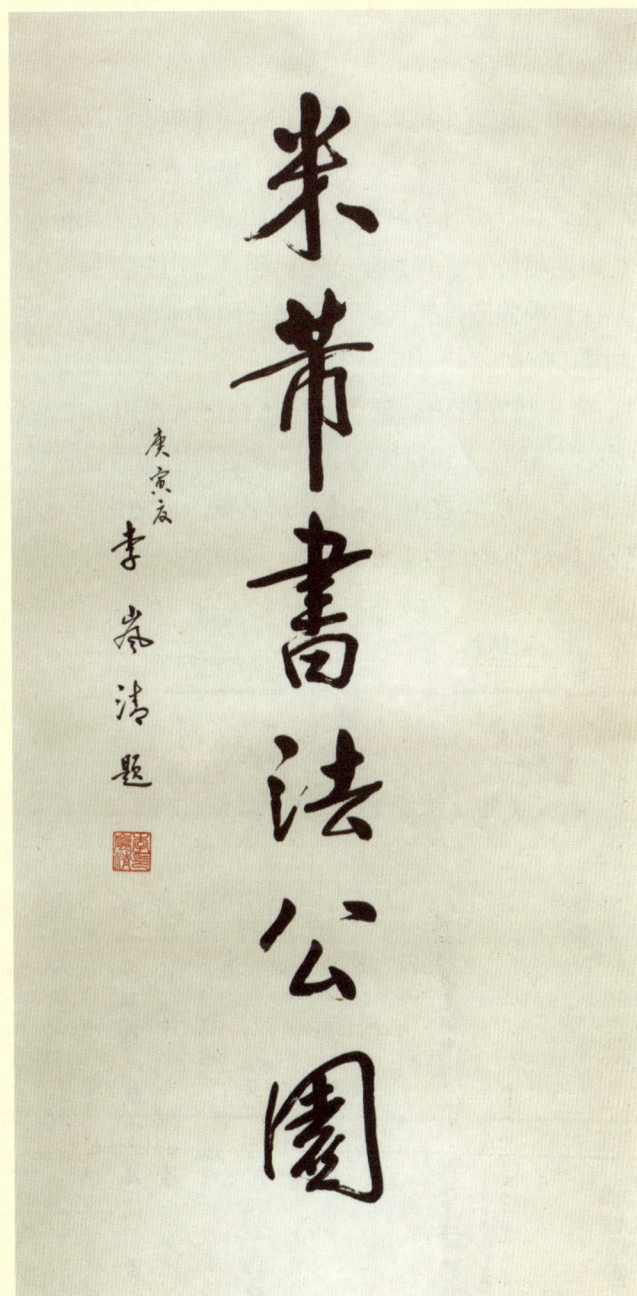

为米芾书法公园题写的园名

镇江恒顺酱醋厂档案

保管单位： 镇江市档案馆、江苏恒顺集团

内容及评价：

镇江恒顺酱醋厂始建于1840年，原名朱恒顺糟坊，创始人朱兆怀，生产百花酒。后因生产兴隆，酒的副产品——酒糟被利用制醋，糟坊改为糟淋坊。1909年，镇江香醋参加南洋劝业会获金奖。此后，糟淋坊又相继增加豆酱、酱油、酱菜、豆腐乳等酱制品的生产，发展成为朱恒顺酱醋糟坊。1926年，由李皋宇接办，更名为"恒顺源记酱醋糟坊"。1930年产品启用"金山"商标，并注册专用。1933年糟坊生产已具相当规模，更名为"镇江恒顺酱醋厂"，产品畅销全国和港澳地区及东南亚国家。1949年镇江解放，镇江恒顺酱醋厂被改造为国有企业。

镇江恒顺酱醋厂档案目前尚未接收进馆，现馆藏恒顺档案从建国后工商联档案中整理出来，只有3卷，恒顺光绪二十五年（1899）执照、民国时期账册等就是其中的内容，它见证了这座百年名企的历史。如今，恒顺酱醋厂100多年的历史已成为镇江这座江南名城历史文化的一部分，这些珍贵档案是研究镇江民族工商史的第一手资料，具有重要的历史价值。

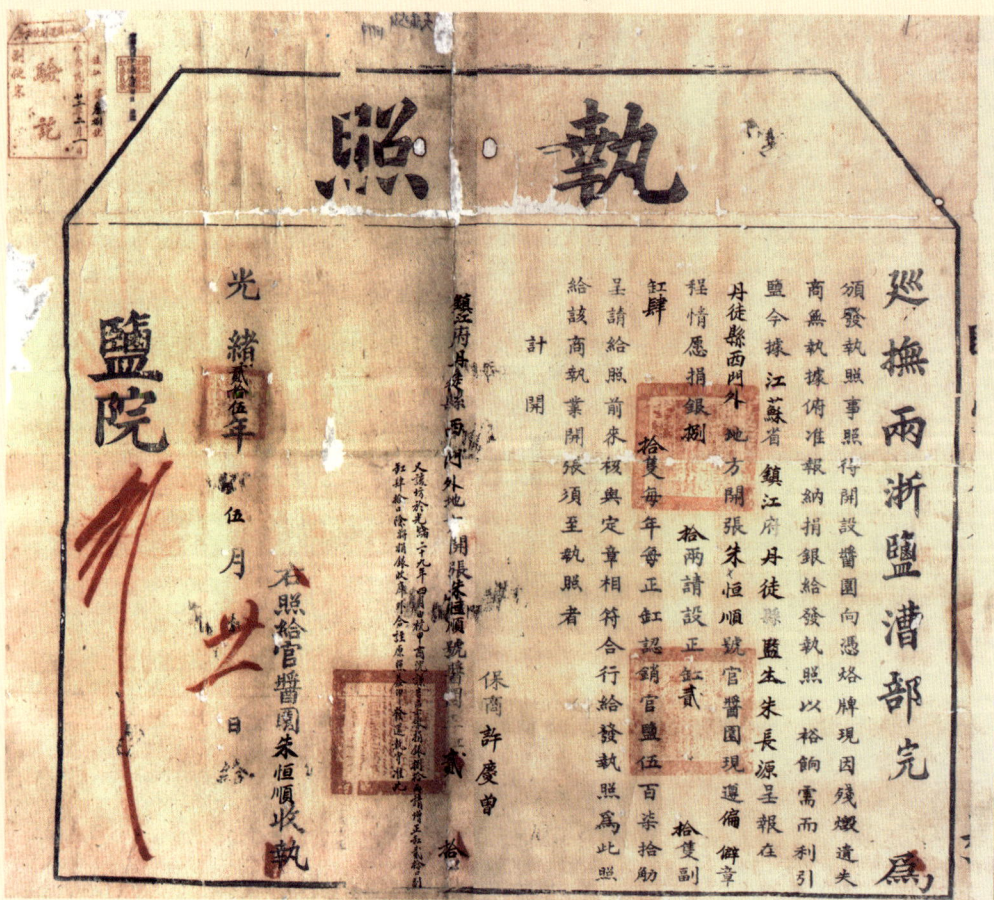

朱恒顺号官酱园光绪二十五年（1899）执照

全文：

巡抚两浙盐漕部院

　　为颁发执照事，照得开设酱园向凭烙牌，现因残毁遗失，商无执据，俯准报纳捐银，给发执照以裕饷需而利引盐。今据江苏省镇江府丹徒县监生朱长源呈报，在丹徒县西门外地方开张朱恒顺号官酱园。现遵偏僻章程情愿捐银捌拾两，请设正缸贰拾只，副缸肆拾只，每年每正缸认销官盐五百柒拾斤，呈请给照，前来□与定章相符，合行给发执照，为此照给该商执业开张，须至执照者

计开

　　　　　　　　　　　　　　　　　　　　　保商许庆曾

　　镇江府丹徒县西门外地方开张朱恒顺号官酱园贰拾口，入该坊于光绪二十九年四月由杭甲商沈谦吉禀缴捐银捌拾两，请增正缸贰拾口，副缸肆拾口，除将捐银收库外，合注原照签印发还执守，准此

　　右照给官酱园朱恒顺收执

　　　　　　　　　　　　　　　　光绪贰拾五年五月廿一日给
　　　　　　　　　　　　　　　　　　　　　　　　盐院

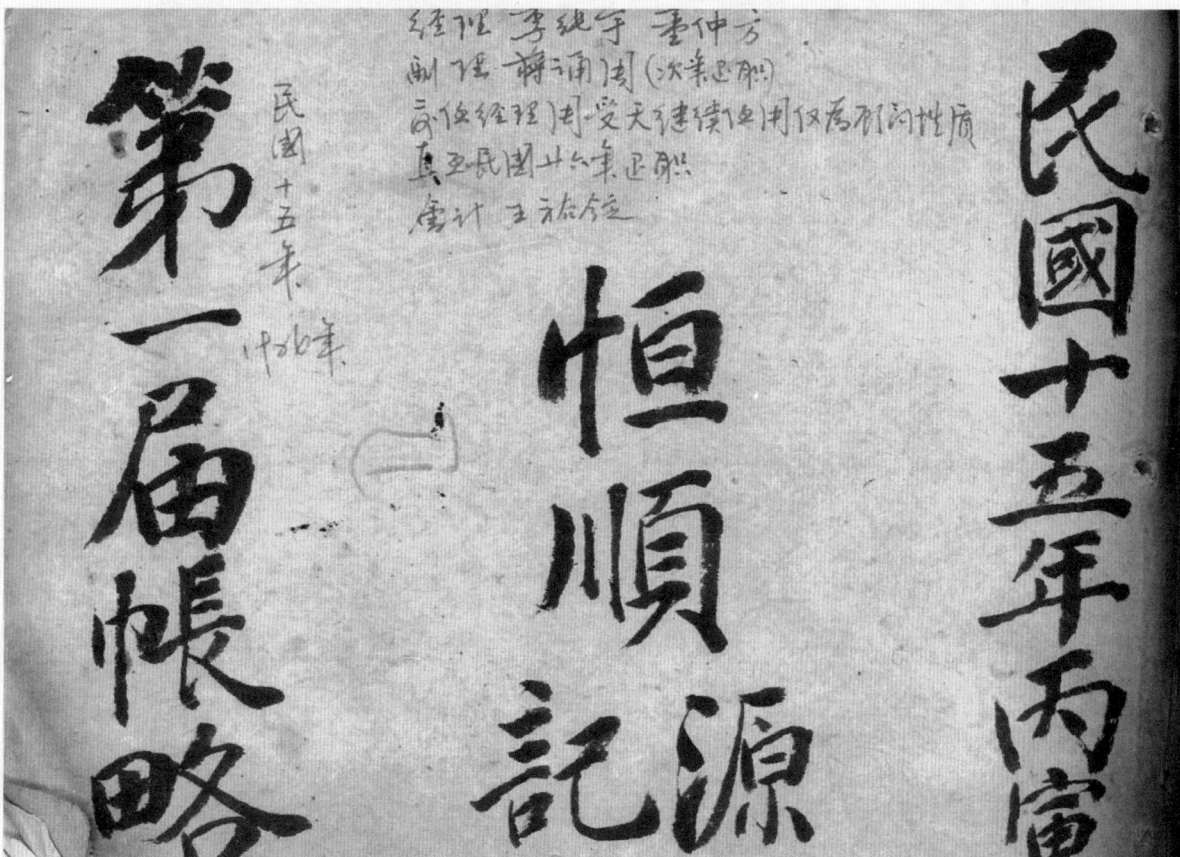

源记恒顺1926年账册

民國廿五年第十一屆彙總			
股本	各存		各欠
法定公積		生財	
法定折舊		押租	
呆賬準備		缸牌照	
李源記		龔天信	
恒記		蓮華寺	
集記		杜春山	
李記		吳桂林	
		蔣扣寶	

恒顺酱醋厂1936年账册

恒顺酱醋厂老商标一

恒顺酱醋厂老商标二

金山牌香醋荣获1985年国家质量金奖

镇江香醋酿制技艺2006年获国家级非物质文化遗产奖牌

扬中长江大桥档案

保管单位：扬中市档案馆
内容及评价：

扬中长江大桥，是万里长江上第一座由地方自筹资金兴建的跨江大桥，结束了扬中千百年来与外界隔绝的"孤岛"历史。大桥1992年5月8日开工奠基，1994年10月6日建成通车。大桥全长1168米，宽15.4米，通航净高10米，在当时属国内特大型桥梁。大桥总投资1.62亿元，资金来源主要为"群众捐款、企业集资、银行贷款、有关部门赞助"。全扬中人民，包括扬中籍港澳台胞、海外侨胞，在扬中工作的外地客商和外国朋友，都争着为大桥献爱心，表现出可贵的众志成桥精神。《扬中长江大桥功德簿》上记载的捐款单位有2100多个，捐款个人达8.3万多名，共接受各类捐款2501.3万元，集资3894.5万元。

扬中大桥档案53卷（盒），于1996年5月接收进馆。其主要内容包括：大桥可行性研究报告、初步设计说明书，招投标及开工前期、中期、后期报告、批复、协议、纪要，工程计价报表、监理报告、竣工验收材料、功德簿等等，是一部反映大桥建设史的"百科全书"，系统而完整。

该档案是研究扬中桥梁史特别是扬中长江大桥作为首座结束扬中孤岛历史桥梁的珍贵史料，也是研究根据建桥衍生出"自强不息，众志成桥"扬中精神的第一手材料，是对现今30万扬中人民开展爱国爱乡教育的形象教材。

功 德 簿

中国 扬中
YANGZHONG·CHINA
1994·10

扬中市档案局(馆)

外经委

捐款功德簿

庆 典 奉 献 记 载

姓　名	金额（元）	住 址 或 单 位	签 章
姚建民	50000.00	外经委	
陈庆生	10880.00	扬中云口部	陈庆生
张德君羊	260.00	外经委	
黄克银	180.00	〃〃〃	
范锦铭	160.00	〃〃〃	
方正贤	130.00	〃〃〃	
赵兰生	200.00	〃〃〃	
孙迎春	150.00	〃〃〃	
朱国祥	110.00	〃〃〃	朱国祥
祝明义	110.00	〃〃〃	
方正智	130.00	〃〃〃	方正智
林成春	40.00	〃〃〃	
张爱东	40.00	〃〃〃	
张月琴	80.00	〃〃〃	张月琴
祝明新	80.00	〃〃〃	
徐志华	70.00	〃〃〃	徐志华

功德簿内页

扬中长江大桥工程指挥部

扬中长江大桥工程

竣工验收材料

| 自一九九四年九月至一九九五年十月 | 保管期限 | 永 久 |
| 本卷共 16 件 60 页 | 归 档 号 | 1 |

扬中县档案局监制

全宗号	目录号	案卷号
315	DO-1	1

扬中大桥竣工验收材料

书画作品

纪念吕凤子诞辰
一百周年书画作品集

保管单位： 丹阳市档案馆

内容及评价：

吕凤子出生于江苏丹阳，是我国著名书画家、美术教育家。1912年创办了正则女子职业学校，是我国女子教育和职业教育的先驱，三次兴办正则学校，曾任中央大学艺术系教授和国立艺专、正则艺专校长等职，为我国培养了大批艺术人才。在艺术造诣上，他的书法融隶、篆、行、草于一体，独创了书法史上别具一格的"凤体字"；绘画成就则把诗、书、画、印完美地结合在一起，尤其是人物画达炉火纯青的地步，被誉为"三百年来第一人"。为了缅怀吕凤子的艺术成就和办学业绩，1983年5月，丹阳县人民政府将1982年成立的"丹阳书画馆"改名为"丹阳正则画院"，聘请吕凤子长子吕去疾为画院顾问，江苏省国画院副院长、著名画家亚明为名誉院长，顾莲邨为院长。1985年10月，江苏省文化厅、教育厅、丹阳县人民政府等在丹阳正则画院隆重举办了"纪念吕凤子诞辰一百周年"大会，举办了《吕凤子先生遗作展》、《纪念吕凤子先生书画展》以及《丹阳正则画院书画展》等三个大型展览。这次大会云集了全国各地美术界、教育界知名人士，新闻、出版界人士，海内外吕凤子的亲属、学生，也有各地慕名而来的美术爱好者共三百多人。丹阳市档案馆珍藏的书画档案主要来自于全国书画界知名人士在这次大会上的作品及正则画院珍藏的丹阳书画界知名人士的精品，数量多达87幅。

林散之草书作品。被称作"草圣"的林散之是名闻全国的诗、书、画三绝艺坛大家，他早年致力于画，晚年又以书法名扬天下。在纪念吕凤子诞辰一百周年大会上他所书的作品（132厘米×33厘米）被丹阳市档案馆收藏。

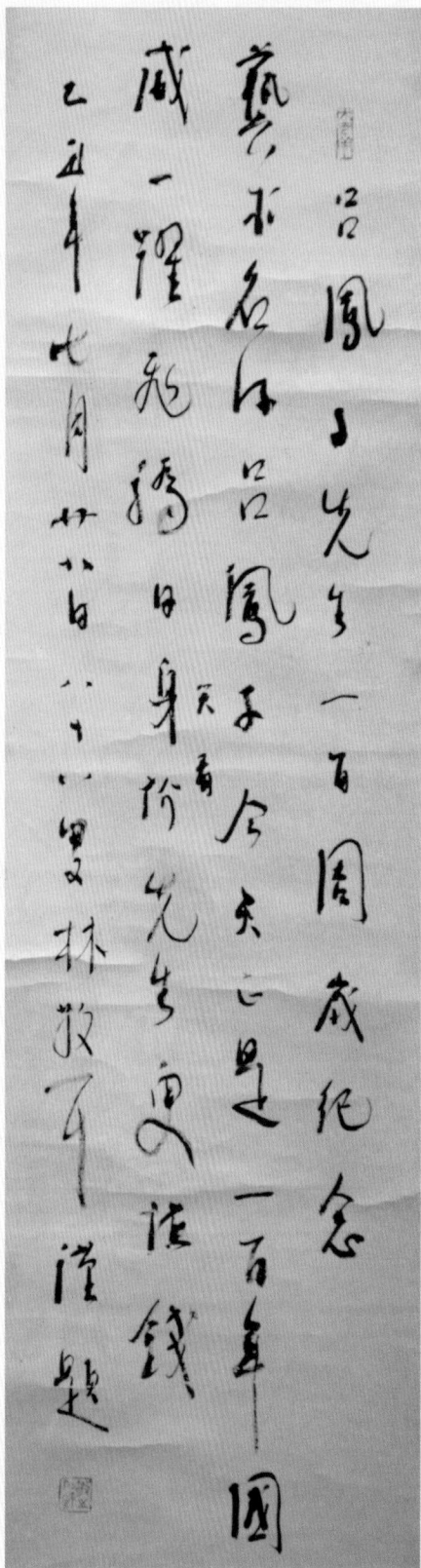

纪念吕凤子诞辰一百周年——林散之作品

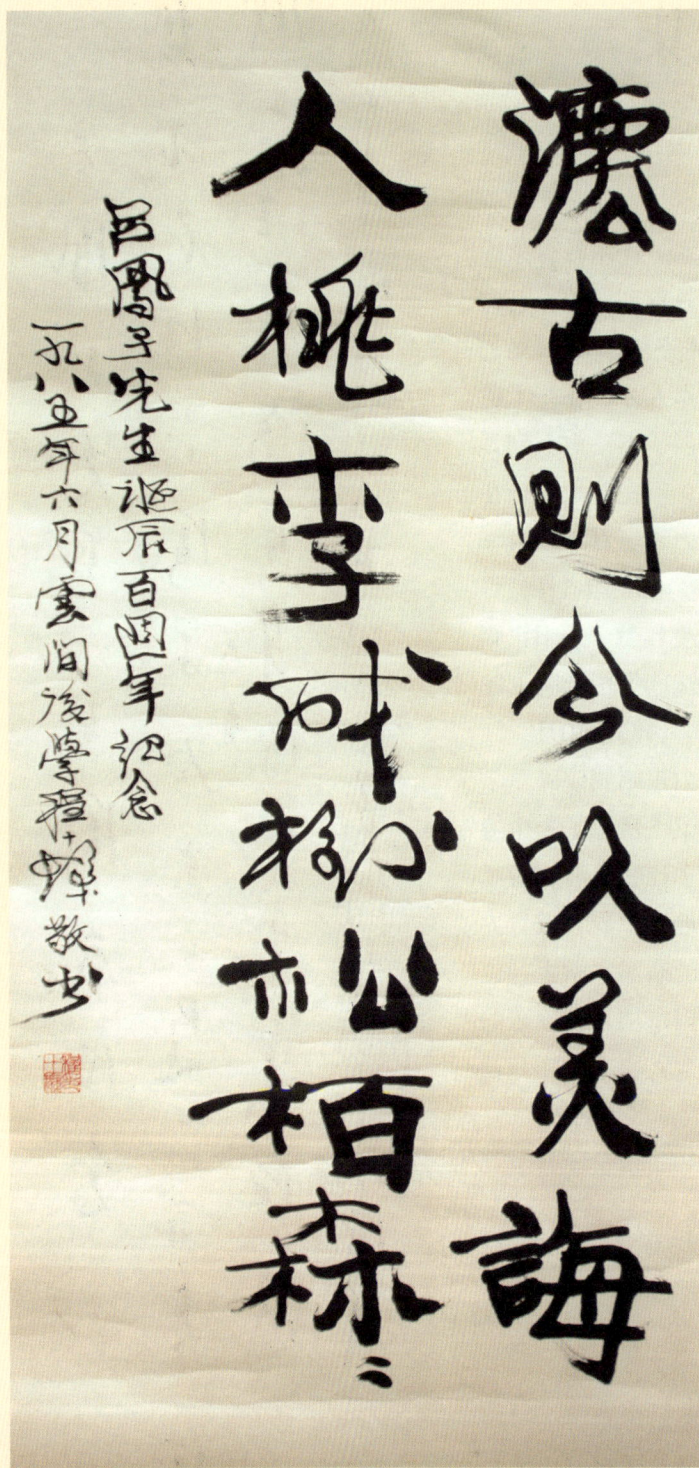

程十发书法作品。上海画院院长、中国海派书画大师程十发，书法技艺得力于秦汉木简及怀素狂草，且自成一体，善将草、篆、隶技艺浑于作品之中，呈现奇突、清丽的艺术特点。该作品（135厘米×67厘米）深情表达了作者对吕凤子的敬佩、赞美之情。

纪念吕凤子诞辰一百周年——程十发作品

1986年深秋亚明客居丹阳东门时所作

亚明书画作品。亚明（1924~2002），当代画家。安徽省合肥市人。曾任江苏省国画院副院长，美协江苏分会主席，南京大学教授，中国文联委员，中国美术家常务理事，1985年被聘为丹阳正则画院名誉院长。他是中国画坛重要流派——"新金陵画派"的中坚推动者和组织者，在中国美术领域特别是对新时期山水画的发展，作出了令人瞩目的贡献，因之被国际权威文化机构誉为当今世界文化名人。他长于山水、人物画，手法多变，风格多样。在此次大会期间他一连创作了《松树》（136厘米×66厘米）、《人物》（139厘米×68厘米）、《荷花鳜鱼图》（136厘米×68厘米）三幅大作。

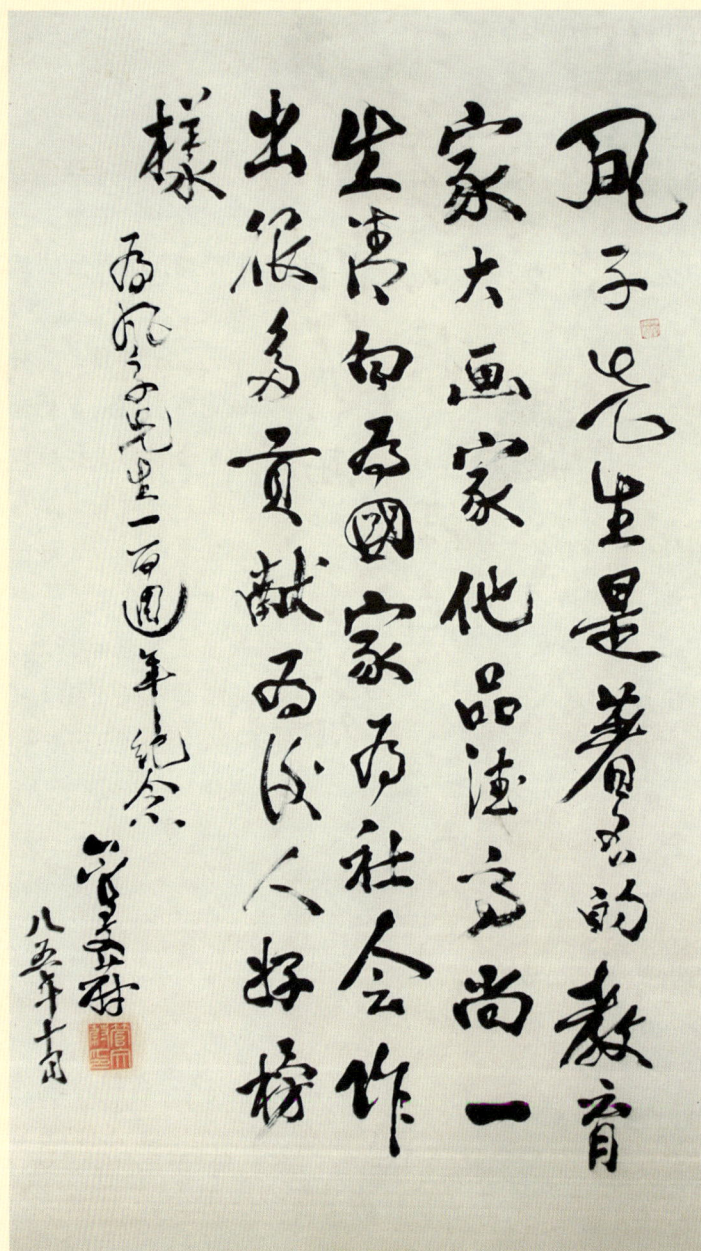

纪念吕凤子诞辰一百周年——管文蔚题词

　　管文蔚题词。管文蔚，江苏丹阳建山管山村人，原江苏省副省长。他的题词（109厘米×66厘米）高度肯定、赞扬了吕凤子教书育人、办学为民的无私精神。

纪念吕凤子诞辰一百周年——顾莲邨作品

顾莲邨作品《松柏》（150厘米×95厘米），称赞吕先生之风苍松翠柏，先生之艺兰芬蕙馥。

顾莲邨书画作品集

保管单位：丹阳市档案馆
内容及评价：

　　顾莲邨（1908~1993），丹阳正则画院前任院长，是丹阳家喻户晓的著名书画艺术家，也是中国书画界享有盛誉的大家。早年师从晚清大书法家曾熙，与张大千为同门师兄弟。1932年考入国立中央大学艺术系，苦练各体书法，后得徐悲鸿、吕凤子、汪采白、张书旗等名师指点，精进不已，书画名声鹊起。顾莲邨工各体书，尤善篆隶，常将二者相结合，既凝重又奔放，骨苍劲而气内涵，形成特有风格。常以书入画，潇洒隽逸，浑厚华滋，其取材多来自现实生活，立意较新，引人入胜，是一名诗、书、画、印都精通的书画名家。他的许多书画作品现被江苏省美术馆、省电视台、南京大学、南京师范大学等单位收藏，其艺术成就及生平载入了《中国现代书法界名人辞典》《中国文艺家全集》等典籍。丹阳市档案馆现藏有他的书画作品17幅。

春江花月夜

　　《春江花月夜》（92厘米×350厘米）。这是馆藏顾莲邨作品中最大的一幅，长达3.5米，意境幽远。

菜市供应今更好

　　《菜市供应今更好》（138厘米×68厘米）。它创作于1961年，为庆祝建国十二周年所作，表现的
是我国刚刚渡过三年自然灾害，市场供应有所好转的喜人景象。此作曾参加由丹阳县政协在白云街小学
大礼堂举办的丹阳县美术展览会。

寒友图

  《寒友图》（176厘米×80厘米）作于癸亥年暮，并题诗一首："喜爱翠柏迎春，莫道池旁蒲柳，更有奇芳吐艳，耐寒岂衹三友。"

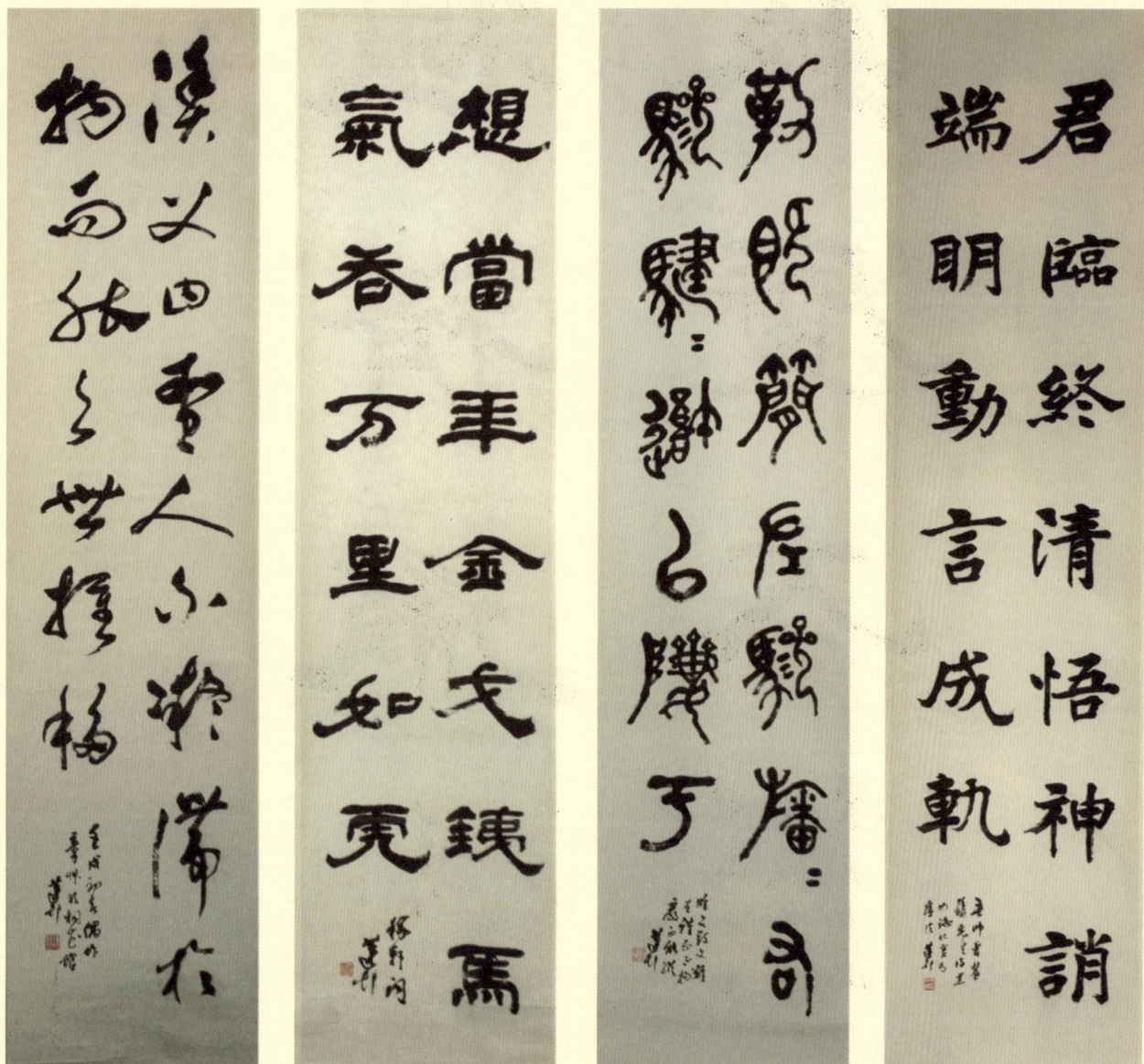

四条屏书法作品

四条屏书法四幅（133厘米×33厘米×4），分别展示了顾莲邨擅长的风格各异的四种字体——正楷、篆体、隶书、草书。

隶书联：极精微 致广大

　　隶书联《极精微　致广大》（134 厘米×34厘米×2），此语为徐悲鸿在教学中常用的口语。入选为纪念顾莲邨诞辰一百周年画册《中国现代名书画家·顾莲邨》。

陈立夫赠予正则画院书法作品

保管单位：丹阳市档案馆

内容及评价：

陈立夫（1900~2001），国民党元老，在九十一岁高龄那年赠正则画院一幅"艺以弘德而无止境 唯有德者能久享其名"书法作品留念。据记载，该作品乃是吕凤子长子吕去疾在正则任教时，一名叫张杰的学生从台湾辗转带回丹阳的。张杰在台湾筹建吕凤子学术研究会台湾分会，国民党元老陈立夫在寓所听取张杰情况介绍后，便欣然命笔作此作品，托张杰带回大陆，同时将自己珍藏多年的吕凤子佳作《薛涛》和吕凤子高足杨守玉的正则绣佳作《陈立夫像》捐赠以供制版《吕凤子先生逝世三十周年纪念画册》，并撰写了序言和题签。陈立夫自幼酷爱书法，曾投身于晋唐书学，寻觅六朝碑刻，胎息明清法帖，深谙"书法奥秘"。通过近一生的艺术探索和实践，形成了线条俊逸、形态妙然、老辣古朴、骨肉相融的艺术风格，其书作在海内外百余次入编大型书法典集、入选碑林或重大书画展览。

陈立夫赠予正则画院的这幅作品，取法于颜柳，结体端庄流丽，笔法俊秀挺拔，外柔内刚，于古朴之中寓刚劲，于精巧之中见灵秀。

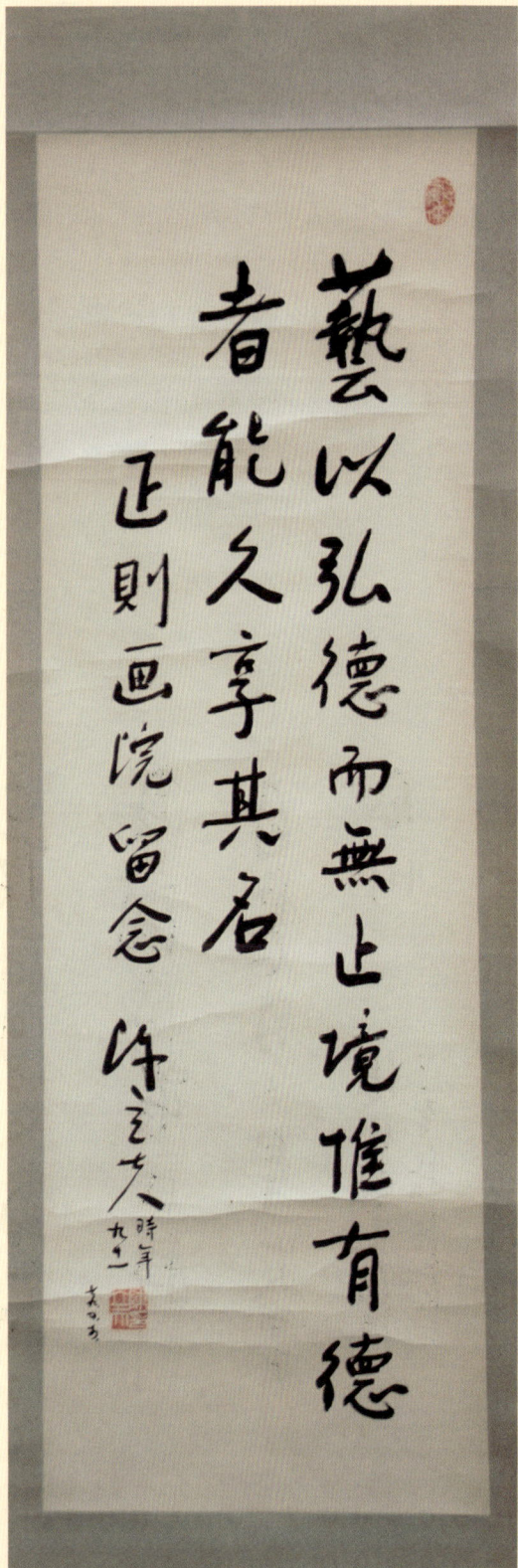

陈立夫赠予正则画院的书法作品

纪念米芾逝世900周年书画作品

保管单位：丹徒区档案馆

内容及评价：

为纪念米芾逝世900周年，2007年10月，江苏省文联，镇江市委、市政府、市委宣传部，江苏省美术家协会、书法家协会，丹徒区文联等共同承办了"纪念米芾逝世900周年——当代中国书画名家作品邀请展"，集中展示了当代著名书画家的96件书画作品。书画家们用饱含深情的笔墨，多彩的书画艺术形式，来纪念这位书画艺术大师，也从一个侧面反映了当代书画艺术创作的风貌。

米芾，生于1051年，卒于1107年，字元章，号襄阳漫士、鹿门居士、海岳外史等。祖籍山西太原，"其父尝家襄阳，未几徙丹徒"（《四库全书》吏部《京口耆旧传》），后"扶母榇归丹徒"，去世后葬于丹徒长山。米芾集书画创作、理论、鉴赏、收藏、学术于一身，是我国古代杰出的艺术巨匠。他的书法"风樯阵马、沉着痛快"，"米家山水"开宋元以来文人画之先河，《海岳名言》《画史》至今仍是书画创作、研究的重要著作，《书史》《砚史》《宝章待访录》。《宝晋英光集》《山林集》等更成为重要的古代书画研究文献。

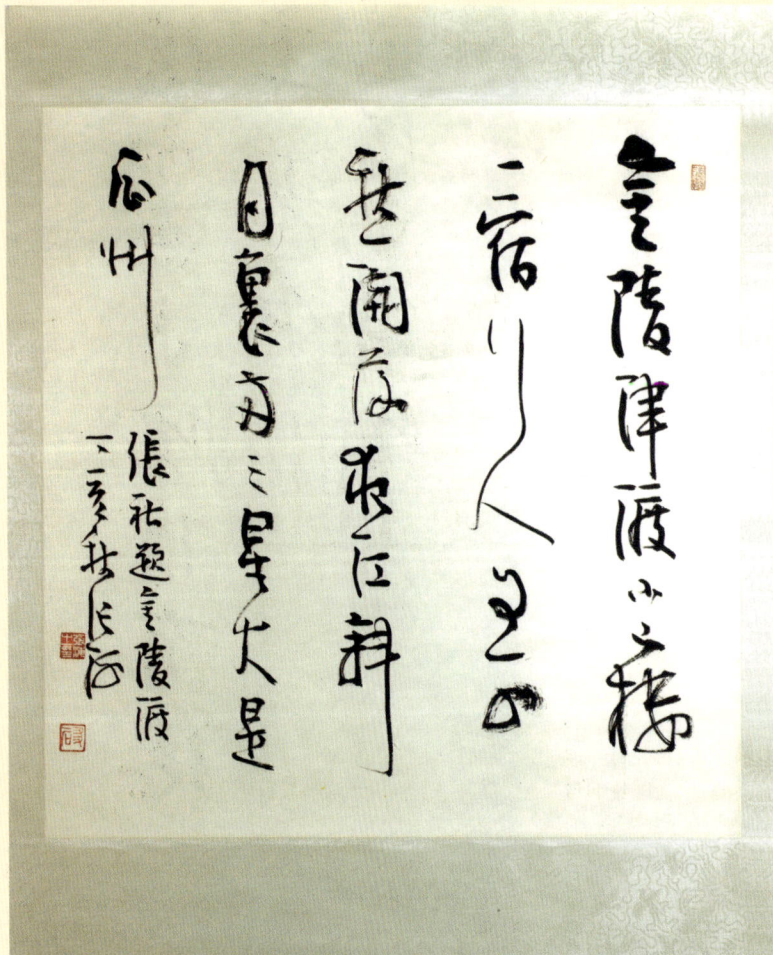

张祜《题金陵渡》行书斗方，68厘米×68厘米。作者张海，中国书法家协会主席。

张海《题金陵渡》行书斗方

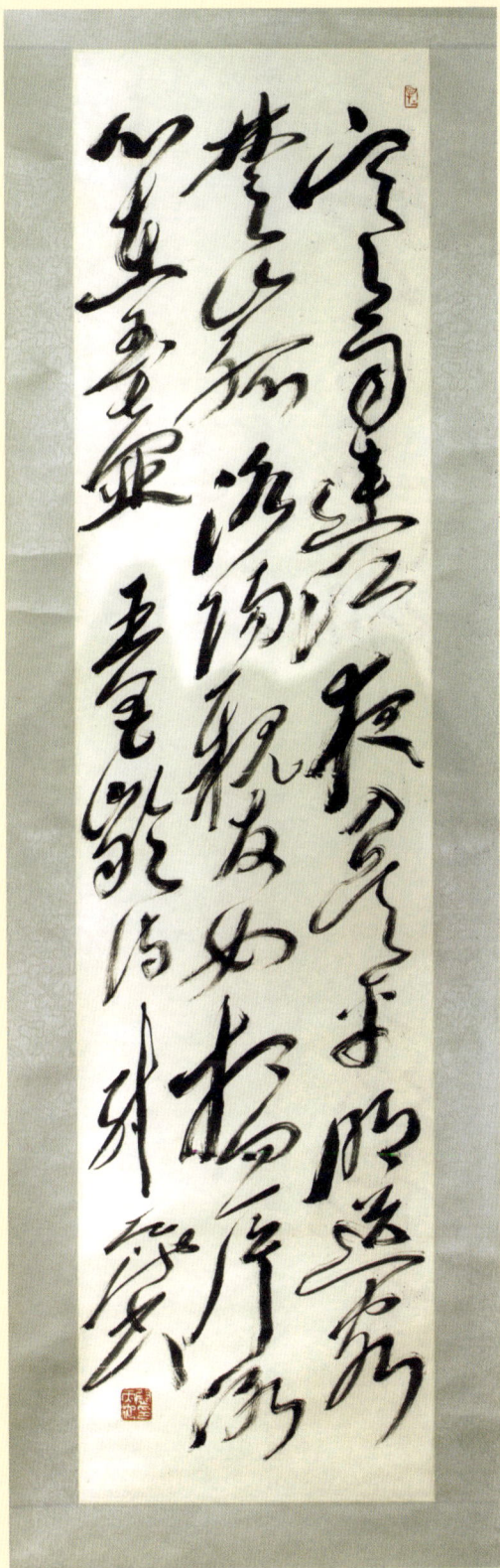

尉天池《芙蓉楼送辛渐》草书条幅

王昌龄《芙蓉楼送辛渐》草书条幅，136厘米×34厘米。作者尉天池，江苏省书法家协会主席，中国书法家协会顾问。

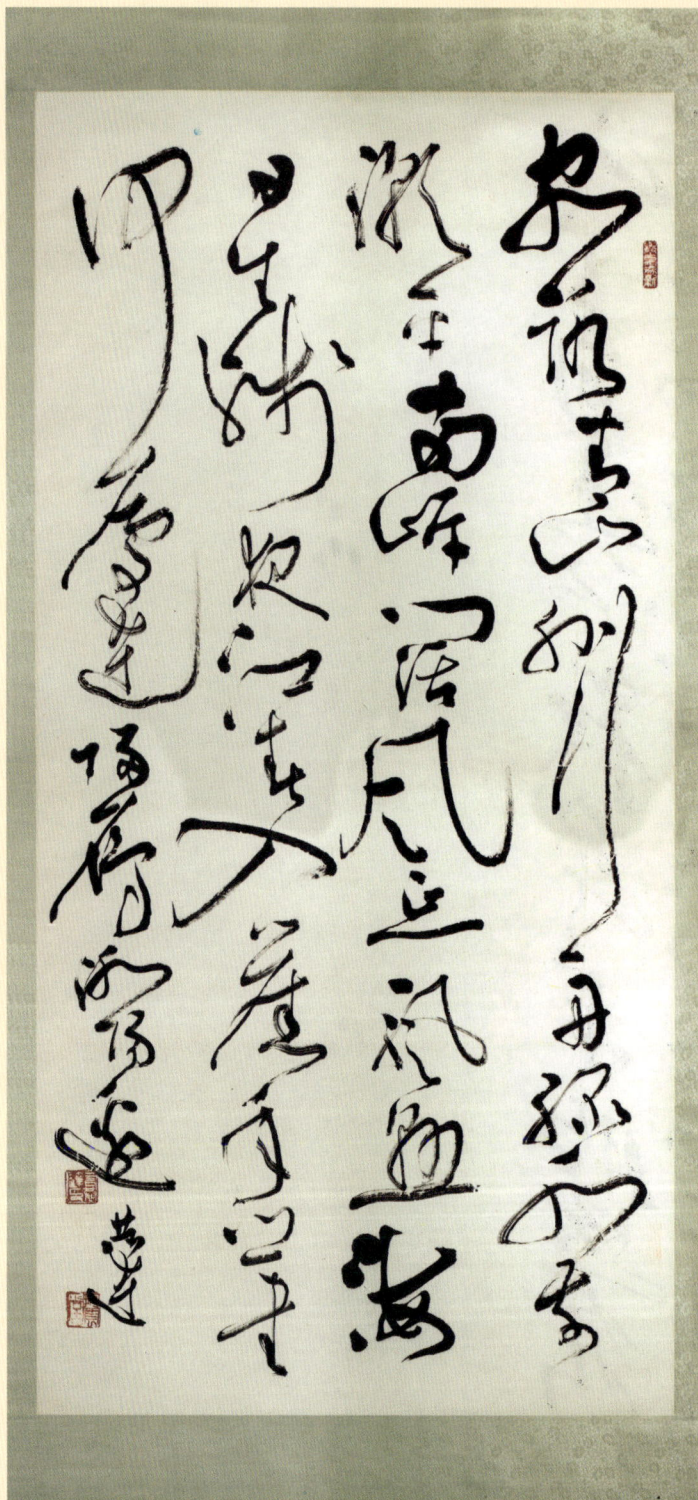

言恭达《次北固山下》草书中堂

王湾《次北固山下》草书中堂，136厘米×68厘米。作者言恭达，中国书法家协会副主席、江苏省文联副主席、江苏省书法家协会副主席。

李荣海国画《浓艳春如燃 淡墨书画情》

国画《浓艳春如燃 淡墨书画情》，68厘米×68厘米。作者李荣海，中国美术家协会副秘书长，中国美术家协会理事，中国书法家协会理事。

国画《一院诗行吟秋声》，136厘米×68厘米。作者尹石，江苏省美术家协会秘书长、中国美术家协会理事、国家一级美术师。

尹石国画《一院诗行吟秋声》

查良铺书法作品

保管单位：丹阳市档案馆

内容及评价：

作品形成于1986年5月1日。查良铺，笔名金庸，香港著名报人及武侠小说家。其祖父查文清做过清代丹阳知县，在"丹阳教案"事件中因帮助邑人而被革职，从此与丹阳结下了不解之缘。光绪十七年（1891），丹阳人民发现教会墓地埋葬儿童尸首，育婴堂内亦无一活婴，遂产生公愤，群起将教堂焚毁。事件发生后，震惊了海内外，并激起邻县无锡、金匮、阳湖、江阴、如皋等地的反洋教反满清斗争。清政府屈于外来压力，要求严办肇事者。两江总督刘坤一命令查文清捉拿处斩火烧教堂的为首者。为保护肇事者，查文清暗中通知涉案人员逃走，自己则递交了辞呈，要求辞官回乡。由于对"丹阳教案"查办不力，朝廷不久就将他革除官职。为感念查文清在丹阳勤政爱民的崇高品德，以及在办理教案中体恤百姓的善举，丹阳民众为他立了《去思碑》以作纪念（民国十七年出版的《丹阳县续志·名宦》中有记载）。金庸一直对祖父在丹阳任知县的这段经历引以为荣，他在小说《连城诀》的后记说："我祖父查沧珊公反对外国帝国主义者的无理压迫，不肯为了自己的官位利禄而杀害百姓，他伟大的人格令我们故乡、整个家族都引以为荣。"怀着深深的念祖情结，62岁的金庸于1986年初春来到丹阳，受到丹阳县委、县政府及文化部门的热情接待。馆藏的这幅作品为金庸来丹寻祖参观正则画院时所书。他在仔细看了画院书画家们的作品后一一做了评价。丹阳书画名家顾莲邨、荆位辰、羊群、董漱白、杨潮等人共同合作了一幅作品赠送给他，他也欣然挥毫，题写了"怀先祖之遗爱，睹今贤之丰功"十二个大字，表达了对先祖的怀念和对新丹阳的赞美之情。

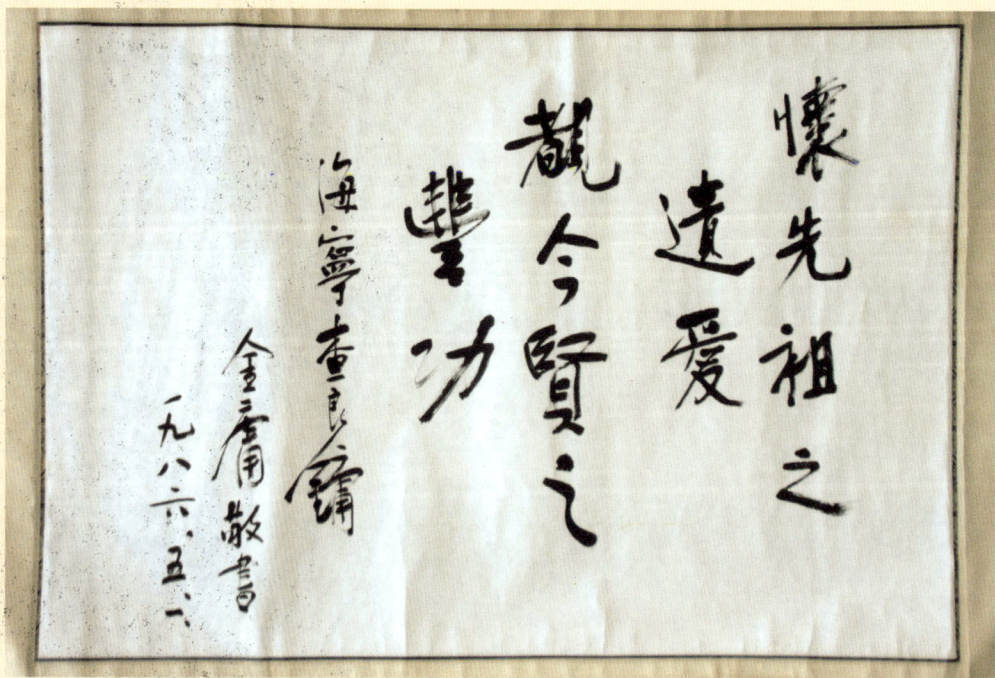

金庸来丹阳寻祖时书法作品（98厘米×66厘米）

书报典籍

「大風遇報」，誕生在雙十節，意義非常深刻，我們知道：雙十節是我們中華民國誕生的日子，一個擁有四千年歷史的專制國家，一變而為民主共和，艱難締造，慘定萬世邦基，緬懷先烈，拿頭顱換來的成果，這種「殺身成仁」「捨身取義」的是高精神，我們永遠不會忘記，同時我們更崇敬偉大犧牲精神的成長，又是誰我們國父，掀起革命思潮，救國救民大仁大智，風行草偃，至於成功！大風的成果，我們不敢妄加期圖，然而牠既誕生在雙十節這個偉大的紀念日，我們總要一本良知良能，振奮我們的精神，樹立牠的風度，助長牠的威力，繼韋嘉新句容，向建設途中邁進！雙十節看「大風」，意義非常深刻！

安得猛士兮守四方

「大風起兮雲飛揚，
威加海內兮歸故鄉，
安得猛士兮守四方」！

這首大風歌據史載的情形，滕利業已退年，敵騎雖絕，匪氛仍熾，有待於報——是漢高祖還鄉——沛縣，召故人父老子弟，置酒高會於沛宮在酒酣，發揚正氣，如何蕩平叛亂，安定民生，除了前線將士浴血掃蕩的鼓勵，勠力剷邪說——耳熟時，所作的；高祖起自布衣，提三尺劍，破秦滅楚，取有天下，榮歸故鄉，志得意滿，一世的氣概，從這首歌詞中，充分的透露出來，惟其時大敵雖滅，四海未寧，所以不免有「安得猛士兮守四方」的感懷。

如今因為句容出版大風報，從意義到內容…

大風起了

……章

句容是個冷落的城市，商業固談不到繁榮，文化更娛落後，什麼報紙刊物也沒有，除了兩種小型句刊外，什麼種句刊！——生了！

提起了「大風」，來打倒！我們擴大「病態」的範圍，就是身心不健全，身心既不健全，他一方面是民衆的喉舌，青年的指針，同時牠要發揮牠的威力，吹盪污穢的惡濁，鼓起勇氣向前掙扎！如今插足在這新的社會，進一步說：這些身…

弱不禁風

把清

「弱不禁風」是女子的病態美！

美！不懂我們需要美！近幾年來，社會上的病態美人太多了，男的，女的，老的，小的，乃至飛禽，走獸，誰都需要；可是「病態」這兩個詞字，卻不算是一個好的詞頭，我站在「病態」的立場上，首先起來打倒！

寄予同情，很希望助長風的威力，給她毀滅！所以我首先舉起手來把握「大風」，向各位發起的先生們致敬！

「看花容易繡花難」！這句俗語，我認為用到發行刊物上，最確當，因為任何一種刊物，呈顯在讀者面前的，都好像非常平凡，事前的其實如何的可欲…在一椿事…

拓荒

炳彪

這是一座荒山——

葛籐叢生，
豺狼嘯奔，
自從來了一羣拓荒者，
荷着鋤頭，
斬開葛籐，
荊棘刺了手，
豺狼噬嚙人，
…一年，

祝福大…

在自言自語。

一個中年婦人，叮嚀着十五六歲的女孩，污穢的環境，打掃得清潔爽快，連那些碎瓦礫，都逼得一致看齊，帶有蓄勃的朝氣，無論一塔彷彿好，不喜社會廳嗣…做事認真，又極澈底，要揚起，「新生活」的頭衛，固很確當…

我暗暗的笑了，默認自己聰明！

聽說某天夜裏，大逆忽起，他獨自在，周很確當，我始終認…

愛之殷切

風過後，才是爽朗的晴——我們知道無論做一件什麼好事，都會引起一種惡勢力的反擊，大風希望「大風」同仁，不灰心，不氣餒，須知大風過後，才是爽朗的晴天。

這裏大家且須當心：……「大風」的重大使命。

「大風」的任務；也是「大風」邪氣臭氣，常所不免，放出一個明嫩懽的異彩，還是「大風」的句容，放出一個明嫩…

《古今合璧事类备要》

保管单位：镇江市图书馆

内容及评价：

《古今合璧事类备要》共三百六十六卷（《古今合璧事类备要前集》六十九卷、《后集》八十一卷、《续集》五十六卷、《别集》九十四卷、《外集》六十六卷）。宋谢维新撰，明嘉靖三十一年至三十五年（1552~1556）夏相刻本，100册，镇江市图书馆藏原书开本25.5厘米×16.4厘米，版框19.3厘米×14.0厘米，半页八行，十二、十三字不等，双行小字二十四字，白口，左右双边。谢维新，字去咎，南宋建安（今福建建鸥）人。本书前自序题于"宝祐丁巳"，是宋理宗宝祐五年（1253），距离南宋亡国仅有二十六年。序中又自称"胶庠进士"，故《四库全书总目》断定他是太学生。书中又有莆田守黄叔度跋，称维新应友刘德亨之托编此书，《总目》据此推断为坊本。

谢氏于自序中表示，此书"凡古今应用之事，悉于此书萃焉"，其目的在于使人一书在手，所有天地人物器用服食鸟兽草木都在其中查到，"莫不类而得其备，备而得其要"。因此这是一部明确以方便查检为目的的类书。《前集》四十一门，子目四百九十一。《后集》四十八门，子目四百一十六，其致仕一目，有录无书。《续集》六门，子目五百七十。《别集》六门，子目四百一十。《外集》十六门，子目四百三十。卷帙浩繁，内容详细，宋代及以前的许多遗文佚事，往往凭此书得以发现，如苏轼的《咏雪诗》四首等。另外，宋代官制冗杂，史书所举、诗文所称，后人往往不知其指何官，而此书《后集》所录，条列最明，可做为考证的依据。

本书首卷卷端题"三衢夏相重摹宋刻"，目录末页刻"嘉靖壬子春正月三衢近峰夏相宋板摹刻至丙辰冬十月事竣"，是嘉靖三十一至三十五年（1552~1556）。书中有"御赐天放堂"、"南海康氏万木草堂"印，证明是清末思想家康有为万木草堂藏品。根据《古籍定级标准》，定为二级甲等，具有重要的历史价值和版本价值。已入选第二批《国家珍贵古籍名录》，编号04909。

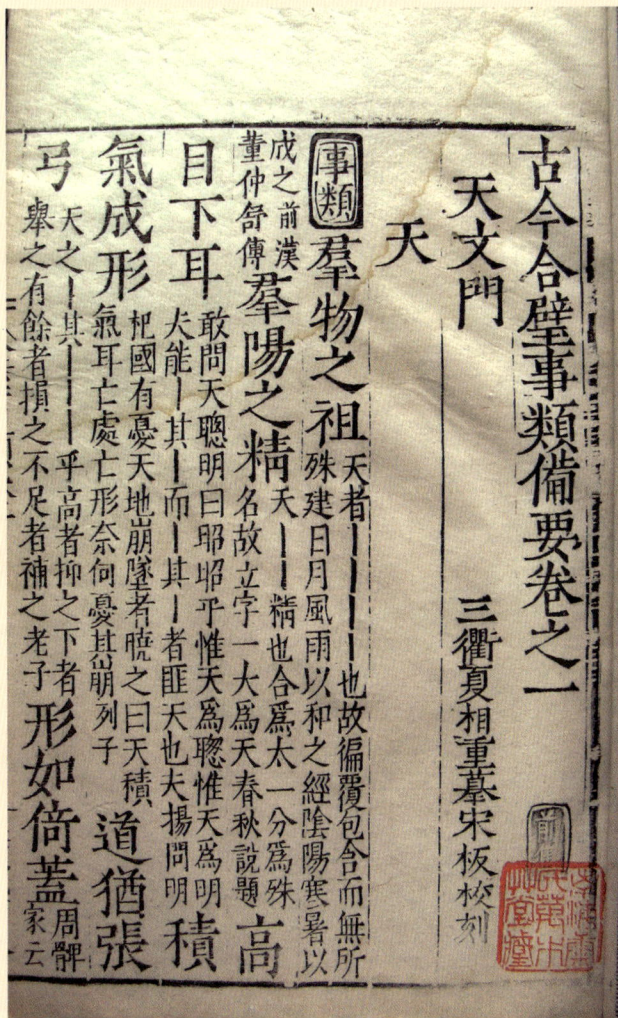

《古今合璧事类备要》卷一首页

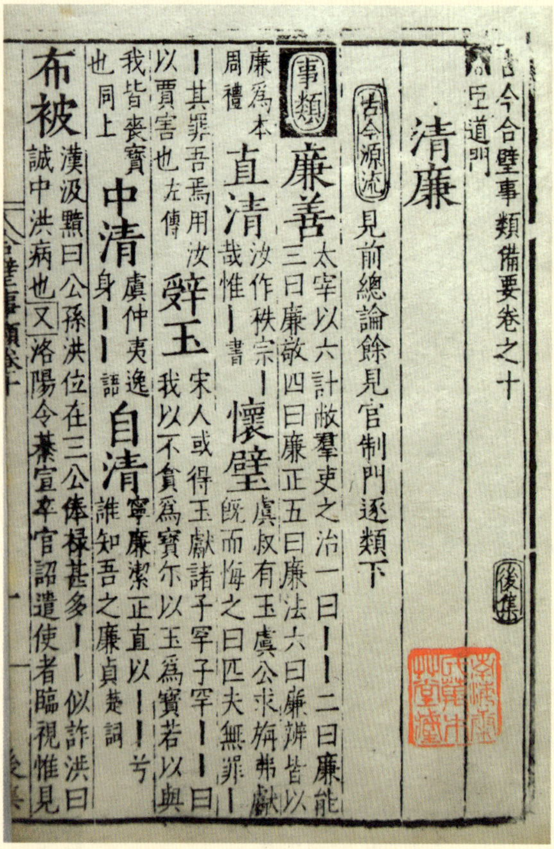

《古今合璧事类备要》卷十首页

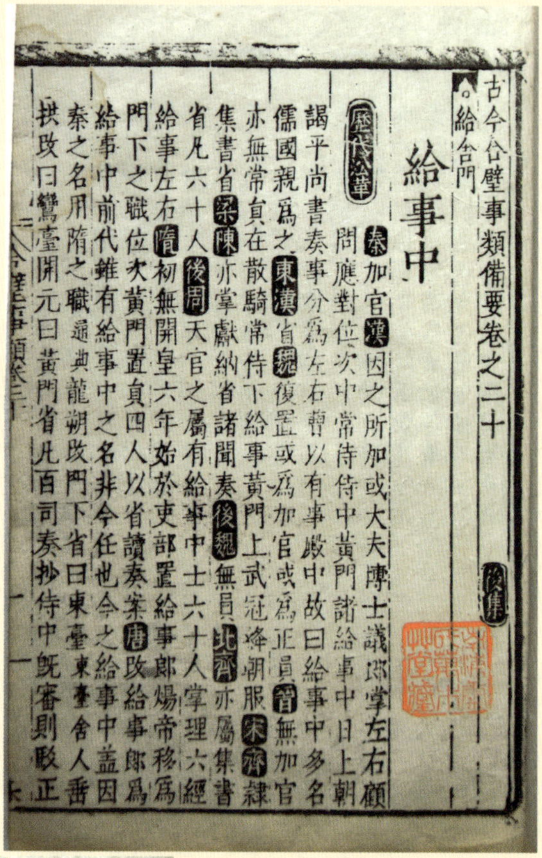

《古今合璧事类备要》卷二十首页

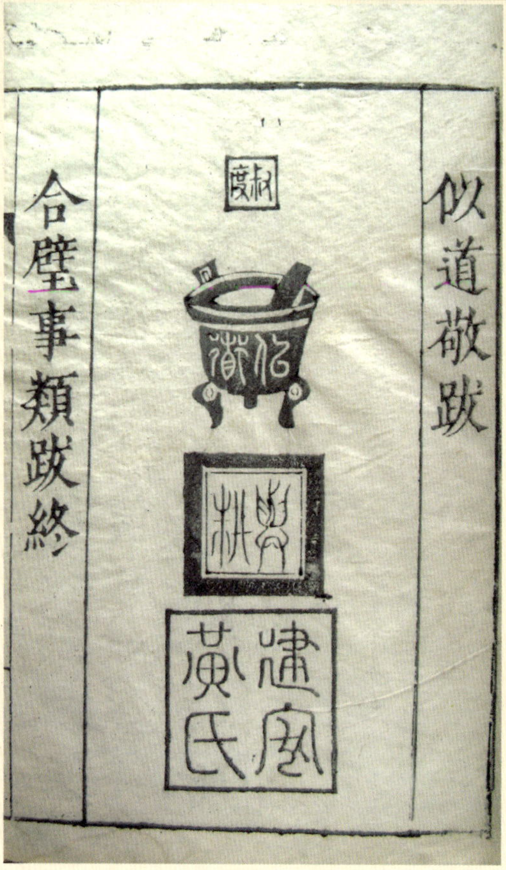

《古今合璧事类备要》卷终

《吴勤惠公年谱》二卷

保管单位：镇江市图书馆

内容及评价：

此书为清陈庆年撰，稿本，1册，开本24.5厘米×17.0厘米，版框18.0厘米×12.8厘米。陈庆年（1862~1929），字善余，镇江人，近代史学家。曾被张之洞聘作湖北译书局总纂，并为端方首席幕僚，创办江南图书馆，并参与其它各项文化、教育、学术事宜。曾抢购杭州丁氏藏书8000余卷，免其沦入外夷之手。又考得东沙岛史料，帮助清政府争得东沙岛的主权。著述甚丰，有《司马法校注》、《汉津逸文疏证》等数十种。

陈庆年自序称："《吴勤惠公年谱》二卷，公子吉甫观察属庆年所述也。"因此书中资料应当得之于吴棠之子吉甫。自序署"光绪癸巳七月"，为光绪十九年。序中称"杀青既就，记其缘起"。这说明此书在光绪十九年（1893）完成誊清。

谱主吴棠，谥勤惠，曾与太平军、捻军作战，先后任漕运总督、江苏巡抚、闽浙总督、四川总督。因此该书是研究太平天国、捻军历史的重要资料，同时它也是陈庆年在传记年谱方面成就的体现，具有一定史学价值和学术价值。

书中钤有作者陈庆年"庆"、"年"、"善余"三方印章，另有"只求一是"印章一枚，印主不详。此书未有刻本，因此海内外仅此孤本一部，堪称无价之宝。

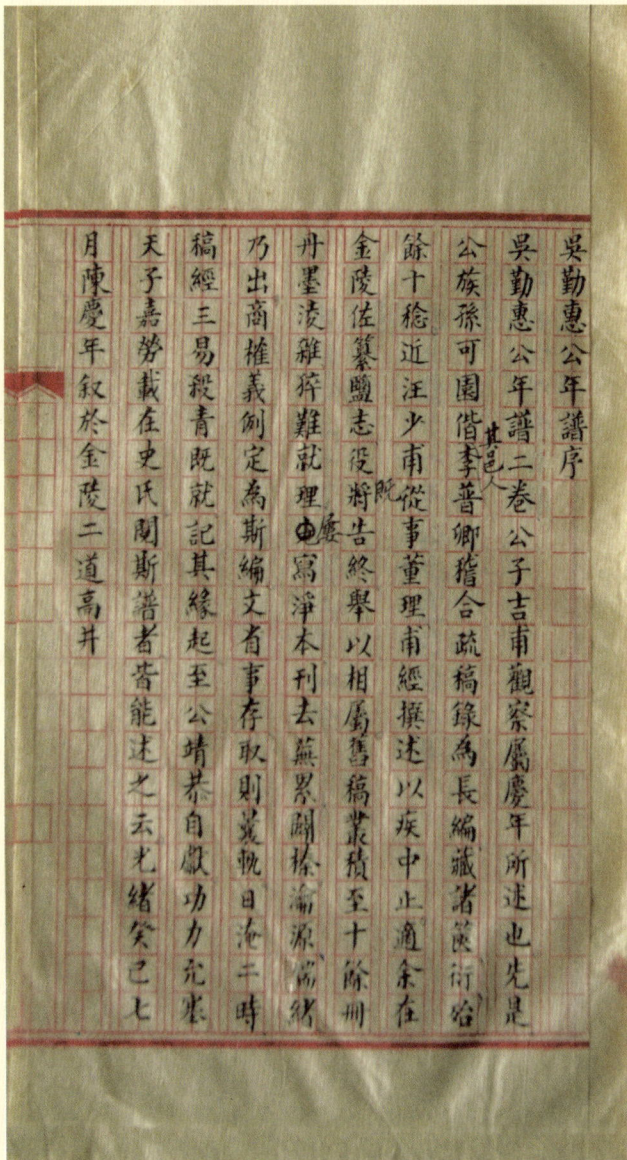

《吴勤惠公年谱》序

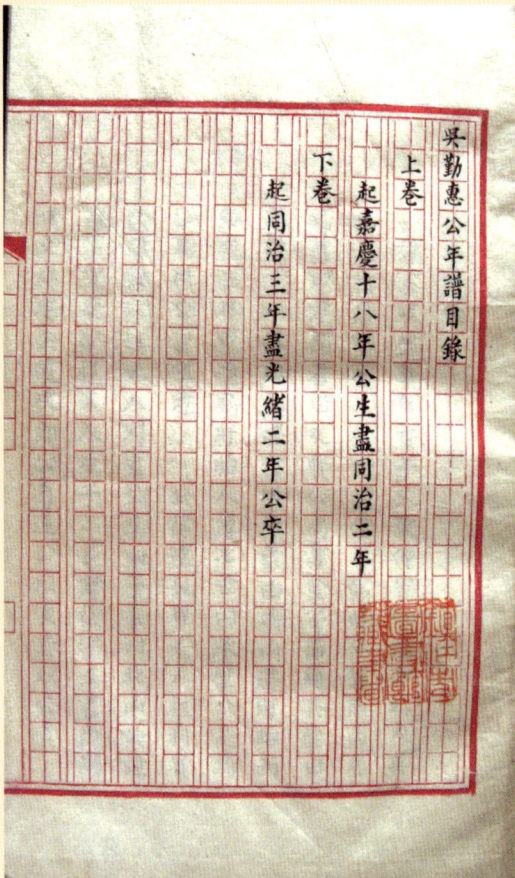

《吴勤惠公年谱》目录

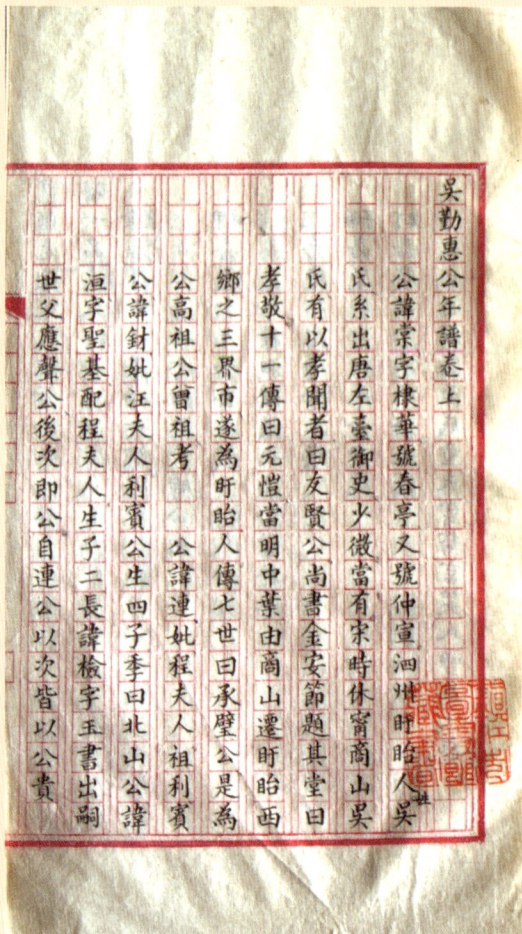

《吴勤惠公年谱》卷一首页

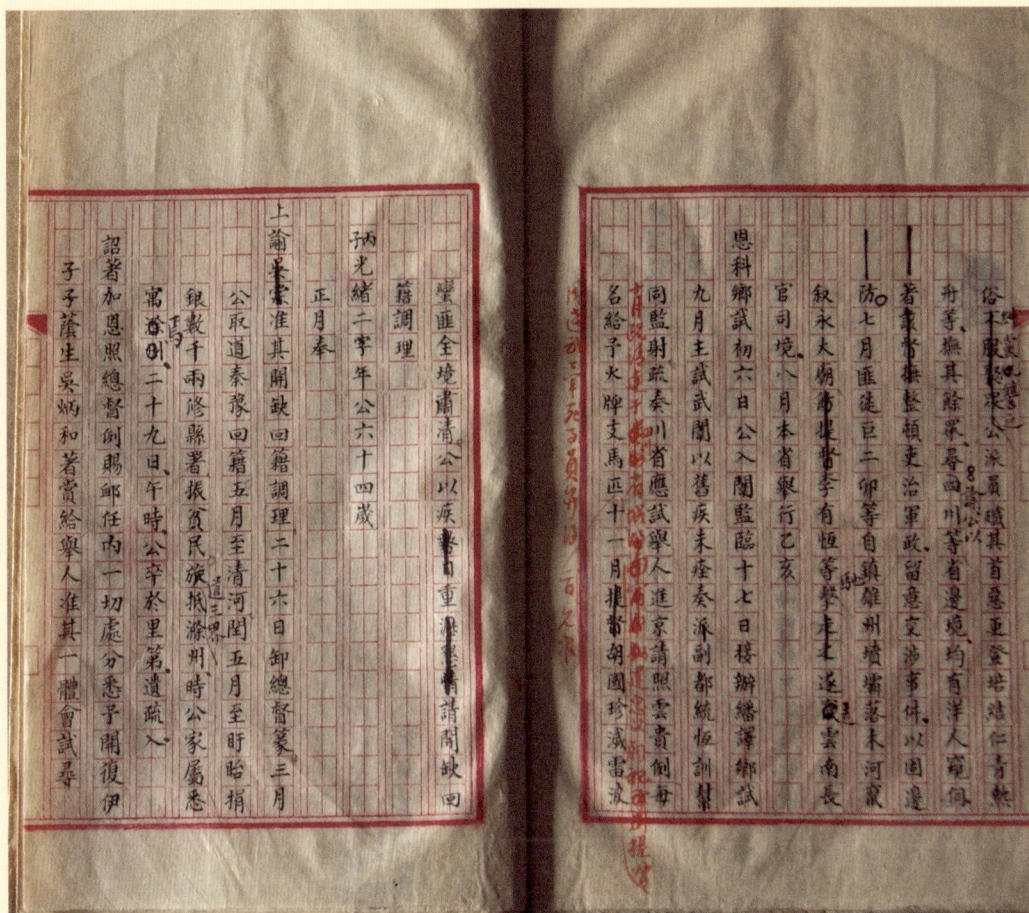

《吴勤惠公年谱》卷二内容

须曼居士手书贝叶金经一卷

保管单位： 镇江市图书馆

内容及评价：

杨兆鋆，字诚之，号须圃、须曼居士，浙江乌程（今吴兴县）人。咸丰四年（1854）生，卒年介于民国五年（1916）至民国二十年（1931）之间。肄业于京师同文馆，光绪十年（1884），随公使许景澄出洋。光绪二十八年（1902），以"江苏候补道赏四品卿衔差"任出使比利时钦差大臣。光绪三十一年（1905）回国。著有《须曼精庐算学》《杨须圃出使奏议》。

书盒题"锡兰贝叶书画金刚经二十六叶"。此书计二十六叶，其中二十三叶A面为汉文《金刚经》，杨兆鋆书；二十三叶中，有二十叶之B面为释迦、观音及达摩祖师等造像及小传，三叶之B面为序跋；末三叶正背两面皆为巴利文。王霆序称："甲申秋日，偕诚之四弟随使泰西，道出锡兰，游雪山古寺，观所茂贝叶经，各出喜林市数页以去。洎诚之再过斯土，得无字贝叶数十，倩人画诸佛像，自书金刚经于背。"则末三叶巴利文字出于印度，余为印度贝叶而杨氏于清末书之。

该贝叶经有很多称道的地方，其一，有著名书画家吴昌硕题字，作"须曼居士手书贝叶金经"，前后各一，又识"贝叶经翻读一过，字字精雅，莫大功德也"。其二，有当时著名书法字王咏霓为经卷题识。其三，有当时佛学界人士许息安题识。国内独有，书画称绝，贝叶古老，注释精辟。

该贝叶经系由民国江苏省立镇江图书馆遗留之物，集经文、译文、绘图、书法于一体，在全国的善本书目的著录中尚未出现。

吴昌硕题写的贝叶金经封面

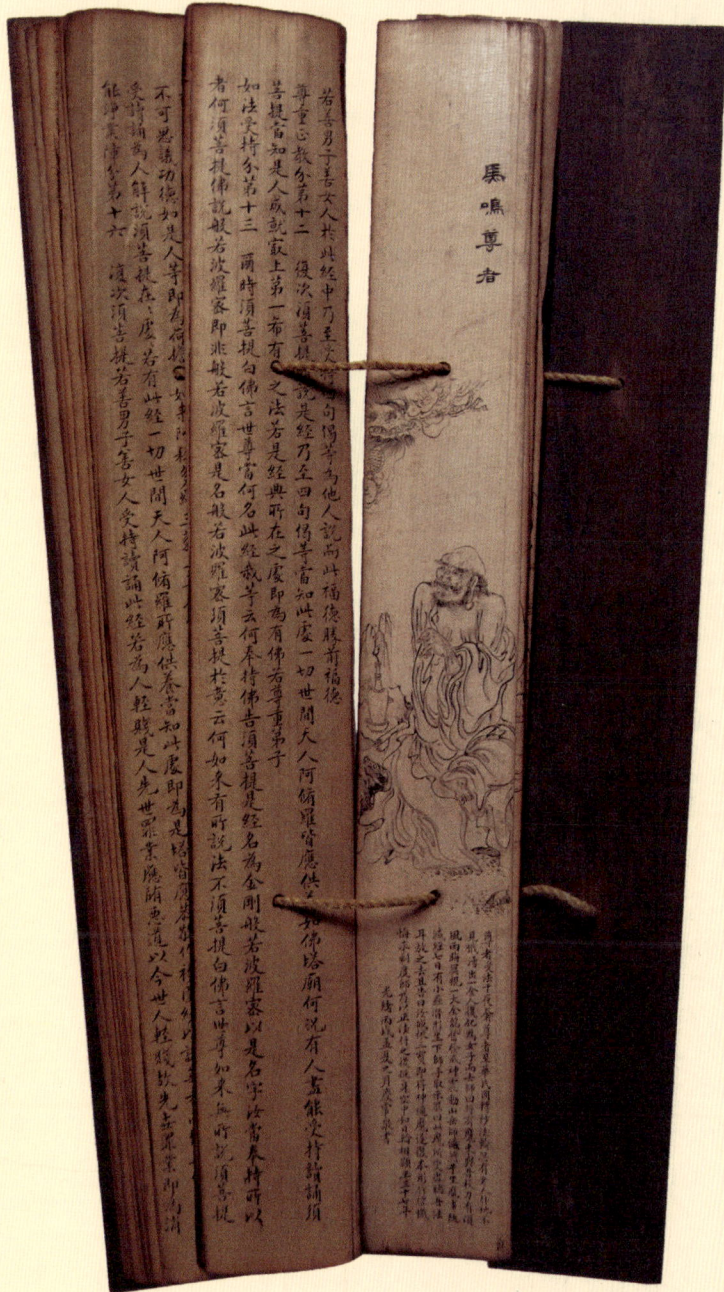

插页

清末《南洋官报》

保管单位： 镇江市图书馆
内容及评价：

南洋通商大臣和两江总督衙门主办的地方当局官报，南京近代最早的官办报纸。由当时两江总督兼南洋大臣魏光焘于光绪二十九年（1903）创设南洋官报局，从事该报的编辑出版。光绪三十年（1904）2月16日创刊，为两日报，书册式，每册14页左右，南洋官报局出版发行。光绪三十一年（1905）3月改为旬报，另起期数，每10日出一册，每册40~50页左右。同年8月添办日报，次年11月停日报，专办旬报。宣统元年（1909）起又另起期数，改为五日报，宣统三年（1911）末停刊。前后历时近8年，是江苏晚清官报中出版时间最长的一种。

《南洋官报》每期出版4300册，其宗旨和体例都仿照《北洋官报》。除各省督抚、宁苏皖赣藩臬学司以及道府邮局等不收费外，有3700余册分销各地，发行面覆盖江西全省、安徽全省、宁属各州县、苏属各州县以及各镇道武营盐务厘局等，每册全年售价8元4角。南洋官报局会办是刘世珩，以候补道擢任。坐办赵道诒，是江苏候补道。

主笔茅谦（1848~1917），丹徒（今镇江）人，字子贞，号肺山，光绪二十年（1894）举人，是著名桥梁专家茅以升的祖父。现存最后一期《南洋五日官报》是宣统三年（1911）11月5日出版的第194册，此期突出刊载了清王朝为镇压武昌起义而采取的种种对策和紧急措施。

镇江市图书馆收藏该报光绪年间43册175期，宣统年间47册141期，计90册。以旬报为主，藏量之多在国内罕见。

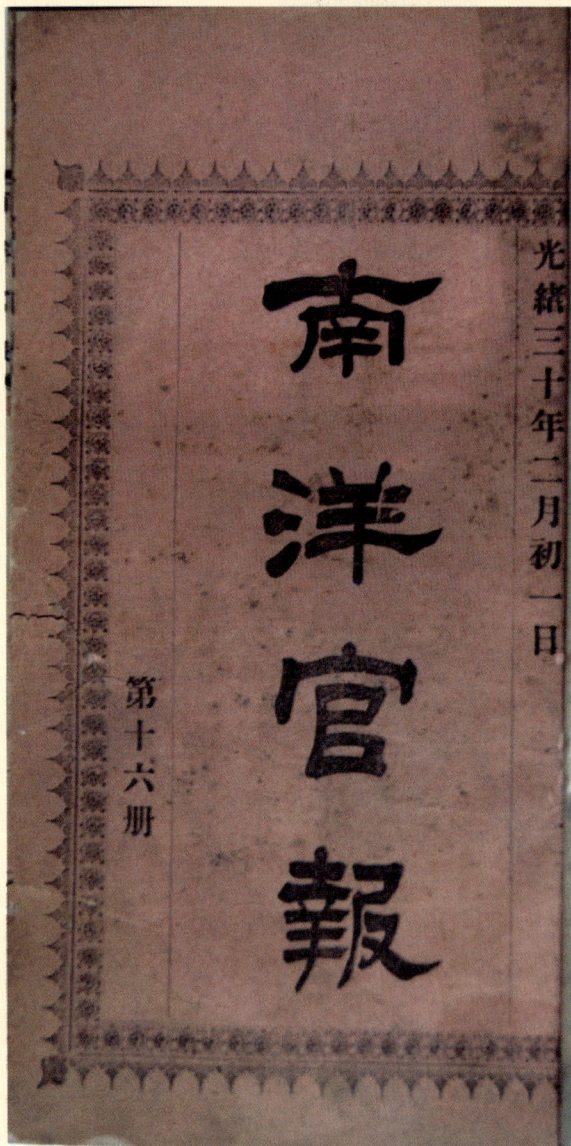

《南洋官报》第十六期封面

《南洋官报》目录

《南洋官报》"谕旨恭录"专栏

粟裕使用过的清代陆军大学教科书《战略学》

保管单位：茅山新四军纪念馆

内容及评价：

《战略学》是粟裕大将生前藏书，2008年4月14日由粟裕夫人楚青捐赠给茅山新四军纪念馆收藏。2010年5月12日和24日，曾在粟裕身边担任14年秘书工作的鞠开就此书先后两次做客于茅山新四军纪念馆，据他介绍，《战略学》一书为粟裕战争年代随身携带并精心研读过的军事专著之一。

《战略学》为1908年陆军大学堂印行的线装石印古籍，供陆军大学校使用的教科书。封面是粟裕大将用毛笔题写的书名，用钢笔签名，该书曾长期为粟裕学习使用和保存。全书主要由绪言、目次、总论、正文15章、结论和附录（包括土桥教官做的"军之统帅"一文和12张地形图）等六部分组成。陆军大学堂总教官应雄图（日本陆军中佐樱井雄图）作绪言和编写正文，全书由任依洲译、雷启中修。2010年4月7日，军事科学院战略研究部部长寿晓松少将在纪念馆参观时，曾指出这本书十分珍贵，其学说理论到现在都有较高的参考价值，应该再版好好研究利用。2011年12月18日，经江苏省文物鉴定专家组鉴定后，认为该书"为粟裕将军使用收藏的军事著作，有他的亲笔签名，来源清晰，保存较好，价值较高"，定为二级文物。

在我军灿若群星的将帅中，粟裕以其高水平的战略眼光、灵活机动的决策运筹、能征善战和长于指挥大兵团作战而著称于世，赢得了"常胜将军"的美誉。这一切都得益于他在长期的军事生涯中勤于学习，善于总结，并结合战争实践不断探讨战争规律。他为毛泽东军事思想的形成和发展，为繁荣我国的军事科学研究作出了重大贡献。

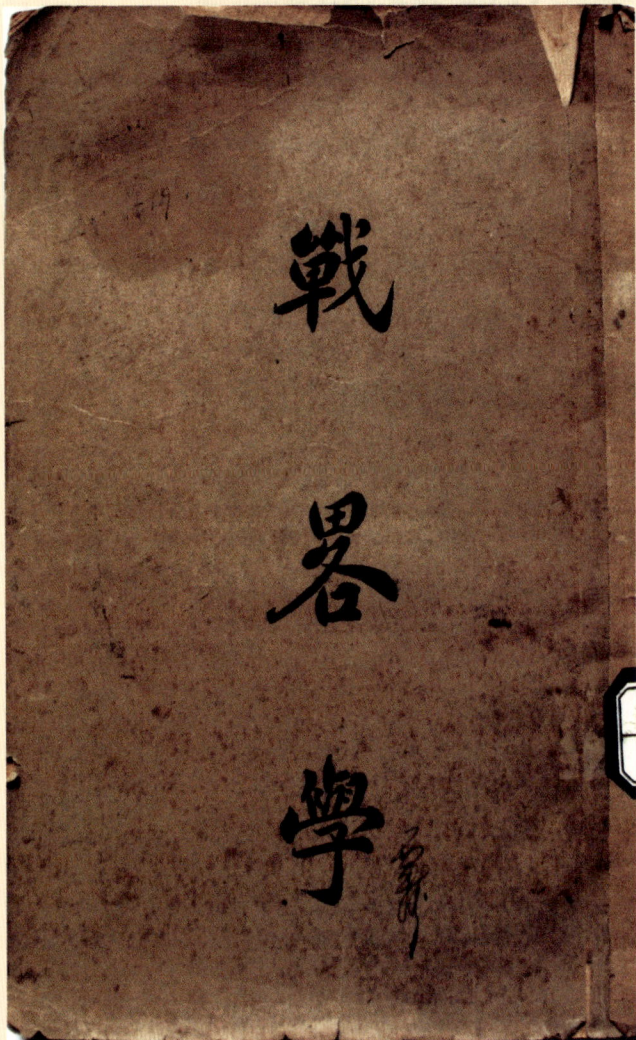

《战略学》封面

欲以歐洲之學制施之於今日則其不蹈歐等之弊也幾希矣予是以不
自量力纂輯斯書以餉學者之津梁如能因此以推究原委則亦不難超
登彼崖也此則編者之微意如斯爾

応雄圖識

二

《战略学》目录

陸軍大學校教科書 戰略學

緒言

戰畧為至深至遠之學非專心攻究積以歲月決不能窮其蘊奧也蓋天
下之事物靡弗與時為變遷而事物之變遷無窮不可以預測者則尤莫
甚於戰爭徵之史籍時無古國無束西其事蹟未嘗有出乎一轍者則
其戰略之不可不臨機應變因時制宜也明矣如僅熟習一定之原則則株
守古人之軌轍而能制勝於變幻百出之間者未之有也然則如之何而
可曰要在相機度勢以靈應用原則之妙而已此即戰畧學之所以為至
深至遠也向者歐洲各國陸軍大學校本以戰略學為特別勤課今則漸
改舊章專令學生攻究戰史或觀察規模宏大之演操或討究戰略之原
則使因此能自發明廳用之術故其効殆有倍於昔日者然按中國現時
之情勢各種戰史未甚完備即如大操亦未得謂之完全無缺使當此而

戰略學 緒言 一

《战略学》绪言

戰略學

軍之統帥
戰略與戰術

國

任依洲譯
應雄圖編
雷啓中修

陸軍大學
校教科書 戰略學

第一章 總論

凡運用國軍必有一定之目的即有一定之方略
此即所謂戰略是也蓋當未與敵國交戰之前須準據一定之原則而將
敵人之情形行程之遲速以及給養之便否軍隊之運動攻守之利害等
悉心考查細大靡遺然後得以察機於未然防變於未萌一切判斷悉中
肯綮此即屬乎戰略之範圍者也歷觀古今勝敗之迹以及名將之用兵
無不變幻不測出沒無常其制勝於咄嗟之間也殆若出乎偶然之事然
而考其所以至此者實由平素推究學理刻苦精深一旦臨事訓發露其

戰略學

《战略学》总论

陈毅题签的《群众导报》

保管单位：扬中市档案馆

内容及评价：

陈毅元帅与扬中有着不解之缘，抗日战争时期在此留下革命足迹。新四军挺进纵队占领扬中前后，陈毅曾赋诗三首，盛赞"立足扬中无限好"、"长江跳板稳如山"。

1939年春，新四军"挺纵"战地服务团和扬中县青年抗日团创办了《群众导报》。该报石印，八开二版，由陈毅题签报头，报社设在扬中二圩港黄子棠家，主编赵良斌，报纸3天左右出一期。新四军"挺纵"通过该报积极宣传共产党的抗日主张，揭露日军实行"三光"政策的滔天罪行，及时报道战局发展情况，鼓舞群众抗日斗志。1940年1月，日伪侵犯，扬中沦陷，《群众导报》在坚持近一年共出一百多期的情况下被迫停刊。1940年春，在扬中县抗日民主政府领导下，该报复刊，更名《中流报》，1940年11月与澄西《前进报》合并为中共京沪路北特委机关报《前进报》。

《群众导报》是1987年4月由扬中县档案馆从本县永胜乡永利村2组农民家征集历史资料时发现的，共32页，起自1939年10月4日，止于1940年1月5日。该报是共产党领导下的扬中军民创办的第一份报纸，是研究新四军在江苏活动情况的重要史料。

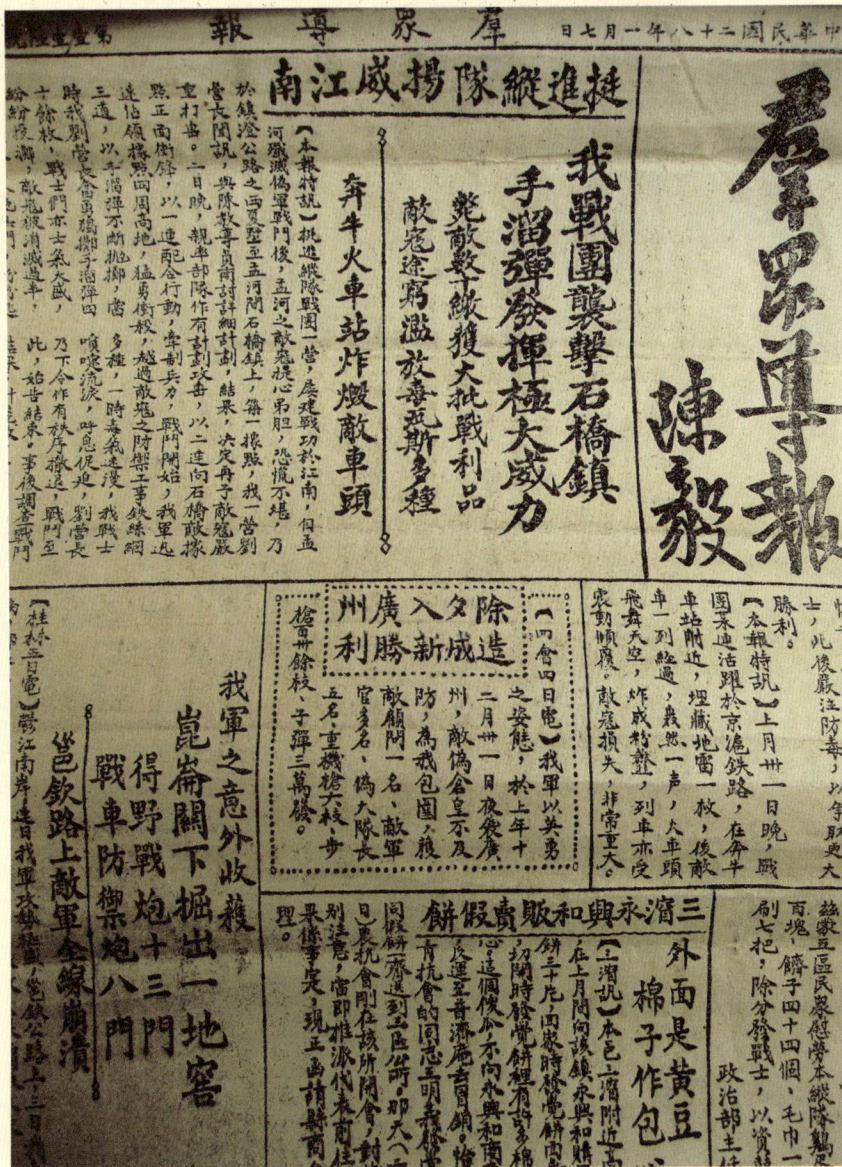

1939年1月7日发行的《群众导报》

群眾導報　陳毅

中華民國廿九年一月一日　報導眾群　第壹壹肆號　第一版

文抗協會開成立會
管司令特親臨訓話
建築一座文化堡壘
發揮文化人抗戰力量

在鄂村田聯隊
鄂東北全軍覆沒

不信住閣內象
院開議

崑崙關一役
敵寇數聯隊悉數消滅

粵諮敵入石鼓
大燬敵車二百餘輛

1940年1月1日发行的《群众导报》

民国句容《大风报》

保管单位: 句容市档案馆

内容及评价:

　　《大风报》是抗日战争胜利后,由国民党句容县党部于1946年10月10日创办,开始为周报,1948年6月改为旬刊,4开4版,铅印,共发行76期,每期发行量为2000份,主要是对当时政务、民情等作了时事性刊登。初期发行人张雍冲,自21期由王振尧担任发行人兼社长,总编辑曾广西。《大风报》创刊时的售价为每份100元,到1948年10月20日停刊前,每份售价60000元,上涨了600倍,由此可见当时民国政府通货膨涨之巨、人民生活之困苦。句容市档案馆共有28期,为研究民国时期句容的社会百态、民生民情提供了有价值的历史资料。

《大风报》创刊号

1946年10月10日《大风报》评论

《大风报》"时事一周"专栏

地方新聞

本縣鄉鎮區域重加調整
全縣劃併三十一鄉鎮

雙十節感言　王振堯

廢區併鄉後
鄉鎮長新陣容

于斌主教蒞句
各界舉行歡迎

本縣田賦實徵
雙十節後開始

句容縣銀行
十一月一日正式營業

勝利後第二屆雙十節
本縣各界舉行慶祝會

雙十與大風　逸章

《大风报》"地方新闻"专栏

苏中版《毛泽东选集》（1）

保管单位：茅山新四军纪念馆
内容及评价：

苏中版《毛泽东选集》（1）为小32开本，新5号字竖排，总计124页，以朱德、周恩来、李富春、刘少奇、彭德怀、陆定一、冈野进、陈毅、陈伯达、曼努意斯基、邓发、艾思奇、徐特立、博古、范文澜、康生、王稼祥等18人对毛泽东思想的论述代序，正文收入毛泽东《中国抗日民族统一战线在目前阶段的任务》、《反对日本帝国主义进攻的方针办法与前途》、《国共两党统一战线成立后中国革命的迫切任务》、《关于抗战与团结的前途问题》、《关于"一党专政"问题》、《抗日游击战争的战略问题》、《与世界学联代表团的谈话》等文稿11篇，不足10万字。书的封面采用套色印刷，从右到左横排书名，中间印一幅毛泽东肖像。封面上的毛泽东头像是由编辑部工作人员杨涵同志绘制木刻制版的。书面右下角印有"1"字，表示第一卷，左下角从右到左印有"苏中出版社"字样，书眉有篇名。全书只有封面、扉页、目录、出版者等几项非常简单朴素的设计，没有规范的版权页应有的主编、责任编辑、责任校对、印张等内容。封底印有"印数20000册，定价抗币6元"字样。

时任中共苏中区党委宣传部长的俞铭璜负责策划和主编，责任编辑为杜诺。书稿是俞铭璜在1944年下半年到1945年上半年编就的，并作好封面设计，确定开本、纸张、字体、排印后，交由刚组建的苏中出版社编辑部负责人杜诺落实执行。在1945年7月，隐藏于宝应县射阳湖镇西北八里许的冲林村东头的紧靠芦苇荡的大庙里的苏中报印刷所出版厂在历经千难万险后才使该书得以公开发行。原拟出版《毛泽东选集》1~4卷，但由于形势发展，只出了一卷就北撤山东，已编就的其他三卷书稿散佚，下落不明。

该文献作为中国共产党史上全国第二版、华中第一版毛选，具有重要的历史价值，开创了我国历史上编选和出版《毛泽东选集》的历史新纪元。与其他版本相比较有一大创举，吸收了中共七大通过的新党章相关规定，在《毛泽东选集》版本中首次使用"毛泽东思想"的提法。由于历史原因及客观条件的限制，苏中版《毛选》在编辑出版过程中，也难免出现一些讹误。瑕不掩瑜，尽管存有这样那样的缺点，但一经出版，就极大地推动了新四军和华中抗日根据地广大党员干部、人民对毛泽东著作的学习和毛泽东思想的贯彻执行，为争取中国人民抗日战争全面胜利和解放战争的胜利，奠定了思想理论基础。

这本文献是新四军老同志历经多次战火和"文革"劫难才保存下来的，它对于研究毛泽东思想的形成和新四军抗日根据地宣传思想工作及党的印刷出版事业具有重要的历史价值。该文献已于2010年列入《江苏省珍贵档案文献名录》，2011年经江苏省文物局专家组鉴定为国家三级文物。

《毛泽东选集》（1）封面

《毛泽东选集》（1）目录一

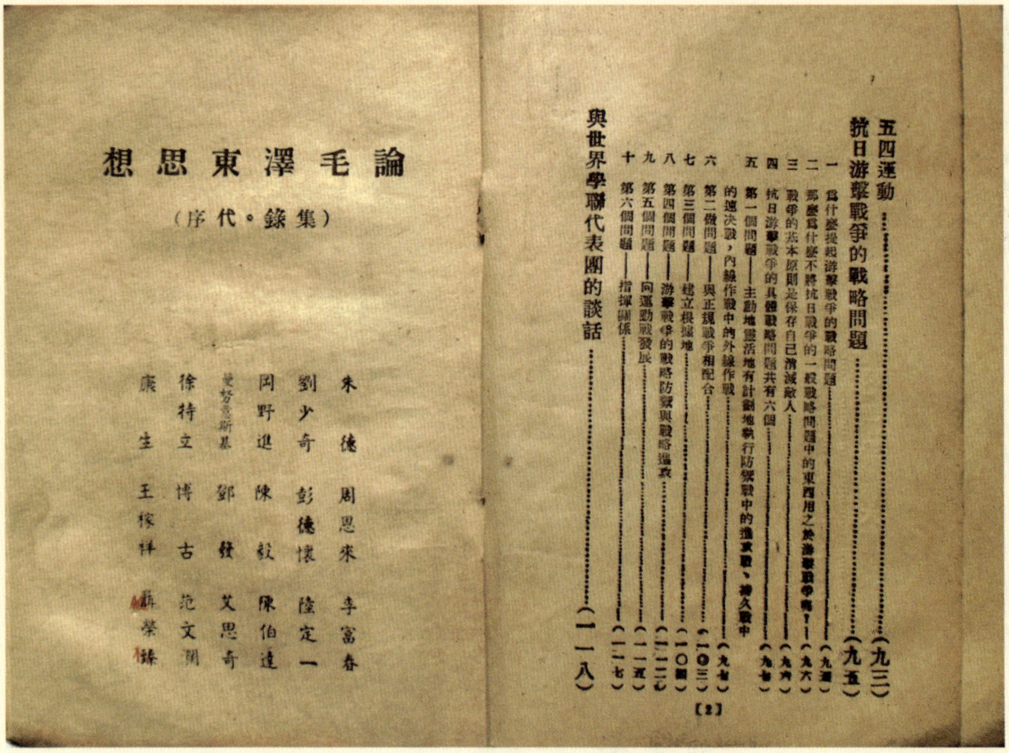

《毛泽东选集》（1）目录二

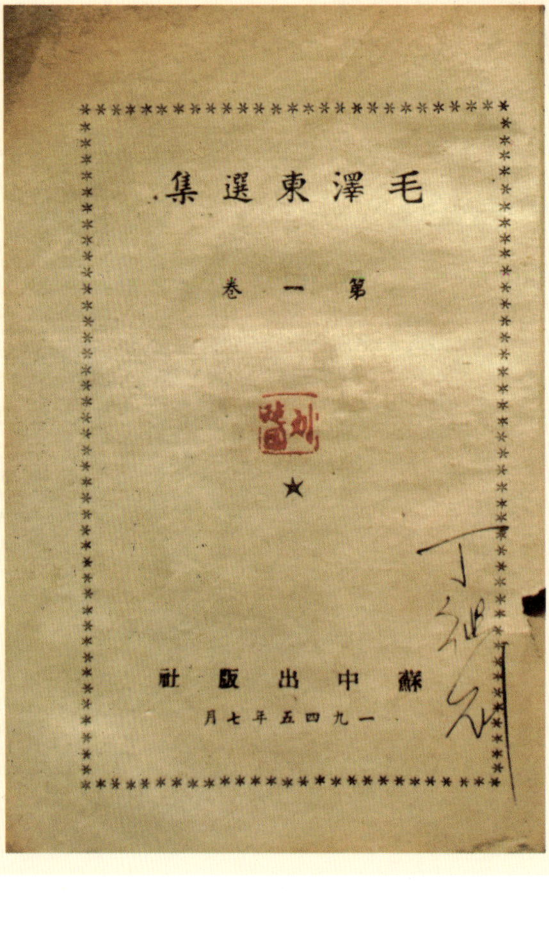

毛澤東選集
第一卷
★
蘇中出版社
一九四五年七月

《毛泽东选集》（1）内页

曰桑梓故里重所居也曰必擇鄉愼所徙也曰狐

所本也聚族而處可輕言徙哉顧生齒日繁所居不足

又不能無徙徙之而棄相承所居又不足以容也斯

徙者皆無出鄉環繞邨凡以宗黨所在不忍背棄且

催後世之或離鄉而賺也吾曲阿荊氏世家珥塘蓋自

特二十二世祖弘宗緒卜築爲居者也歷五代經唐

散獨我四十三世祖廷隱公生子五孫支繁衍世守兹

共爨而珥塘猶相保聚烟輩千竈井接百泉居者蓋眾

清宣统《延陵九里庙志》

保管单位： 丹阳市档案馆
内容及评价：

形成于清宣统二年（1910）八月，手抄本，分上、下卷，共2册。九里庙为纪念季札而立，又称"季子庙"，位于丹阳延陵镇境内。季札为吴太伯后裔，春秋吴王寿梦第四个儿子，吴姓始祖，被当代学者称为春秋时期著名的政治家、思想家、外交家。因谦让王位、出使中原、徐墓挂剑、弃室躬耕等美德而成为德者、贤者、智者的代表人物。公元前550~533年，季札三让王位，逊耕于路不拾遗的今丹阳延陵一带。因爱民如子，将中原先进的农耕和养殖技术传授给当地百姓，深得百姓敬重和爱戴。后王兄余祭将延陵属地封为季札的采邑，史称"延陵季子"。他归葬延陵九里后，后人为永久怀念他，立庙为纪。

该志分内纪、外纪两卷：内纪记录了重修志、序、历次大修记载及谒季子碑，重修九里庙并归侵田碑记等；外纪包括疆域、祠墓、官守、祥吴、四贤、八景等。九里庙始自东汉、兴至唐宋、发展至今，跨度近二千年，期间历经兴废，但该志记载相当全面、完整、翔实，是一部有权威性的乡土志。近年来，丹阳市政府及各界有识之士重修了九里季子庙，该志在重修旧庙、恢复其原貌中发挥了极其重要的作用。

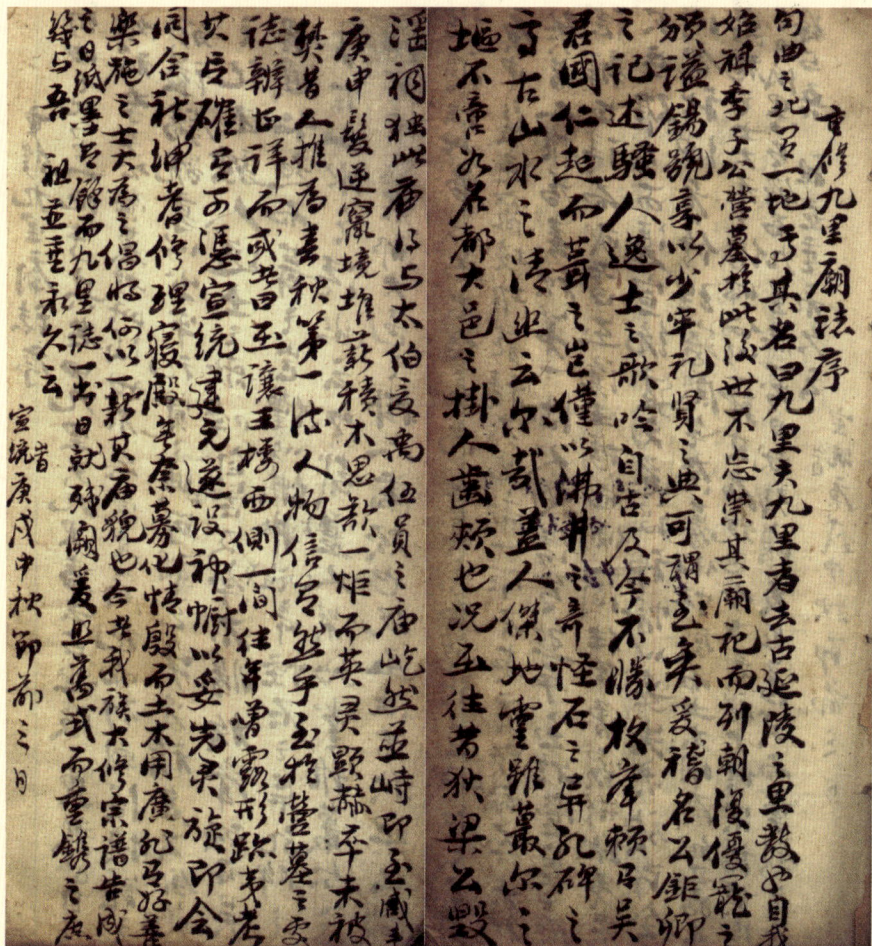

宣统二年（1910）
《重修九里庙志序》

全文：

重修九里庙志序

句曲之北，有一地，为其名曰九里。夫九里者，去古延陵之里数也。自我始祖季子公营墓于此，后世不忘，崇其庙祀。而列朝复优宠之，颁谥锡号，享以少年礼贤之典，可谓至矣。爰稽名公钜卿之记述，骚人逸士之歌吟，自古及今，不胜枚举。赖有吴君国仁，起而葺之，岂仅以沸井之奇，怪石之异，孔碑之高，古山水之清，幽云而哉，盖人杰地灵。虽蕞尔之□不啻如名都大邑挂人齿颊也，况至往昔，狄梁公毁瑶祠，独此庙得与太伯、夏禹、伍员之庙屹然并峙。即至咸丰庚申，发逆窜境，堆薪积木，思欲一炬，而英灵显赫，卒未被焚，昔人推为春秋第一流人物，信有然乎。至于营墓之处，志辨正祥，而或者曰，至让王楼西侧一间，往年曾露形迹，□考其焉，确有可凭。宣统建元遂设神幨，以妥先灵。旋即会同合社绅耆，修理寝殿。无奈，募化情殷，而土木用广，非有好善乐施之士大为之倡，将何以一新其庙貌也？今者我族大修宗谱告成之日，纸墨有余，而九里志一书，日就（久）残阙，爰照旧式而重镌之，庶几与吾祖并垂永久云。

宣统庚戌中秋节前三日

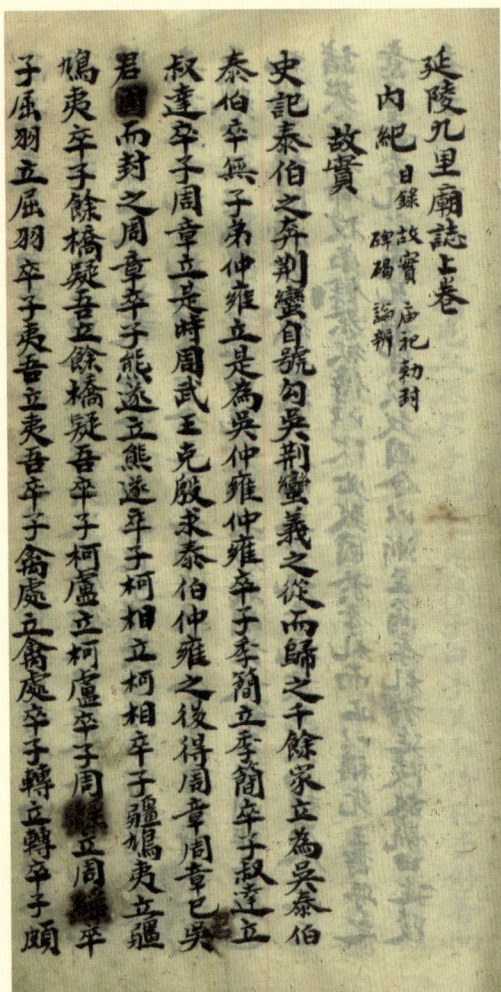

《延陵九里庙志》上卷内纪

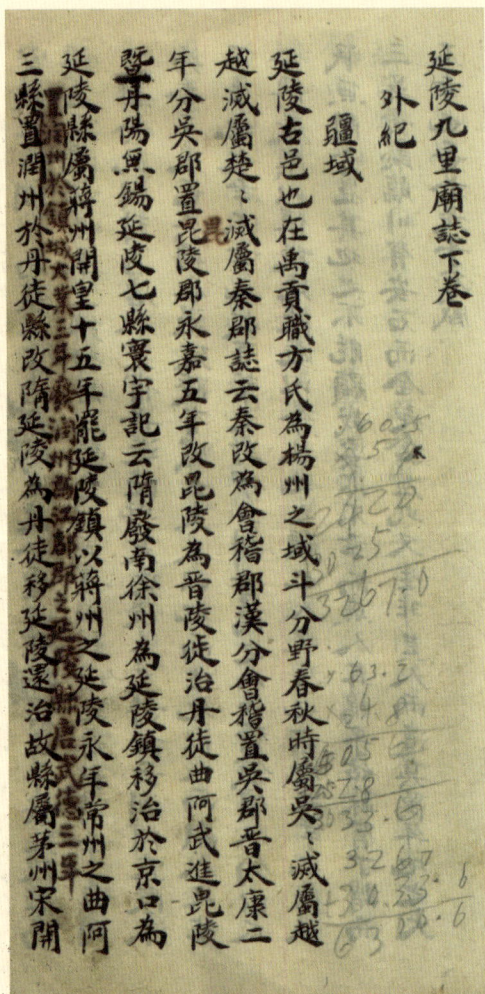

《延陵九里庙志》下卷外纪

《延陵九里庙志·庙祀》

全文：

延陵季子庙，在延陵镇西北九里，即吴季札祠也。山谦之《丹阳记》云：庙有三，南庙在延陵东郭外，北庙在武进博落城西，西庙即此是也。东汉会稽守第五伦，谓宜简于一惟存南庙。而二庙被毁，其后人悉更复之。唐大历十四年，润州刺史萧定改修，自为记。宋元佑戊辰，知润州杨杰奏请勅赐嘉贤庙。岁久庙圮，宣和建炎间，邑人因旧址新之，知建康府宝文阁直学士张缜为记。庆元中，封昭德侯。嘉定间重修十字碑亭，郡人刘宰为记。庙有百井，内沸四，二清二浊，又有古碑，四皆颂神之德。历元至明，岁久殿复圮坏。宣德辛亥，邑人稍加修葺。正统中，邑令陈公谊、吕公衡，始新其殿。嘉靖中火毁，郡守吴公一澜重建。万历年间又火，邑人复建。庙有祀田被民侵占，旷公查出七十余亩，仍归于庙。

正殿像祀季子，世传季子墓在其下，献殿庙前祀神处也。让王楼在正殿及夫子阁后，上肖季子父子、兄弟逊国之像，下肖季子夫人像，宣德中建，万历十三年改建作堂，上山门、下山门并万历十三年重建。月台在献殿前，十字碑亭在献殿前甬道右，唐大历十四年润州刺史萧定重建，宋嘉定十二年韦晰又建，至明朝万历十四年吴氏重建。左碑亭在献殿前甬道左，树（竖）殷仲堪碑，嘉定中韦晰重修，廊庑计六十余楹，并万历十三年重建。

於此之一驗也或曰世傳延陵吳季子采邑未有指此一隅著而不知延
陵之地幾及常鎮兩郡可謂一巨邑矣吳地幾何而以此全邑封李子乎
封以延陵亦過矣又何益以州來乎以情諒之故知延陵之封非全邑也
且常州之延陵古多更改而此名延陵千載如舊其是非可考邑

泉原

沸井郡誌云嘉賢廟前有百井今多堙廢丹陽誌云二清二濁在李子廟
前顧野王輿地誌云廟前有沸井四所廟後舊有沸井二所今按沸井廟
後二所湮廢廟前東南隅井蓋不止有四計有五六所惟中四井相距尺
許而清濁自別吳國仁觀沸井題云李子祠前荒草隅沸泉清濁迴然殊

《延陵九里廟志·泉原》

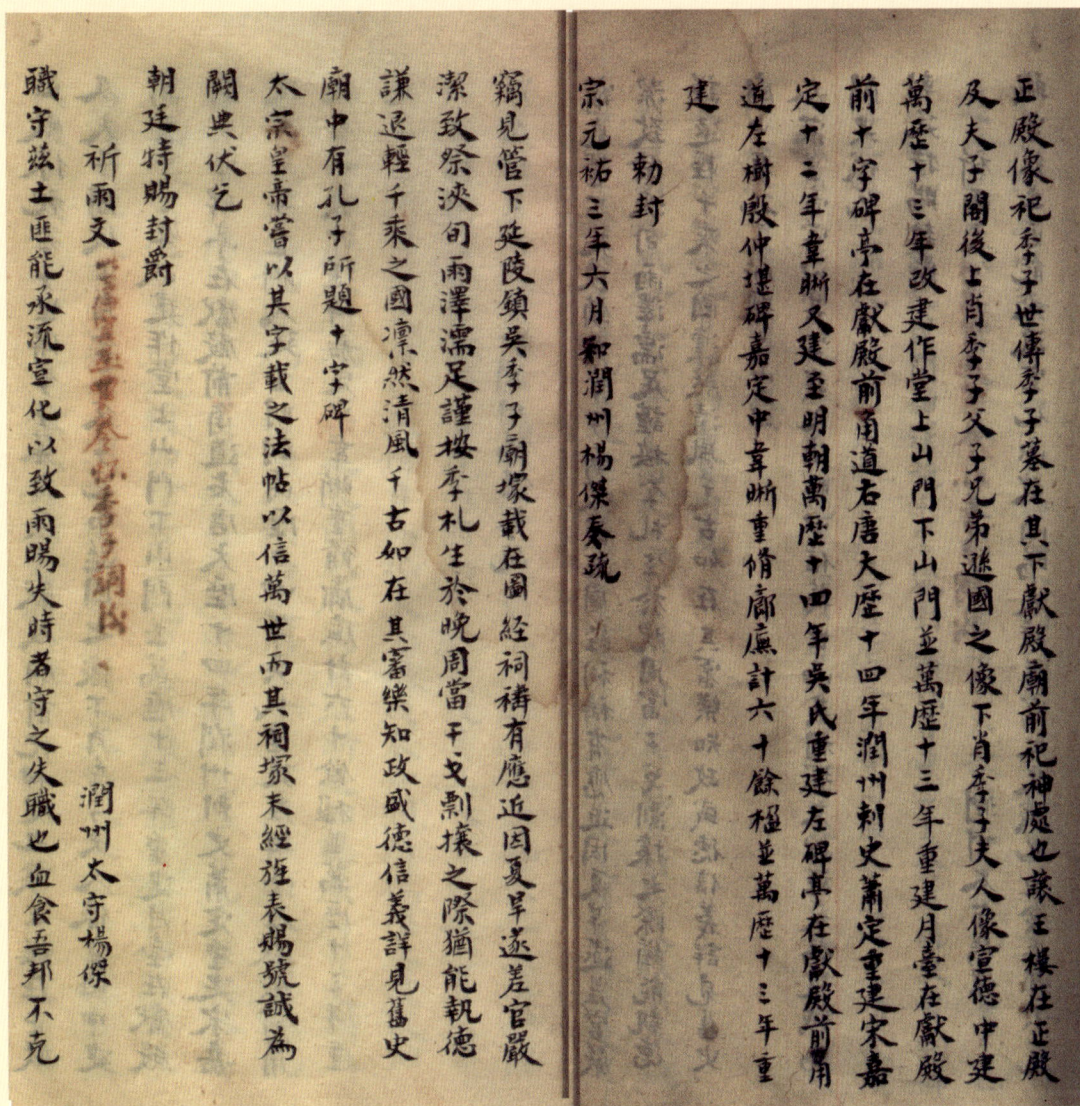

《延陵九里庙志·敕封》

全文：

宗元祐三年六月知润州杨杰奏疏

窃见管下延陵镇吴季子庙塚载在图，经祠祷有应。近因夏旱，遂差官严洁致祭，浃旬雨泽濡足。谨按季札生于晚周，当干戈剿攘之际，犹能执德谦退，轻千乘之国，凛然清风，千古如在。其审乐知政、盛德信义，详见旧史，庙中有孔子所题十字碑。

太宗皇帝尝以其字载之法帖，以信万世。而其祠塚未经旌表，赐号诚为，阙典伏乞

朝廷特赐封爵

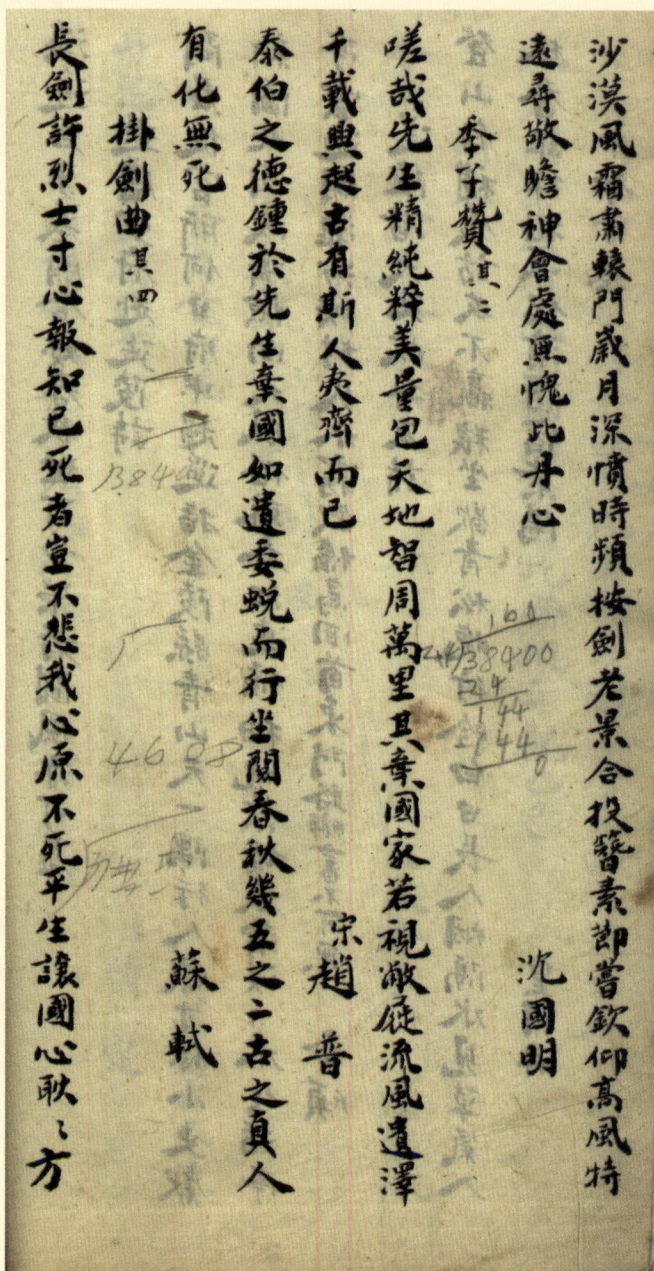

九里庙志中赵普、苏轼等颂季子诗文

全文：
嗟哉！先生精纯粹美，量包天地，智周万里。其弃国家，若视敝屣。流风遗泽，千载兴起。古有斯人，夷齐而已。
宋 赵普
泰伯之德，钟于先生，弃国如遗，委蜕而行，坐阅春秋，几五之二，古之真人，有化无死。
苏轼

民国《曲阿珥塘荆氏族谱》

保管单位：丹阳市档案馆

内容及评价：

民国《曲阿珥塘荆氏族谱》续修于1945年，最早的序为唐天宝十二年（753）由唐代著名诗人储光羲所作。共计26卷（按谱谍自身目录分），36本（按档案档号分）。主要记录了丹阳荆氏的来源及流向。丹阳荆氏始于西汉初年，公元前206年，刘邦的堂兄汉代开国功臣刘贾被封为荆王，属地为延陵等江南23城。公元前196年，淮南王黥布谋反作乱，刘贾带兵征讨战败身亡。刘贾长子刘文惊逝，次子刘武迁徙于曲阿，易刘为荆，成为丹阳荆氏的始祖。后荆武子荆潭被汉武帝复封为荆王，封田5万亩于润州东南乡，名潭府庄（荆城港），并在此筑土为城名荆城。荆氏传至53世之恒、之祥、之钦三兄弟，便从珥塘迁居皇塘村。此时，丹阳荆氏枝繁叶茂，人丁兴旺，又外迁数十个村落，较为集中的是丹阳皇塘、珥塘等地。该谱谍内容涉及西汉时七国之乱及吕后专权，时间跨度达二千余年，是研究西汉历史的重要旁证材料，弥补了正史中对汉荆王刘贾记事不祥的缺陷。由于该谱谍历代续修不绝，记事较准确、可靠，是现存唯一完整的荆氏受祉堂族谱，是研究丹阳地方人文历史的重要资料。

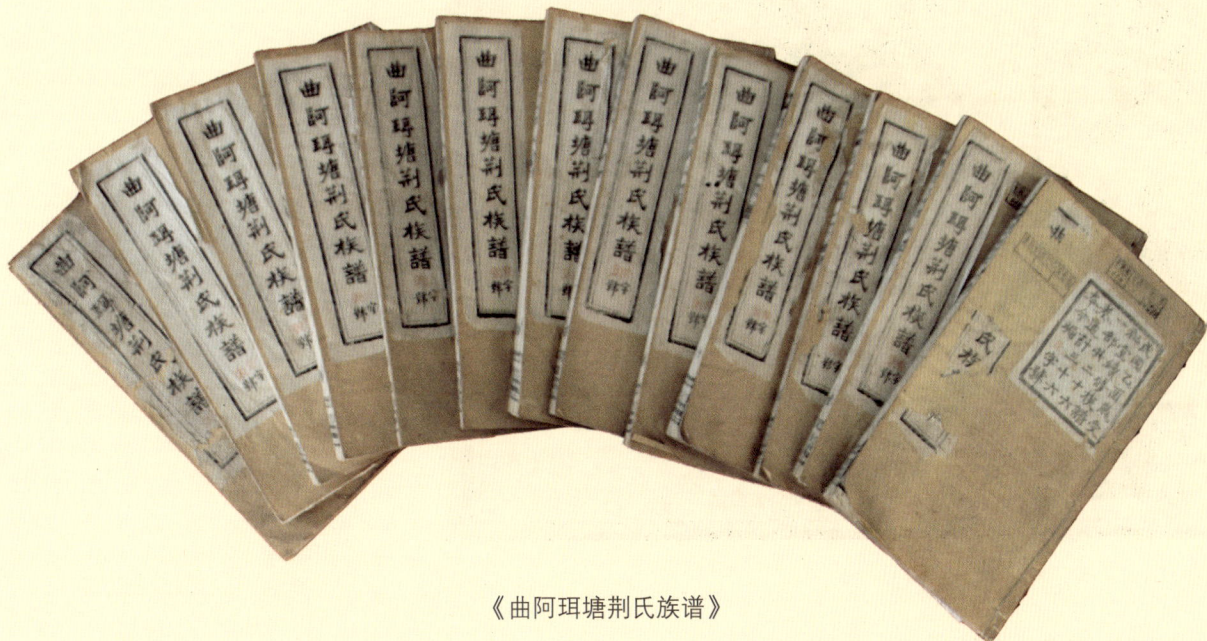

《曲阿珥塘荆氏族谱》

民國乙酉續修

荆氏族譜

受社堂

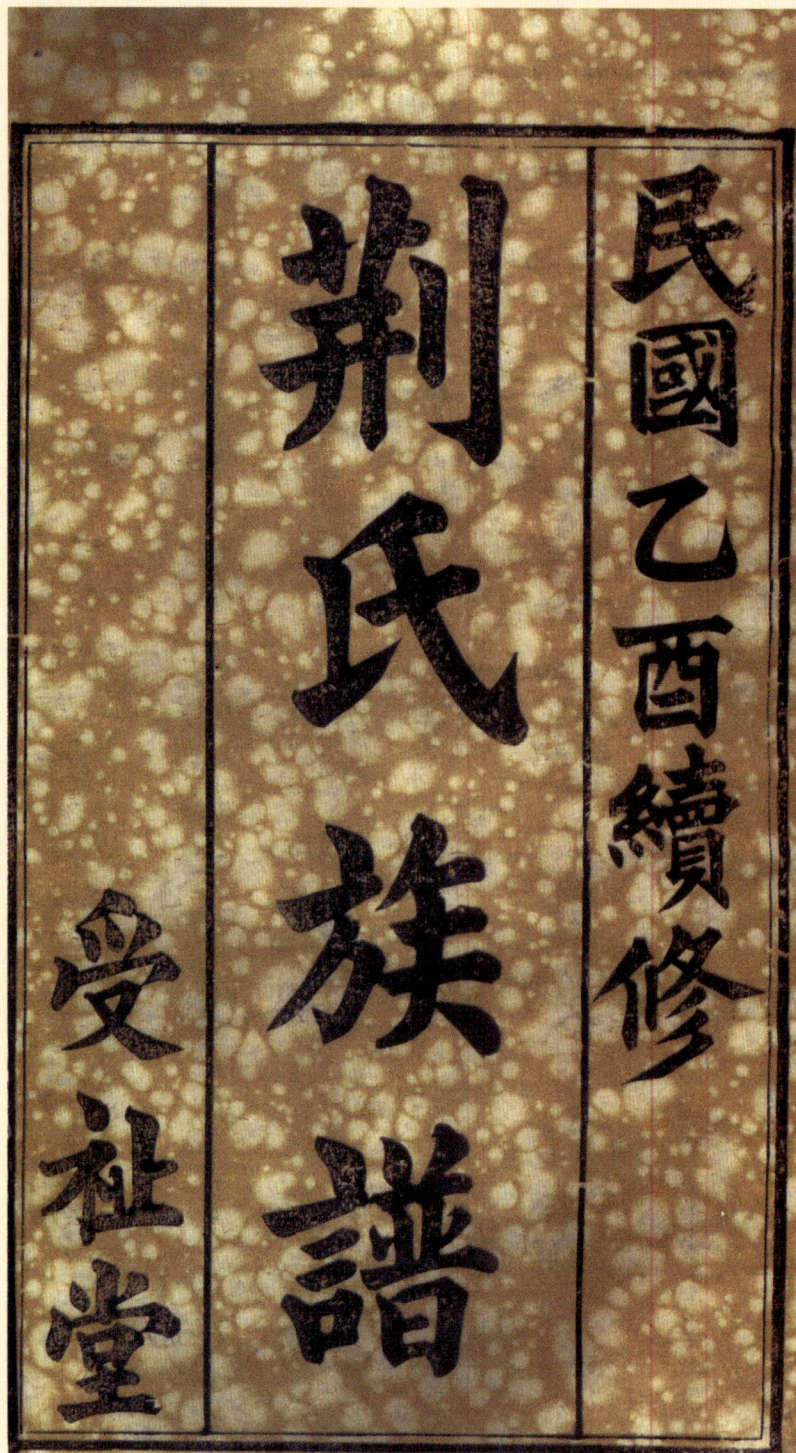

《曲阿珥塘荆氏族谱》封面

唐天宝十二载（753）唐代诗人储光羲撰写的《曲阿荆氏族志·旧序》

全文：

自古建国者，各设史官，记录时事。春秋而降，有世家等书。秦废，封建郡国不得置史。太史氏不悉天下事，于是秉礼之家或为之谱，缙绅之士或为之传云。

国朝贞观中，尝命儒臣刊定氏族志，天后称制，复更定之。先皇宗，次戚里，次勋臣，次郡望，大要重阀阅，苟寒士，虽奕世清贵，与编民同。故近世士大夫作谱志或妄拟名贤，伪立世次，有因而附会者。惟曲阿荆氏不然，荆本汉宗室，自六朝以来，雄于郡邑。至其所藏家志甚疏简，或数世一人，或再世一人，或一世两三人。初不晓其义，及观顾凯之小序，标其端，曰录贤匪，徒以昭穆也。贤而后录，所略者宜多矣。又，隋杨素平陈，徙三吴豪右万余家，散置淮南北诸郡。荆氏徙者数人，子孙几百口，故有广陵之派。今予姑之子仁裕，兖州从事也；其从弟仁翰，予同年进士也；予妇兄仁章，桂州经略判官也。三人者，一清谨，一宽厚，一练达，时皆以为贤。而宣州别驾延徽廉清敏干亦广陵之可录者也。予文虽不逮古人，肯□其实哉。

天宝十二载储光羲书

重修曲阿珥塘荆氏族譜卷一

荆氏總系

第一世　荆王　諱賈　漢高帝從兄　兄勑封王

文　列侯食采朱方

第二世

武

第三世　潭

文卒嗣為侯徙居曲阿之陰别姓荆氏始此　復封荆王

第四世　康

第五世　博　含香奏使

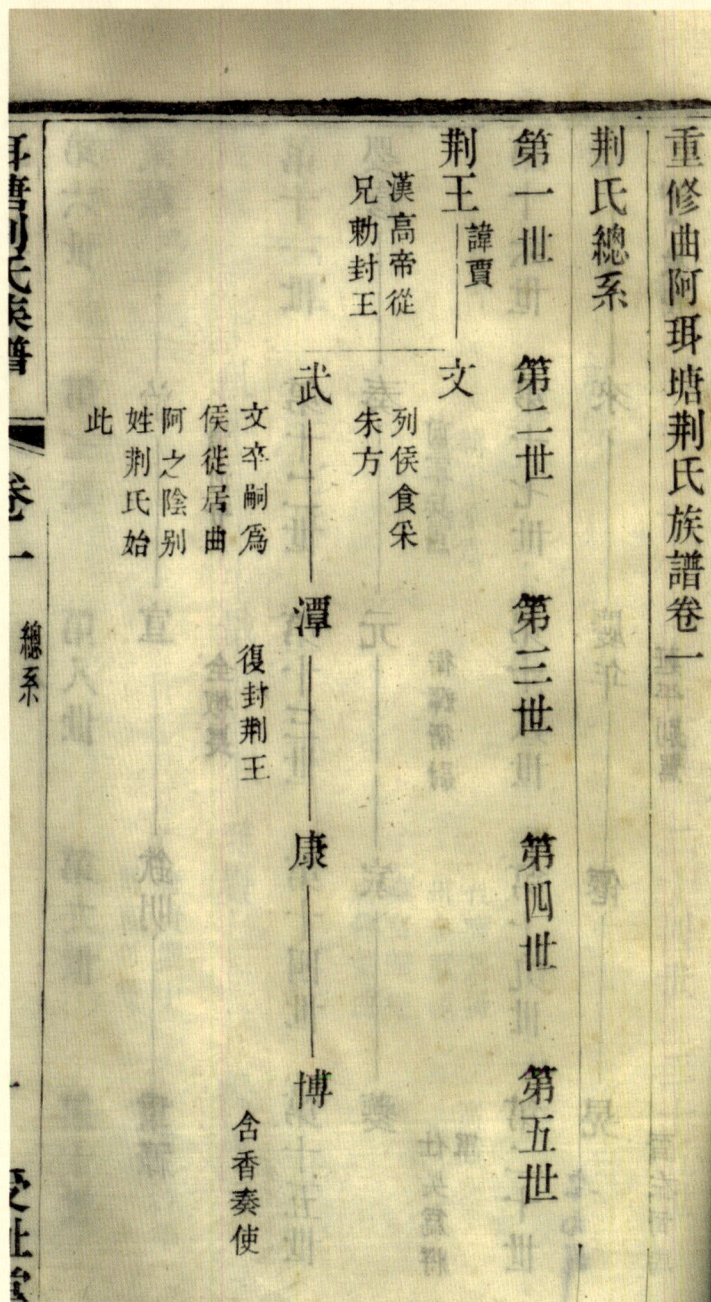

《曲阿珥塘荆氏族谱》世系表

荆氏世纪

全文：

荆氏世纪

第一世

荆王贾

王本姓刘，讳贾，汉高帝从兄也。以功封为荆王，王江表二十三城，后淮南王黥布反，王战败殂赐葬，润州京口立庙，春秋祀焉，事详郡志。

此何承天顾凯之考之外史而志之者，与史汉所记稍别。盖史汉叙功臣，故不及世系外史载封建，故独详源流。

汉高帝敕封文

全文：

朕以微渺之身，提三尺剑，克歼三□匪止。贤士大夫肯共驱驰，亦由诸昆戮力故也。今已海宇廓清，躬膺大命。每念兄等谊切同支，情关一体，邀宗祖之余休，奚忍专享抚山河之全盛，义合分茅。且昔围羽垓下，实兄引兵淮北，首建奇功。兹广虞帝亲爱之仁，仿周成剪桐之制，特封尔于延陵旧地，国号曰荆。就封以后，务期世笃忠贞。仰宜一人德意代守仁厚。俯培億亿世弘基，既锡尔位勿弃。

《曲阿珥塘荆氏族谱》之居徙志

全文：

　　语曰：桑梓故里重所居也。日居必择乡，慎所徙也，日孤死，首邱归所本也。聚族而处，可轻言徙哉？顾生齿日繁，所居不足以容也，则又不能无徙。徙之而奕叶相承，所居又不足以容也，斯再徙然。所徙者，皆无出乡环绕祖村。凡以宗党所在，不忍背弃且识虑深远，惧后世之或离乡而贱也。吾曲阿荆氏世家珥塘，盖自北宋文帝时二十二世祖弘宗，弘绪卜筑为居者也。历五代，经唐宋，率多流散。独我四十三世祖廷隐公生子五，孙支繁衍，世守兹土。虽屡遭兵燹，而珥塘犹相保聚，烟爨千灶，井接百泉，居者益众，而地嫌狭。云是自五十四世德芬公，越四世迁马场，德芳公越五世迁马庄，德纯公迁大华，德缘公迁皇塘。六十一世上一公迁新华，上九公迁北马庄，虽所迁不一地，除北马庄外，皆连绵接武，后悉昌炽。而皇塘尤为荆族冠，固由地灵，抑亦人杰也。嗣后又析为居，日丁桥、日大庄、日吕头、曰吴沙、曰卜戈桥、曰蔡野田、曰导墅桥、曰大地上、曰河头、曰远渚泰，村散处者二十余里。岁时相见，休戚与共若一室，然虽徒也，而犹之同居也。他如乾之□公流寓茅山西洋河，坤元允光流寓毗陵，宇之承德流寓无锡三河口，今且杳不可闻。即德宣公流寓丹徒，其子孙犹有存者，而绝不一思故土，可慨已。至于寺墅乾分铢公派徒焉，世辄数十丁。若坤之青阳，宇之墅桥、徐庄、洪之湖渎、南阳庄、归真、观前，或数人或数十人。止于冬至大祭，一赴祠外，此不复往来。由是意气不能相通，患难不能相恤，祠规不能为之约束，礼义不能得于见闻。将有弗克振拨甚，且沦落下流，玷我家声者矣。噫！孰非一本而忍以秦越相视顾，离弃祖居不知所返。谁得卵而翼之者，古训谆谆，后嗣宜鉴。迩者洪分一麟一騄，幼孤流落常熟，依远亲托处几四十载，乃茹茶成业，寻归故乡，比邻族之苍宁，祗圣教子孙，力耕读，此可谓知所归者矣。凡我荆氏畴昔，播越者或自其身或自其先世，曷不赋来，归而复我邦族哉。虽有他人于汝背谷，不如我同宗也。若夫流散远方，有山东、有山西、河南、通州、溧阳等处。旧谱所载，应不诬且闻其念宗谊甚笃，兹不暇及。余故为曲阿荆氏之出自廷隐公者志之，使览盛衰镜得失云尔。

康熙丙辰孟既望
六十六世孙元芝志

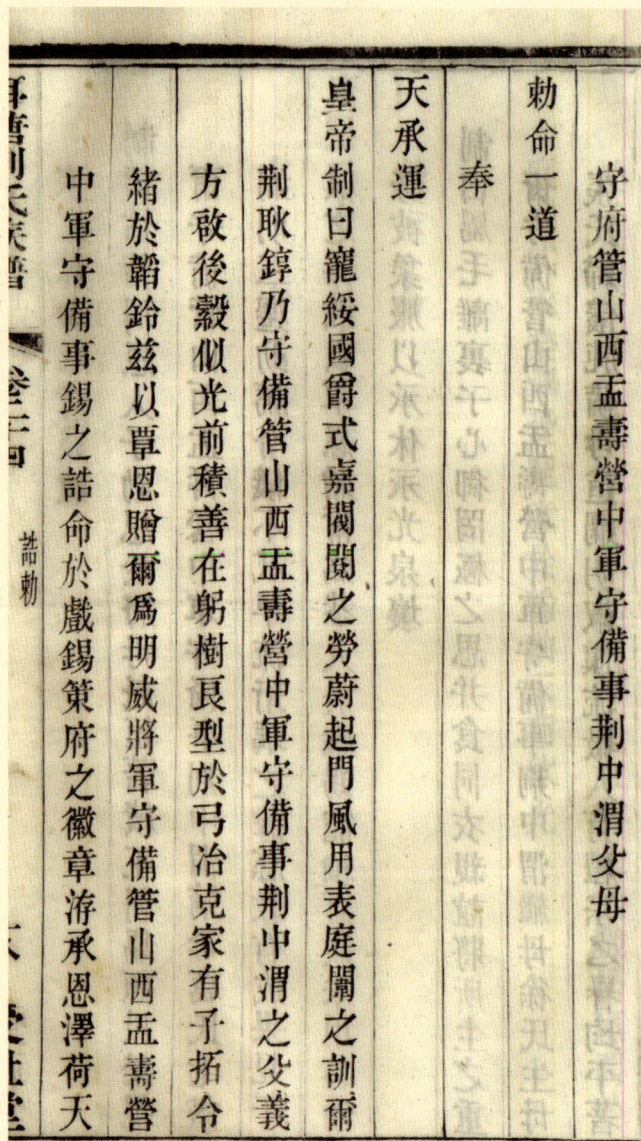

康熙三十六年（1697）七月十九日敕命一道

清咸丰扬中福善、仁寿二桥桥碑碑拓

保管单位：扬中市档案馆

内容及评价：

扬中是长江中仅次于上海崇明的第二大岛，由长江主航道南侧的雷公嘴、太平洲、西沙、中心沙四个沙洲组成，总面积332平方公里，其中陆地面积228.7平方公里。东晋时期，扬中地域仅有露出水面的几个小沙洲。隋唐时期，几个小沙洲连成一长形沙洲。宋代，始有小沙之称。清代末期，扬中始统称太平洲。清光绪三十年（1904）设太平厅，独立建置。1914年1月，改名扬中县。1994年，撤县设市。

1984年，全县开展文物普查，发现碑刻30块。这些碑刻是反映扬中政治、经济、水利等历史情况的实物资料。费伯雄、戴观成等民众为太平，在我洲之间修建福善、仁寿二桥所立的桥碑，即在其中。原碑有两块，现保存在扬中市图书馆，扬中市档案馆存有该碑的碑拓。

桥碑，立于清咸丰六年（1856）六月，文字由戴观成书写。碑文包括两部分，第一块前半部是武进县候铨儒学费伯雄所拟的《桥志》，《桥志》略述了在我洲的地理位于"隆然特起蜿蜒数十里"的太平洲东侧，隔"巨港"相望，田"不过百顷"，居"不过千户"，人家从事"士农工商"，洲民自发捐资建二桥，起名福善、仁寿，其中"溯太平洲起自宋绍兴间，于今数百年矣"现已成为考证扬中历史的最早文字记载。其余记述了捐资建桥的142名洲民的姓名和所捐数额。该碑所记载的内容已成为研究扬中这座江中明珠历史、地理、社会民情的重要史料。

桥碑一

桥碑二

全文：

东江之地，隆然特起，蜿蜒数十里，如蛟龙之起伏，名之曰太平洲。迤东，则在我洲，附马。兹在我洲者，计田不过百顷，计居不过千户。与太平洲相贯巨港，始则结茆聚处，渔佃以田。百余年来，田庐井牧，粲然可观。士农工商，四民咸备，于以知教化之行无遐迩，小大一也。斯洲之民，惧为港域架木为梁以通往来，日久易坏。斯洲下辖数村，人士有陈君，太仓、南义、南阳、南景；唐君，太兮；袁君，世勋、万茂；刘君，有富；张君，万里；祝君，大盛等，倡为永久之计，伐山凿石，鳌为福善、仁寿二桥，工成之日，如弓斯张，如砥斯平。双桥并峙，如赤虹青电下饮于江滨。予未尝亲至其地，族侄鉴堂为予言其巅末，予闻而嘉之。鉴堂又言临江之胜，银涛、浴日、骇浪、奔云、沙鸟、风帆，出没变现，隆冬雨雪，野旷天空，雪色江芦，千里一白，予闻而又乐之，独是人生一泡影也，天地一浮沤也，上元夫人尚叹蓬莱清浅，况其下马者乎。溯太平洲起自宋绍兴间，于今数百年矣。斯洲之附太平，而别为一洲者，亦百有余年，于兹生聚日繁，礼乐益盛，此知地气之厚，皆人心之厚，为之诸君子，急公好义，如此宜斯洲之民动获福善之报，永享仁寿之征也，于是乎志。

武邑候铨儒学费伯雄撰

清光绪《修圌山报恩塔记》碑拓

保管单位：镇江新区档案馆
内容及评价：

《修圌山报恩塔记》是清光绪年间（1892）记载重修报恩塔的碑文宣纸拓本，保存完好，是民间收藏爱好者王荣寄存在镇江新区档案馆的。《碑记》拓本为线装册页，并有拓碑人题签、印章等，共十余页。碑文首先记述了圌山的地理形貌，"今之塔由古之台也，势高取观云物察灾祥得因……，圌山据江海之交，塔其颠四无障碍……"，接着记述了圌山报恩塔"创自明季陈观阳吏部，儒家者曰，陈因父肖教弟子严，为门下宗孙达毒死，经三检，历十九年得沥奏冤始伸，偕此资冥福报恩，所以笃孝也……"原报恩塔于清咸丰年间（1859）因太平天国运动被毁，"下层垣厚六尺，人取砖只尺许……"，后记述了重修和恢复圌山报恩塔景观的重要性，"圣天子保民之意者必登此，以法古人灾气吞沧海，俯视东瀛……以俗情过客览古油然兴，乍孝之思而仰止，沙民耕读，蚕桑终古得安居无虑，岂非功德哉……"，并对修复工程作了仔细安排，包括工作人员的分工。从光绪辛卯秋（1891）于壬辰夏（1892），成于癸巳冬（1893），历时约一年半。

《修圌山报恩塔记》为清代镇江名人周伯义（1821~1895）撰写，陈荣清镌刻。全文文笔流畅作隶书，笔力古朴遒劲。

圌山报恩塔自清代修缮后，百余年来几经沧桑，原有名碑、匾额早已不知去向。解放后虽经地方政府多次修补，但终未恢复圌山报恩塔原貌。《塔记》碑拓的发现，实属一个重大历史文本发现，由此可依据《塔记》记载，弥补和纠正地方史料的不足与谬误，有助于恢复圌山地形和报恩塔原貌，填补镇江文史关于"圌山报恩塔"出处史料的空白。

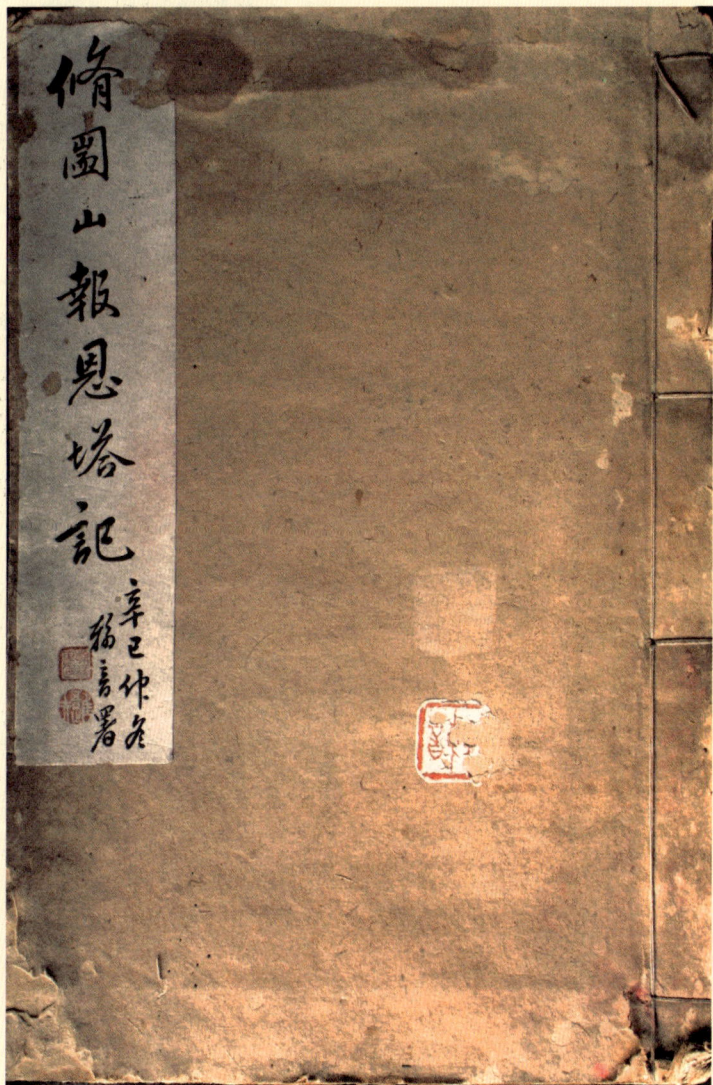

《修圌山报恩塔记》碑文拓本封面

《修圌山报恩塔记》碑文拓本首页

《修圌山报恩塔记》碑文拓本内页

《修圖山报恩塔记》碑文拓本末页

后记

经过镇江市各级档案和相关部门的共同努力，《镇江卷》终于出版了。

《镇江卷》从筹划到正式出版，用了将近两年时间。镇江市档案局自从接到有关编纂《镇江卷》的通知后，及时召集相关单位研究部署，迅速成立编纂委员会，确定负责同志和工作联系人员，同时明确责任及编纂工作进度。最初拟定了90个条目，经过一轮轮筛选最终确定了57个条目。在编纂过程中，镇江市档案局与省档案局利用部一直保持联络和沟通，每当遇到疑惑都及时向省局咨询，得到了省局的大力支持，省局利用部领导薛春刚、刘鸿浩还亲临镇江指导工作。高光林对本书进行了审阅。在编纂过程中，经常遇到史实需要查证，文字需要补充、修改，图片需要重新制作的情况，辖市区档案局（馆）和相关单位人员都能认真、耐心、及时地帮助解决，体现了很高的敬业精神与专业素质。在此，特向给予支持和帮助的省局领导、辖市区档案馆、镇江市博物馆、镇江市图书馆、茅山新四军纪念馆、句容市博物馆表示衷心的感谢。

全书由魏志文统筹编纂，王平终审定稿；李云山、周再兴、王琴、郑勇、杨冬、戴成立、谢华、段广凤、王欢、孔咏梅、王玲等直接参加了本书的文字起草、档案原件拍摄、扫描，付出了大量的精力；黎红、荪叶青不厌其烦地调阅档案。在此，一并表示衷心的感谢！

《镇江卷》是镇江市档案部门突破自身局限，整合全市历史文化资源的一次有益尝试，但限于时间、水平，错误难免，敬请批评指正。

编　者

2013年7月

图书在版编目（CIP）数据

江苏省明清以来档案精品选·镇江卷 / 江苏档案精
品选编纂委员会编. ――南京：江苏人民出版社，2013.10
　ISBN 978-7-214-10840-1

　Ⅰ.①江… Ⅱ.①江… Ⅲ.①档案资料—汇编—镇江
市 Ⅳ.①K295.3

中国版本图书馆CIP数据核字（2013）第239978号

书　　　名	江苏省明清以来档案精品选·镇江卷
编　　　者	江苏档案精品选编纂委员会
责 任 编 辑	韩鑫　朱超　石路
责 任 监 制	王列丹
出 版 发 行	凤凰出版传媒股份有限公司
	江苏人民出版社
出版社地址	南京市湖南路1号A楼，邮编：210009
出版社网址	http://www.jspph.com
	http://jspph.taobao.com
经　　　销	凤凰出版传媒股份有限公司
照　　　排	江苏凤凰制版有限公司
印　　　刷	江苏凤凰新华印务有限公司
开　　　本	880毫米 × 1230毫米　1/16
总 印 张	227.5　插页56
总 字 数	1800千字
版　　　次	2013年10月第1版　2013年10月第1次印刷
标 准 书 号	ISBN 978-7-214-10840-1
总 定 价	1500.00元（全14卷）